江戸時代の政治と地域社会

第一巻　藩政と幕末政局

平川　新　編

清文堂

はじめに

平川　新

私が東北大学教養部に奉職したのは、一九八五年のことである。三四歳だった。ここで一年生の日本史と二年生の日本史講読を担当した。一年生向けは大講義室だったが、二年生の日本史講読は小人数だったので、かなり気合いを入れて古文書解読の手ほどきをした。授業だけではなかなか上達しないと考え、課外授業として古文書研究会をつくったほどだ。中川学君、小林文雄君、高橋美貴君は、赴任して一年目と二年目の学生である。その後、青柳周一君、籠橋俊光君、髙橋修君、佐藤大介君、栗原伸一郎君も日本史講読を受講した。

教養部の人文学科には日本史のほか、西洋史、東洋史、国文学、国語学、文化人類学の教員が在籍しており、昼食時には弁当を持ち寄って談論風発し、さまざまなことで大いに刺激をうけた。一九九三年、大学改革の一環として教養部が廃止されると、私は新設された大学院国際文化研究科のアジア社会論講座に異動した。ここは日本史のほか中国史、モンゴル史、文化人類学の教員が在籍し、学際的にアジアの歴史・社会研究をおこなう講座だった。この講座に来たのが、蝦名裕一君と太田秀春君である。教養部を廃止して以降、日本史講読も担当しなくなったが、文学部一年生向けには引き続き全学教育としての日本史の授業をおこなっていた。そこで私の講義を受講したのが、高橋陽一君、坂田（菅原）美咲さんである。

その後一九九六年、新たな地域研究機関として開設された東北アジア研究センターに移籍し、二〇〇三年には、文理連携型の大学院として発足した環境科学研究科も兼務することになった。そこに来てくれたのが竹原万雄君と安田容子さんである。修士課程から文学研究科に入学した天野真志君には、資料保全に参加してもらった。小関悠一郎君は一橋大学だが、二〇〇九年から日本学術振興会の特別研究員として私の研究室に所属することになった。

このたび、『江戸時代の政治と地域社会』全二巻に寄稿してくれたのは、私が東北大学に奉職してのち、その講筵に連なってくれた人たちである。私のその時々の問題関心などを聞いてくれた人たちであり、卒業後は研究会などで共に学んだ人たちである。彼らの報告を聞き、彼らの論文を読むことが、私自身の成長ともなった。二〇〇三年の宮城県北部地震のあとに宮城歴史資料保全ネットワークを立ち上げてからは、二〇〇八年の岩手・宮城内陸地震、二〇一一年の東日本大震災と、その活動を一緒にしてきた人たちでもある。

私の人生の折々に交わってくれた人たちと共に、こうした論集を編むことができたことに心から感謝したい。諸事情から寄稿を断念された人たちをふくめて、彼ら彼女たちの今後の発展を大いに期待したいと思う。

江戸時代の政治と地域社会

第一巻　藩政と幕末政局

目次

第二部　東北諸藩と幕末政局 …… 155

装幀／森本良成

第一部　大名と藩政

大名の「明君」志向と藩政
伊達綱村と第二の伊達騒動

蝦名裕一

はじめに

江戸時代の大名をめぐる「明君」像は、大名自身の行動にどのような影響を及ぼすのか。また、大名とその家臣団が展開する藩政においてどのような現象としてあらわれるのか。本論文では、大名の「明君」志向が大名の行動と藩政にもたらす具体的な影響について、仙台藩四代藩主伊達綱村（幼名亀千代、のち綱基、以下綱村で統一する）の「明君」を志向した藩政と、その過程で生じた家臣団との対立を題材として論じていくことにしたい。

元和元年（一六一五）七月に発布された武家諸法度に「文武弓馬之道専可相嗜事」と掲げられるように[1]、元和偃武以降の大名たちは文武両道、すなわち士民に対する「仁政」の実践者としての「文」（文道）と、徳川将軍を頂点とする軍制国家の一端を担う将としての責務を担うための「武」（武道）の習得が求められた。一七世紀半ば、いわゆる文治政治の展開期には、池田光政や保科正之といった実際に文武の習得を実践・主張し、強いリーダーシップを発揮して積極的に藩政を指導する「明君」（「名君」）と呼ばれる大名たちが出現する。こうした「明君」をめぐる研究としては、かつてはその「仁政」や民衆教化を領主層の支配強化の一環としてみる動向にあったが、近年では大名自身がそれぞれに直面する政治課題の解決をはかりながら、儒学をはじめとする様々な学習活動や書物の受容を通して、大名が「明君」として自己形成を遂げる過程や、後世に「名君」として認識されていく過程を分析する研究視角が示されている。(2)

また、この時期に「明君」への期待が当時の人々の間で普遍化していたことを示すのが、一七世紀半ばから一八世紀半ばにかけて成立した、同時代の全ての大名に関して文武の才の有無や行跡を評価する「大名評判記」と呼ばれる書物の存在である。「大名評判記」については、近年若尾政希氏らの研究によって、万治・寛文年間に成立した『武家諫忍記』以降、継続的に書き継がれてきた一連の書物であることが明らかとされ、その記述内容も、大名に対する文武の受容という評価を基礎としながら、個人の趣向や色欲の有無など、巷間の風説も多分に交えた記述となっていることが分析されている。(3) さらに、「大名評判記」が大名家において蔵書とされ、実際に嫡子教育の一環として使用されていたことから、大名自身も「明君」像に強い関心をもっていたことがわかる。(4) すなわち当時の人々がそれぞれの立場から理想的為政者としての「明君」を待望し、時にはその行動を批判し「暗君」判定を下す家臣団や民衆の世論は、書物などを通して大名自身の自己形成及び、大名が実施する藩政に間接的に作用するものであり、いわば「明君」像を媒介とした世論政治の一環といえよう。(5)

伊達綱村の藩政は、万治三年(一六六〇)～元禄一六年(一七〇三)までの四三年間に及ぶが、その藩政については、いわば「明君」評価と「暗君」評価の双方が存在する。綱村は、自ら積極的に学問活動に励み、家臣統制による藩機構の整備のほか、儒学者の登用にともなう儒学興隆策や藩史編纂事業を開始し、仙台藩に文教興隆の画期をもたらした「明君」としての評価がある。[6] 一方で、綱村は側近重用による藩主親政体制により、仙台藩家臣団と様々な面において確執を生じ、仙台藩家臣団の有力大身層である一門衆から度々諌言をうけ、最終的には強制隠居を勧告されることになる。齋藤鋭雄氏によると、綱村は延宝期において藩の制度改変と役人交代によって藩主親政体制を構築し、天和・貞享年間において賞罰厳明策や藩札の発行を実施したが、これらの政策が性急に展開した結果、貞享三年（一六八六）における綱村の寵臣・古内重直の失脚事件が発生して頓挫したとする。[7] 吉田真夫氏は、綱村親政体制下における「悪政」によって、本来藩政に介入しない存在であるはずの一門衆が団結し、藩政への介入が実施されたとする。[8] ここで描かれる綱村像は、藩主親政体制のもと「悪政」をおこなう専制的支配者、すなわち「暗君」評価であり、その根元は彼の性急な性格にあるとされる。ただし、綱村「悪政」の根拠を彼個人の性格的欠陥に一元化してしまうことは、その背後にある当時の仙台藩政の課題を看過することになるだろう。

幼い頃から藩主となった伊達綱村は、いわゆる「伊達騒動」の混乱状況の中で、常に家臣から「明将」・「明君」としての成長が嘱望されていた。延宝期以降の綱村の積極的な学問活動をはじめとした彼の自己形成には、「明君」を待望する家臣団の期待が大きく作用している。本論文では延宝期における綱村の自己形成に作用した家臣団からの「明君」待望論と、その後綱村が展開していく藩政を、彼の「明君」志向と関連づけて分析していくことにする。併せて、綱村に対する評価のターニングポイントとなる古内重直失脚事件について、これが「大名評判記」の中で第二の「伊達騒動」として位置づけられていく過程について論じていきたい。

一　延宝期における綱村の文武受容と仙台藩政

1　「伊達騒動」における「明君」綱村への待望

万治三年（一六六〇）、三代藩主・伊達綱宗は幕閣や親族大名からの再三にわたる忠告にも拘わらず、酒乱や悪所通いの不行跡を続け、ついには幕府より逼塞・隠居を命じられた。これにより綱村がわずか二歳で藩主に擁立され、一族である伊達兵部宗勝と、伯父である田村右京宗良が幕府より後見役を命じられた。綱村の教育について、小姓頭であった里見十左衛門重勝は宗勝や仙台藩奉行（他藩の家老に相当）・原田甲斐宗輔に対し、仙台藩内における学問軽視の風潮を批判し、綱村の周辺に「学知」をおいて「明将」とすべき旨をはじめとした数ヶ条を提言、また伊東七十郎重孝も綱村を「明君」とするために藩内への積極的な学問導入を提言した。しかし宗勝は学問そのものは重視しながらも、藩政への積極的な導入には慎重な姿勢を示した[9]。その後、「伊達騒動」により家臣団の確執が深まる中で、宗勝の意向により病死した里見重勝の嫡子相続が認められず一時断絶となり、また伊東重孝は宗勝暗殺を企てた件で死罪となった。

寛文一一年（一六七一）、伊達家一門・涌谷伊達家の伊達安芸宗重が宗勝の苛政を幕府に訴え出た。宗重は老中に対し、里見が「忠義之志」による諫言をしたと証言し、諫言状の写しを老中に提出した。受け取った老中板倉重矩・土屋数直は、里見が「忠義之志深き者之由、御感被レ成」たという[10]。三月二七日に酒井忠清邸で発生した原田宗輔の刃傷事件により宗重は横死、宗勝は藩政混乱の責によって土佐へ配流となったが、幕府は若年ゆえに綱村の責は問わず、伊達家安泰の方針を示して「伊達騒動」は落着する。この過程で伊達宗重の「忠義」が将軍の上意として認められ、宗重の嫡子・宗元への家督相続が認められた。宗勝庇護下にあった綱村も、事件後は宗重の忠節を称え、翌寛文一二年（一六七二）には伊達宗元の子・村元と綱村の妹・類姫との婚約が成立するなど、伊達本家と涌谷伊達家の関係が深められ、以後の仙台藩政において涌谷伊達家の存在が重視されていくことになる。ここにおいて、かつて里見が提言した学問活動を基盤とする綱村の「明将」化は、「忠臣」である故・宗重の遺志として受け継がれていくことになったといえる。

綱村の学問活動であるが、宗勝庇護下にあった一〇歳前後の頃、内藤閑斎より『大学』の素読を受けたことに始まるという[11]。延宝元年（一六七三）七月には、生母・三沢初子から『孝経』を贈られ、綱村は自らこれを読んで学んだ[12]。綱村に対する学問修得による「明君」化は、周囲から着々と勧められていたのである。延宝元年一二月、綱村は幕府老中・稲葉正則の娘仙姫と婚約し、以後は正則が実質的に綱村を後見することになり、長らく藩主不在であった仙台藩に若き「明君」として綱村が初入部する道筋がつけられていった。

酒井邸刃傷事件の生存者である仙台藩奉行・古内志摩義如は、延宝元年六月に死去する際、綱村に対して諫言の遺書を残し、「御学問之御志、肝要に奉レ存候」として学問の必要性を訴え、学問に「一段之御心入」をしている綱村の近況に感じ入っていると述べている。一方で、「御短慮」や「御いかり」を控えるとともに、藩内には学問をしながらも他人を非難している、自身の行いが悪い「学問仕損候者、卓散に御座候」という状況であるから、「御身を御修被成事根本」であると注意を促している[13]。併せて、自らが死去した後の奉行職適任者として、松前八之助と伊達宗元の実弟・黒木与市宗信を推薦している。

また延宝二年（一六七四）二月一日、涌谷伊達家を相続した伊達宗元が入国前の綱村に書状を送り、亡父宗重の忠節を語るとともに、宗勝後見時代の「悪政」を正すには「只、御前様御行跡正ク、御国之御政法宜被遊候他ハ無御座」とし、家老衆を初めとする家臣達の「御諫言」を用い、「御学問益無怠被成置候儀専一ニ存奉候」と述べている。[14] 両者の発言からは、当時の家臣団の期待する綱村像、すなわち積極的な学問活動に裏付けられた正しい行跡と、家臣からの「諫言」を受け入れて藩政を運営していく「明君」像が見えてくる。

2 綱村の仙台入部と儒学活動

延宝三年（一六七五）九月二七日、一七歳となった綱村が仙台に初入部した。『伊達治家記録』によると、綱村は入部直後の一〇月一日に一門の座列を定めるとともに、二日には近習目付・軽部次郎兵衛ら四名を呼び、綱村自身に「不善有ルニ於テハ諫言ヲ捧クヘシ」として、綱村に非行があるときは諫言し、その行動の善悪を奉行衆に報告し、同時に一門衆や諸重職の善悪も綱村に伝えるように命じた。ここにおいて、綱村に対する「諫言」は近習目付のいわば公的な職務として位置づけられたのである。また、綱村入部にあわせて「記録所」が設置され、藩政における日々の出来事を記録させることにした。一〇月七日には儒学者・大島良説に対し「御勤学ノ師範タル」により、新地三〇貫文が与えられた。一〇月二八日には仙台城御座間において聖像御拝をおこない、一一月三日からは「学問所ノ為メ経営ノ小書院」において内藤閑斎による『中庸』講釈が開始されている。以後、この儒書講釈は定例化し、仙台城内小書院を学問所として、学問所や御座間で儒学講義がおこなわれ、綱村は大島良設から『論語』、内藤閑斎から『中庸』の講釈を受け、江戸上府の際も彼らを随行して儒書講釈をさせるなど、儒学活動に努めている。

こうした綱村の儒学に対する積極姿勢は仙台藩政に反映されることになる。一二月一五日には仙台城内に儒教式の祠堂を建設、二二日には二代藩主・忠宗の霊廟・感仙殿から一門衆以下の家臣団を同伴し、神主（位牌）を祠堂に移して儒教式の祭祀をおこなった。その場で綱村は自ら家臣団に対して『家礼』（『朱子家礼』）の「愛敬」の精神を説き、「各家礼ノ語ヲ会得シテ儀節ニ不拘、愛敬ノ誠ヲ尽シテ祭祀ヲ奉スヘシ」として、家臣団にも『家礼』の極意を会得するよう促し、できない者は「大島良説等ニ商量スヘシ」とした。併せて、「時祭以下祭礼之式」を設定し、定期的に儒教式儀礼を執行することを定めた。ここにおいて、藩主・綱村の意向によって仙台藩家臣団に対し儒学学習と儒教式儀礼の執行が義務づけられることになったのである。

同時に、綱村は「明君」としての「仁政」の方針を示す。延宝四年（一六七六）一月一三日、綱村は出入司・小姓頭以下諸役人に対し、「前ノ役人何ノ頃ヨリ懈ルヤ、士民困究ノ由」を聞いたので「向後任職ヲ敬ムヘシ、以後懈怠セハ是民ヲ殺スナリ」との教戒を出し、役人に対する綱紀粛正と民衆の保護を促した。綱村は「文」を重視した藩政運営の姿勢を内外に示すとともに、民衆に「仁政」を施す「明君」として、その初政をスタートさせたのである。また、綱村と涌谷伊達家の関係もさらに強化され、延宝五年には先の古内重如の提言のとおり涌谷伊達家一族の黒木宗信を奉行に就任させたほか、延宝七年（一六七九）には、「尽忠」と自著した額を宗重霊廟に掲げ、その忠節を称えている。

一方、こうした綱村の積極的な儒学導入について、岳父・稲葉正則はこれを危険視していた。綱村が儒教式祭礼を実施した際、稲葉は「祠堂被仰付、儒服被仰付候とやらん承候、今程世上ニ祠堂被致候所者、水戸なとの外不承候、おもく被成候ハヽ、外之御仕置、其かくほとに無之候なと、申候儀可有之候間、為御心得申勧候[15]」と述べ、儒教式の祠堂の設置は水戸藩の例の他には聞いたことが無いと、儒教式儀礼への過剰な傾斜が藩政の弛緩へとつながらないようにと戒めている。稲葉の言う水戸藩の例とは、儒教尊重策をとった徳川光圀のことである。光圀は、寛文元年（一六六一）の父頼房の死去に際して、儒教の礼式にて葬儀を実施し、藩内に設置した儒式の墓地・瑞竜山に葬っている。『武家諫忍記[16]』では、光圀について「文武ヲ専ニ学ヒ、才智明ニシテ、道ヲ以治メ、恵有テ義ヲ守、其身ヲ正フス、或ハ世間ニ誉有人ヲ集テ自ラ諸藝ヲ学ヒ、行跡誉レ高シ」と記されており、当時の大名の中でも最大級の「明君」評価が与えられた人物である。ここから、初入部以後、儒教理念を掲げた綱村の「明君」化には、光圀が示す当時の「明君」像が影響していた可能性を考えることができよう。

一方で、積極的な儒学活動を「明君」の証左として評価する世論とは異なり、この時期の幕閣には大名が儒学に急速に傾倒することに警戒感をもっていた。かつて池田光政が家臣団に学問を推奨した際、時の大老・酒井忠勝が「大勢あつまり候所、もよう悪候」と集団的学習を注意した例がある[17]。加えて、後述するようにこの時期稲葉正則は黄檗宗へと帰依しており、綱村が光圀と同様に儒教重視政策をとることを危惧していたのであろう。こうした稲葉の思惑は、天和年間における綱村の黄檗宗傾倒の遠因となったものと考えうる。

3　綱村藩政期における番方再編と軍制改革

次に綱村の「武」の面について、彼の軍学受容からみていこう。綱村の軍学の師となった浅井元秋（彦五郎、隼人）は幕臣・浅井元久の子で、老中久世広之の命により仙台目付を通じて寛文一二年に仙台藩に仕官した。甲州流軍学、謙信流軍学および、日置流弓術や大坪流馬術を修めた人物であったという。[18] 綱村は延宝四年から延宝五年（一六七七）にかけて、浅井から合計一一回の軍書講釈を受けている。

綱村の軍学開始と時を同じくして、仙台藩においても軍制改革が展開している。延宝五年三月二日には、六条からなる「軍法改メラルニ就テ奉行衆連名ノ覚書」が出され、家臣の武具について兜の前立、太刀の鞘、槍印の形式を規定し、また費用については従来のように路金を藩費で支出するのではなく、それぞれが用意せよと指示した。六月一三日には足軽組の編成替をおこない、不断組三組・名懸組三組・給主組六組とした。天和年間（一六八一〜八三）に入ると、古川・今泉・前谷地・成田の足軽、小斎・宮崎の給主を郡奉行直轄とし、徒小姓を五組に分けて勤番を命じるなど、綱村は積極的に番方の再編成に取り組んでおり、これらの軍制改革は綱村自身による家臣の把握と統制を意図したものとされている。[19] ただし、この軍制改革に対しては、稲葉正則から「とかく急ニ諸事手分手組相印指物等御改候ハヾ、世上ニて出陣之御仕度之様に申ふれ、近国ニても又貴様之様ニ仕候ハヾ、世上物さわかしく罷成過申と存候」と、仙台藩における急速な軍制改革が、世間では合戦の仕度と風説になっていると注意を促されている。[20]

また、綱村藩政期に建設された寺院や施設の場所選定の背後には、綱村の軍事構想があったとみられる。『東藩史稿』によれば、貞享四年（一六八七）に建設を開始した仙台城西方の郷六御殿、元禄一〇年（一六九七）に茂ヶ崎に建設した大年寺について、建設場所を選定したのは浅井元秋であった。[21] 綱村に仕えた伊東節翁の言説を記した『節翁古談』によれば、郷六御殿は仙台城の御裏林から軍勢を派遣し隠し置くのに適しており、いわば「放れ曲輪」・「かくし曲輪」ともいうべき存在であったと記されている。浅井元秋の子であり、父を継いで仙台藩の軍学者となった浅井小才治（元宣）の言によると、郷六御殿を大梅寺付近に設置し

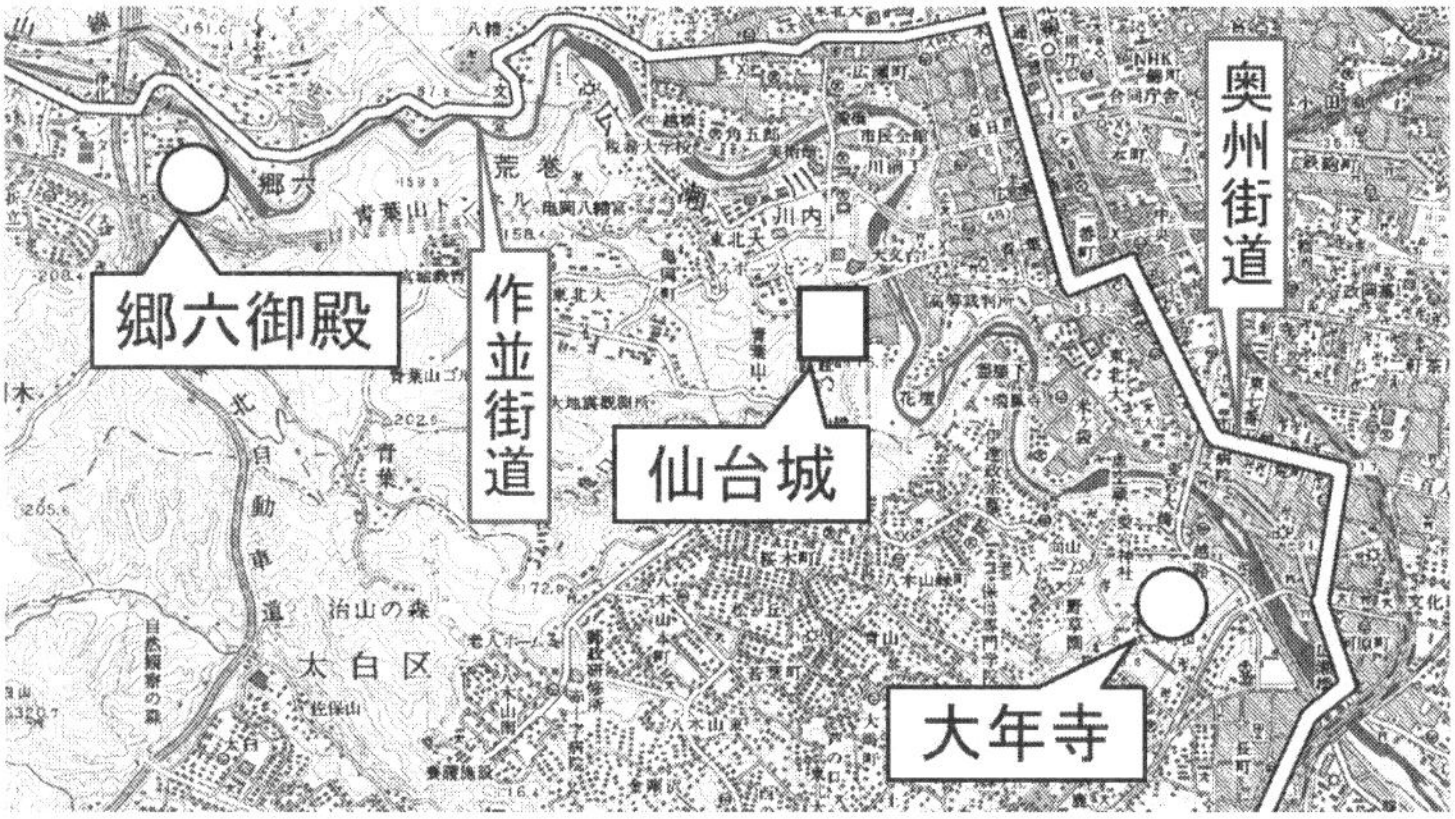

図１　仙台城・郷六御殿・大年寺の位置関係

図２　『郷六御殿絵図』（宮城県図書館蔵）

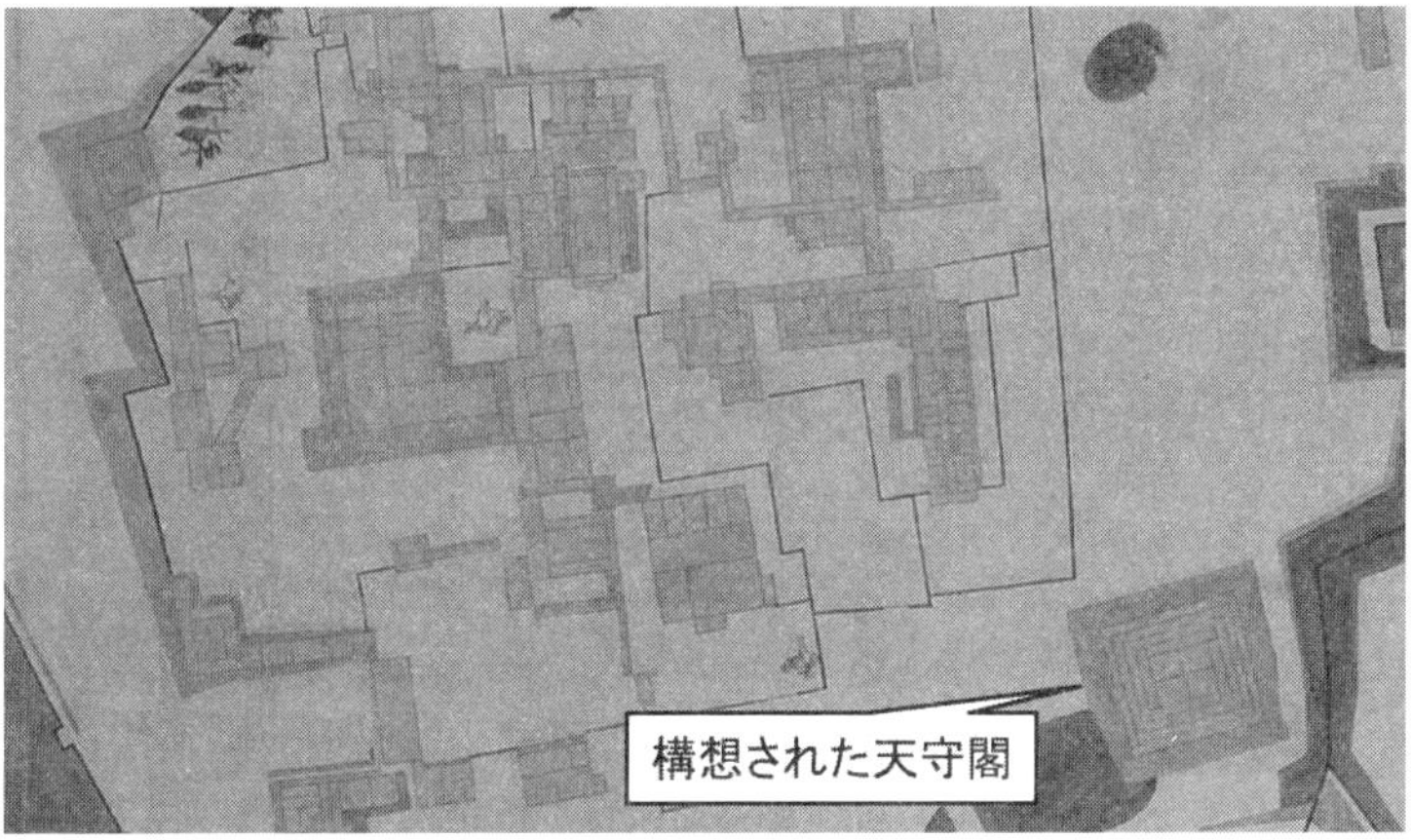

図３　『肯山公造制城郭木写之略図』本丸部分（宮城県図書館蔵）

た理由は、臨済宗寺院である大梅寺には諸国の学問僧の往来があるため敵国の情報が得られること、また学問僧のための飯料として兵糧米を隠し置くことができるためだという[22]。

さらに、こうした綱村の軍事構想は、仙台城の改築計画にも及んでいたと考えられる。綱村藩政期に作成された仙台城の城郭図『肯山公造制城郭木写之略図』は、仙台城の本丸・二の丸のほか、正保三年（一六四六）の大地震で崩壊した艮櫓・巽櫓や、本来仙台城には存在しなかった天守台・天守閣が描かれている。この『肯山公造制城郭木写之略図』については、綱村藩政期における仙台城増築のための計画的意図や、綱村自身の願望的意図が反映されているとみられているが[23]、その根底には仙台城を軍事施設として完全なものにしようとする綱村の軍事構想があったとみるべきであろう。

４　綱村の構想する伊達家総動員体制

仙台藩の軍制改革にあたり綱村の命により作成された、あるいは綱村自らが著した軍役および軍団編成を記したいくつかの「備立」の草案がある。この中から貞享・元禄期の成立とみられる「柴田外記指上候御備書付写」(24)をみてみよう。この史料には、旗本五七三騎、御家中八〇〇余騎の二〇〇〇余騎をはじめ、総勢二万三四〇人からなる全一一備が記されており、備の大将となる大身の名前と、それぞれの部隊の構成および人数が書き記されている。注目されるのが、内分大名である一関藩主・田村右京大夫建顕と、通常は江戸に滞在している江戸大番をその構成に含めている点である。すなわち、ここに想定されている「備立」は、いわば仙台伊達家の総動員体制といえよう。

綱村代においてこうした「備」の再編が意図された理由として、まず考えられるのは、この時期の仙台藩の変容である。仙台藩では、寛文元年段階で幕府の分知指示により一関藩、岩沼藩が成立し、さらに「伊達騒動」によって伊達宗勝の一関藩が改易され、累代の宿老・原田家が滅亡している。綱村の軍制改革には、長期の藩主不在期間において変容した仙台藩における軍事的秩序の再編という側面が考えられる。

また、この「備」の再編の背後に、綱村の有事発生を想定した軍事構想が存在していたことがうかがえる史料がある。次は仙台藩宿老・遠藤家において、文政一三年（一八三〇）六月七日に記された当主秘伝の書

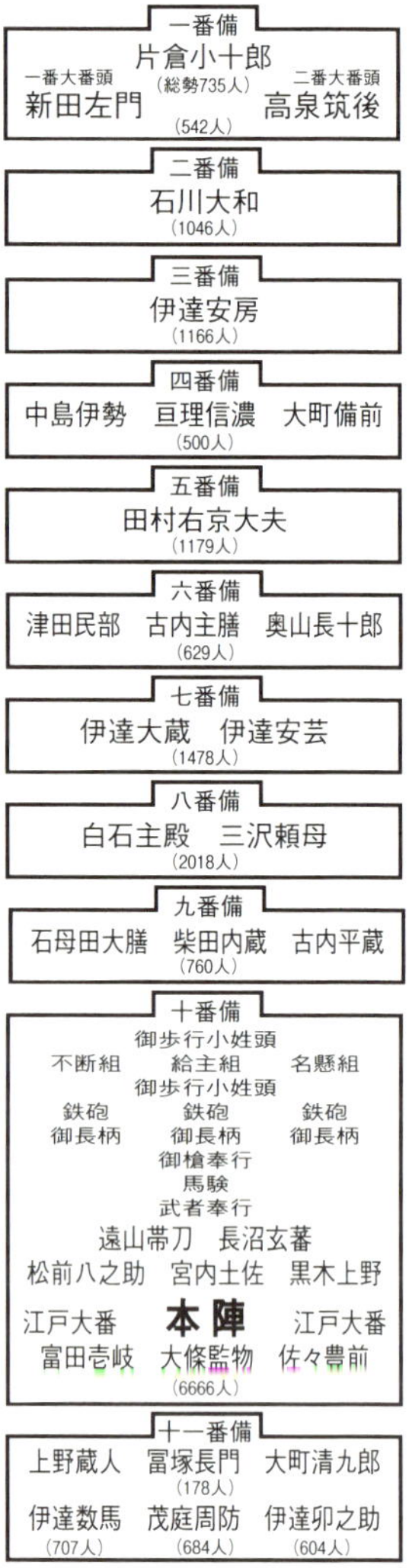

図４　「柴田外記指上候御備書付写」にみる仙台藩総動員体制

状である。(25)

口外申間敷事

一、水戸家被仰含されと申事者、非常之節ニ至候ハヽ、水戸様ハ十日之内ニ軍兵を御引揃被遊、江戸ニ無御構京都を守護ニ御登被遊候、御手前ニ而ハ三十日之内ニ御軍兵御引揃被遊、江戸江御出陳、江戸を御守護可被遊事

一、御手前様ニ而非常之義有之、上様ニ而非常之御大変有之節、伊達藤五郎殿、伊達弾正殿之家筋、御先代様より之御続柄ニ御座候間、右両家之内を取、其上御家御相続可申候、右御奉行中ニ不聞、御宿老之勤ニ御座候、

右二ヶ条ハ我等家之秘事ニ有之、他家ニ無之候事ニ御座候、一大事之事ニ候、上様ニ而も御廿五歳以上ニ被為成候節、御人評を窺候上、折よろしき節密ニ可申上置候事、上様と我等家計ニ御座候事、

右全体書記不申訳ニ青山様より被仰付候事ニ御座候得共、我等未嫡子無之分故、書記置申候、縦嫡子有之候共、廿五歳以上人物次第可申談候、我等一人ニ而急病等之心遣有之候故、書記置候事、努々他見他言不可有候事、

この覚書は、遠藤家当主が「青山様」(綱村)より命じられたことであり、遠藤家の嫡子といえども二五歳以上の「人物」となるまでは伝えられない秘事であるという。その内容は、綱村が「水戸家被仰含」たものので、「非常之節」すなわち戦乱が勃発した場合、水戸藩主は一〇日以内に江戸に構わず京都を守護するた

めに上洛するので、「御手前様」（綱村）は三〇日以内に軍兵を率いて江戸を守護せよ、と言われたのだという。また、有事に綱村に不測の事態が生じた場合は、伊達藤五郎（亘理伊達家）か伊達弾正（岩出山伊達家）から後継者を選ぶように述べていることから、この発言があった時期は綱村が嫡子扇千代をもうける延宝八年（一六八〇）以前のことと推察できる。つまり「水戸家」とは徳川光圀であり、これを伝えられた遠藤家当主は綱村代より宿老格を命じられた遠藤俊信となる。実際、水戸徳川家と仙台伊達家は従来より親族に準じた付き合いがあり、光圀も自ら江戸仙台藩邸の綱村を訪ねるなどの親交があった。時の「明君」光圀が語る、有事には仙台伊達家全軍を率いて江戸を守護せよという軍団の長としての心構えが、若き綱村の軍事構想に影響するところは大きかったであろう。

以上のことから、この時期の仙台藩で展開した軍制改革や、軍事利用を目的に含めた寺社建立、『肯山公造制城郭木写之略図』にみる仙台城改築案の背後には、綱村の有事を想定した軍事構想が存在したと考えるべきであろう。「文」の面では藩政への積極的な儒学理念の導入による「仁政」の実施、「武」の面では有事を想定した軍事機構としての仙台藩および伊達家全体の再編成、これが「明君」としての綱村の政治目標であったといえよう。

二　「明君」綱村と「忠臣」伊達安芸の相剋—第二の伊達騒動へ—

1　伊達綱村の黄檗宗への傾倒と古内重直の台頭

積極的な儒学学習により「明君」化への道を歩んでいた綱村であるが、天和元年（一六八一）一〇月以降は儒学講義は停止して急速に黄檗宗へと転向し、一一月に黄檗僧・月耕道稔が仙台城に登城してからは、綱村自ら頻繁に月耕の庵に足を運ぶようになった。また、天和二年（一六八二）四月二一日には稲葉正則の信仰をうけた鉄牛道機と対面、以後は仙台在国中は月耕を、江戸参勤中は鉄牛およびその弟子の泰嶺に師事することになる。(26)

一方で綱村の黄檗宗転向以後に儒臣は冷遇されるようになり、これを危惧した儒臣・桑名松雲が月耕との論戦に及び、却ってこれに敗れ、一時仙台を辞去するなどの出来事があった。また、綱村入国時に仙台城内に建設され、儒教儀礼による祖先祭祀がおこなわれていた祠堂は天和三年（一六八三）より仏像が安置され「太空因縁殿」と号されることになった。こうした状況に対し、仙台藩奉行・富田壱岐氏紹は綱村に対する諫言書の中で、月耕や鉄牛らの上京に仙台藩役人や藩医まで同行させた件について、あまりの厚遇に「色々申唱も有之由」を述べ、「御費之方御座候ハヽ、御家中又々安堵不仕」と黄檗僧への出費が家臣団の不安を高めていること、また「月畊和尚御心入を、凡俗之上より、何角御批判も有之と及承候」と、仙台藩内において綱村の黄檗宗傾倒に対する批判の声が存在したことを述べている。(27)

綱村に黄檗宗を勧めたとされるのが、かつての仙台藩重臣・古内主膳重広の子であった古内重直である。古内重直の人となりをめぐっては、延宝元年段階で古内義如が幕臣・島田利木に宛てて「古内造酒助儀、物馴申候故、用方之取廻等ハ、右主水（茂庭姓元）ニも劣申間敷候へ共、是又末々家老役なと相勤可申心行之様ニハ不存候」として、能力はかつて奉行を勤めた茂庭姓元に匹敵するものの、その性格は家老役には不適格であると述べている(28)。つまり古内重直は、家臣団内の評判が芳しくない一方で、諸々の能力には長けており、また彼自身も黄檗宗に帰依していたことから、綱村に重用されたものと考えられる。天和元年五月二六日の稲葉正則書状には、「唯今者造酒介・（大松沢）和泉威勢有之候間」とあり(29)、天和元年段階において古内重直と、かつて「伊達騒動」時に綱村の懐守を勤め、伊達騒動時には伊達宗重派であった大松沢和泉が、当時の藩政に重きを成していたことがわかる。

一方で、藩内では綱村の黄檗宗傾斜による不満が古内重直に対する批判へとつながっており、月耕は古内に宛てた書状で「其処元ニても、一人も御手前ト心ヲ合せ申者も、又存寄ヲ申人もなきやうに承候」と、古内重直が藩内で孤立化していることに警戒を促している(30)。この時期の仙台藩において、黄檗宗を軸に結集した古内重直の勢力が、綱村の寵遇により台頭しながらも、家臣団内部からは強い批判に晒され、孤立化していた状況がわかる。

2　古内重直の失脚事件

天和三年一二月晦日、綱村は藩内に「御領内楮幣通用」と「御下中手伝金」を命じた。「楮幣」は「羽書札」と呼ばれる藩札であり、柴田宗意が中心となって時の大老・堀田正俊の内意を得て実行したものである。[31] 当時の仙台藩財政は、延宝六年段階で借金が二四万五〇〇〇両に達し、破産限度額三〇万両に近づきつつあった。[32] この政策は、綱村が延宝・天和年間に強化されつつあった藩主権力を行使して、藩札発行と家臣団への手伝金の賦課によって財源を確保し、慢性的な財政問題の打開をはかったものといえる。

ほぼ時を同じくして貞享元年（一六八四）一月一三日、若年寄・大松沢和泉が一〇〇〇石減封及び在所村田を没収され、一六日に隠居を命じられた。同時に柴田宗意と確執のあった黒木宗信が奉行職を解任され、知行二五〇〇石のうち一〇〇〇石を減封、仙台屋敷を没収されるという事態が発生した。この処罰は、この時期の綱村藩政を担っていた柴田・古内と対立した黒木・大松沢の排除とみられている。[33] 一方で、古内重直に対しても二月二八日に「休息セシム由」が命じられ、三月一五日には古内及びこれに近い立場の遠山帯刀が若年寄を罷免されているが、これは排除された涌谷伊達家からの批判を回避する措置とみられ、その後も綱村が古内重直邸を頻繁に訪れるなど、個人的な寵遇は維持されている。

貞享三年（一六八五）閏三月一〇日、伊達宗元とその子兵庫村元、および岩谷堂伊達家の伊達数馬村隆が登城し、綱村に対して七ヶ条の政治批判と古内重直弾劾を求める諫言書を提出した。この諫言書は、当初一門衆仲間の総意として提出される予定であったが、一門衆の中に反対意見があったことから、宗元ら三人による提出となった。[34] その内容を要約すると、次の通りである。[35]

①綱村が「儒道」を用い、政治を御家老衆と吟味していた際にはその「御心行」に感じ入っていたが、その際にも「御祠堂御祭」の事は先代に無いことであったが、仏教へ傾倒してからは近習にも座禅を執行させるなど「御城中則寺院同然」の状態となり、「御大名ニ不被為似合御事」である。さらに「大鳳師」の勧めにより罪人が多く発生し、死罪にしたかと思えば昨年は重罪の者を助けるなど、「御心行も不定」ようにみ

えるとしている。ここで登場する「大鳳師」とは、泰嶺の弟子にあたる大鳳文昭であり、天和年間より綱村や古内重直と接近し、彼に傾倒した綱村は一時鉄牛・月耕と距離を置くようになったという[36]。続けて、②近年は罪科に処される者が数多く、穿鑿なく罪を得る者もいること、③知行や俸禄の減少・没収に処される家臣が多いこと、④役人の「品ヲ御下」げて召し使うことが多く、面目を失わせることなど、綱村藩政における罰則の厳しさが挙げられている。これは綱村が賞罰厳明を基本的な政治姿勢にしたことにともなう処罰の増加であるが[37]、諫言書ではこれを大鳳の責と位置づけている。次に、⑤「羽書札」の導入により「物事不自由」となり諸人困窮し、また返済金も延期となっていること、⑥「公儀御物入」もなく家中に手伝金を課したとして、藩札発行による財政政策の行き詰まりと、これにより家臣団からの財源徴収が負担となっていることを指摘している。さらに、貞享二年一二月二四日より、綱村が塩竈村を蔵入地とし、小荷駄市や芝居小屋の設置を特例的に認めている件について⑦塩釜一村のみに過分の「御用捨」をしていることを糾弾している。

諫言書では、これらの失政の原因が古内重直への寵遇にあるとし、古内が「無隠私欲深贔屓強キ者」であるため彼の縁故者が重用されていること、また黄檗僧に対して「過分之御費」があり、「御国中困窮」となっているのは「造酒祐取持」しているためとして、古内重直の排除を要求している。結果、諫言が提出された翌日、古内重直は岩沼などの知行地を没収され、根白石福沢へ蟄居を命じられるとともに、ほか古内一党も一斉に役職を解任され、遠慮の処分をうけた。八月二日には古内重直の隠居とその子平蔵への家督相続が命じられ、彼は仙台藩政から完全に姿を消すことになった。

この過程から、古内重直の失脚は、延宝期の綱村藩政を支えた涌谷伊達家勢力と、綱村の藩主権力を背景に仙台藩の財政問題を解消しようとする柴田宗意・古内重直との権力抗争という一面をみることができる。貞享元年段階に涌谷伊達家関係者が排除された要因は、彼らが藩札発行をはじめとする綱村の展開する藩政に批判的な立場だったものとみられる。一方で、綱村が宗元らの諫言を即座に受け入れた理由は、藩札導入による混乱が悪政の風説となっており、貞享三年二月段階にその撤回が決定されるなど(38)、綱村の新政策が行き詰まりを見せていたことが考えられる。諫言書にあげられる先の七ヶ条は、貞享年間に綱村や柴田宗意によって展開した新政策の問題点であり、必ずしも全てに古内重直が関与したものではないが、結果として古内重直が貞享年間における綱村藩政の行き詰まりの責任を全て背負わされて失脚したことにより、綱村自身はその失政の責を問われることを免れたのである。

3　古内重直一件に対する「大名評判記」の記述

「大名評判記」において、当初は「明君」として評価されていた伊達綱村であったが、古内重直の一件により、その評価が大きく変わることになる。次に元禄一四年（一七〇一）に成立した「大名評判記」である『諫懲記後正』(39)の伊達綱村の項から、古内重直一件に関わる記述を要約しながらみていくことにする。

先年、綱村は「先年儒学専ラニシテ在所ニ孔子堂ヲ造立」し、「一向孔子ノ時代モ此有《カク》ン」という風説となっていた。しかし、ここに「月光（月耕）ト云禅僧」が出現して綱村を諫めたところ、綱村は「孔子堂」を破壊して仏教に帰依し「工夫ノ床ニ座禅」を組んでばかりとなった。家臣達も綱村に倣い、線香を立てて座禅を組み、「偏ヘニ僧舎ニ同シ」状態となってしまった。結果、「家士民間ノ仕置・武事疎略ノ躰」となり、「家国ノ政道モ緩怠」が生じる事態となった。さらに「舅稲葉美濃守正則、此旨ヲ聞テ如何志慮ノアリケルヤ、大寶（大鳳）ト云ヘル隠元流ノ僧」を遣わして対面させたところ、綱村は「忽チ千変」して月耕を退け、「家士民間ノ仕置日々夜々ニ理明ヲ正《タヽ》サレ、國家ノ政道厳酷《ケンコク》シ、其善悪ヲ探リ」とその藩政が厳格化し、切腹・追放をはじめ蟄居や流罪を命じられた家臣が「七、八十人ニ及ベリ」という状況になったという。またこの時期、「専ラ出頭盛ンナリシ」古内重直が「主君ノ寵愛ニ乗シ、己ガ愚意ニ任セ様々ノ悪行ヲ勧メ申スニ依テ家中物騒カシク」なったという。ここでは綱村藩政混乱の要因を、黄檗僧大鳳と古内重直のふたりによるものとされている。こうした事態について「綱村先祖ノ連枝伊達安藝重宗（実際は伊達宗元）」が「先大宝ヲ追出シ、其後造酒助ヲ押込ント欲シ、身命ヲ抛テ数ヶ條ノ一巻ヲ差出シ、頻リニ綱村ヲ諌メ」た結果、古内重直を押し込めることに成功したため、「家中安堵ノ思」をなしたという。「此安藝コト父安藝」は、伊達騒動の際に老中審議の場において原田宗輔に討たれた伊達安芸宗重であり、「然レハ彼安藝父子二代ハ當陸奥守殿ノタメニ無二大一ノ忠義ヲ盡セル者ナリ」であるとしている。

　先にもみたように、古内重直の失脚事件の本質は、綱村の独自路線による藩政運営と、そこから排除された涌谷伊達家の権力抗争という側面があるが、伊達宗元による古内重直弾劾が成功を収めたことで、世上の風説においては、古内重直失脚一件はさながら第二の「伊達騒動」として位置づけられることになった。さらに、諫言の中心人物である伊達宗元に対しては、「伊達騒動」の「忠臣」である伊達宗重のイメージが重複され、「忠臣」のイメージが宗重個人から涌谷伊達家そのものへ拡幅していったのである。この後、元禄六年（一六九三）の一門衆による諫言、元禄一〇年（一六九七）の一門・奉行連名による隠居勧告において、涌谷伊達家が中心的存在となり得たのは、古内重直一件によって涌谷伊達家が仙台伊達家における「忠義の家」の家柄というイメージを固定化させたことも、その要因のひとつといえよう。

おわりに

ここまで、延宝期における綱村の「明君」化を目指した仙台藩のうごきと、天和・貞享期における綱村親政による藩政運営、その帰結点としての貞享三年の古内重直失脚事件について論じてきた。これらの分析を最後にまとめておきたい。

仙台藩では、三代藩主・綱宗の逼塞とその後の「伊達騒動」により、幼君・伊達綱村に対して積極的な学問受容と「諫言」を受け入れる「明君」化が、家臣団の切実な課題となった。延宝期の綱村藩政は、こうした家臣団の「明君」待望論を反映して展開していったといえる。綱村は「文」の面では儒教儀礼を執行するほど積極的な儒学活動と、これに基づく「仁政」の実施を掲げ、「武」の面では仙台伊達家の統率者として有事における仙台伊達家総動員体制を想定した軍制改革を実施するという、文武両道に立脚した「明君」の藩政を展開していった。こうした文武両道の観点にもとづく「明君」志向型の綱村藩政は、「大名評判記」に描かれる徳川光圀のような観念的な「明君」像に則ったものといえる。あるいは実際に光圀と親交のある綱村が、光圀型の「明君」像に倣ったことも想定し得る。

天和期の綱村は、急速な黄檗宗への転向により、それまでの「明君」を志向した藩政の一端であった儒学活動を停止する。この理由には、綱村個人の信仰心もさりながら、綱村の儒学活動への没入を危惧し、自らも黄檗宗を信仰していた事実上の後見人・稲葉正則からの指導の影響が考えられる。このため、綱村の黄檗宗信仰を拠り所として古内重直が政治的影響力を強め、延宝期の綱村藩政を担った儒学者および涌谷伊達家との確執へとつながった。こうして形成された新たな政治勢力を基盤として、綱村は藩主権力を行使して慢性化した仙台藩財政問題を打開するため、藩札発行と家臣への手伝金賦課を実施した。しかし、それは同時に、この政策に反対する涌谷伊達家を中心とする政治勢力の排除となった。

貞享三年における伊達宗元らの諫言と古内重直の失脚は、延宝期の綱村藩政を支えた涌谷伊達家と、天和・貞享期の綱村藩政を担う柴田宗意・古内重直らの権力闘争という側面があった。伊達宗元らが必ずしも一門衆の合意を得られないままに綱村の諫言に及んだ理由は、一方で湧谷伊達家がこの時期に政治的な窮地に陥っていたことを物語っている。ただ、綱村の側においても、貞享年間に実施した藩札発行が行き詰まりをみせ、その悪評が江戸まで及んでいたこともあり、宗元の諫言を受け入れざるを得ない状況にあった。結果、貞享年間に展開した綱村の政策の責を古内重直が一身に背負って失脚することにより、その清算をはかられたといえよう。また、諫言に成功した宗元に対しては、諫言によって綱村の失政を糺した「忠臣」としての評価が付加され、故・伊達宗重個人に向けられていた「忠臣」イメージは涌谷伊達家総体としての評価へと拡大されていったのである。

その後の綱村の動向であるが、元禄期には儒学重視政策をとった徳川綱吉のうごきと連動して儒学活動を再開する。これは、時の将軍綱吉から新たに提示された、儒学を尊重する「明君」像に倣おうとする綱村の意志がうかがえよう。ただ、古内重直の失脚にともない清算した貞享年間の諸政策であるが、財政窮乏問題をはじめとする仙台藩政における諸問題は依然として残されることになった。古内重直という存在を失った綱村が再び「明君」として藩政を主導する上では、「忠臣」というイメージを定着させた涌谷伊達家をはじめとする家臣団からの抵抗と直接対峙することが不可避となったのである。元禄期の新たな「明君」像に適合して再び仙台藩政を主導せんとする綱村と、「忠臣」涌谷伊達家を軸としてこれに抗う仙台藩家臣団の強制隠居運動について、「明君」研究の観点から解明することを今後の課題としておきたい。

〔註〕

（1）高柳真三・石井良助編『御触書寛保集成』（岩波書店、一九三四年）、二頁。

（2）大名の「仁政」政策における支配強化の側面を分析した論考としては、宮崎誠一「幕藩制イデオロギーの成立と構造」（『歴史学研究』別冊、一九七三年）が代表的であるが、こうした論点から脱却し、大名の仁政・教諭や「明君」録を包括した近世の政治文化として分析すべきとした論考としては深谷克己「明君とは何か」（『歴史評論』五八一、一九九八年）がある。「明君」を目指した大名の自己形成過程については、池田光政ら「明君」の「仁政」に、『太平記理尽鈔』の受容があったことを解明した若尾政希『「太平記読み」の時代—近世政治思想史の構想—』（平凡社、一九九九年）や、近世中期の「明君」上杉鷹山や細川重賢の「明君」録が他藩の藩政改革に影響を与えたことを解明した小関悠一郎『〈明君〉の近世—学問・知識と藩政改革—』（吉川弘文館、二〇一二年）がある。

（3）若尾正希研究代表『「大名評判記」の基礎的研究』（二〇〇五年度科学研究費補助金基礎研究（A）「日本における書物・出版と社会変容」研究報告書Ⅰ、二〇〇六年）および同『「大名評判記」の基礎的研究Ⅱ』（二〇〇六年度科学研究費補助金基礎研究（A）「日本における書物・出版と社会変容」研究報告書Ⅱ、二〇〇七）。蝦名裕一「『大名評判記』における仙台藩伊達家の記述について」（『東北アジア研究』一六号、二〇一二年）。

（4）蝦名裕一「大名の学問活動活動と「明君」意識—仙台藩を事例に—」（『講座東北の歴史』第六巻『生と

死』、清文堂出版、二〇一三年）。

（5）平川新『紛争と世論—近世民衆の政治参加』（東京大学出版会、一九九六年）では、一八世紀後半における民衆からの訴願や領主層の献策要求によって民衆による政治への関与が増大したとして、領主層が民意に大きく規定されていた世論政治であるとしている。本論文では、大名および家臣団・民衆の「明君」像をめぐる主張や意見対立は、具体的な政策提言ではないものの、それぞれの主体が抱く「明君」像に仮託した理想的大名への言及が、大名自身やその藩政を規定する世論の萌芽となっていたことを位置づけておく。

（6）平重道『仙台藩の歴史Ⅱ　伊達騒動』（宝文堂、一九七〇年）。

（7）齋藤鋭雄「綱村初期政治についての覚書—仙台藩元禄政治展開の前提—」（『東北歴史資料館研究紀要』三号、一九七七年）。

（8）吉田真夫「近世大名家における諫言の実態—元禄六年、仙台藩一門衆の諫言を題材に」（『日本歴史』六〇五号、一九九八年）、同「近世大名の強制隠居—仙台藩・伊達綱村の事例から」（『歴史』九八、一九九八年）。

（9）前掲蝦名論文、二〇一三年。

（10）「伊達宗重口談覚書写」『仙台市　史資料編二　近世一　藩政』（仙台市史編さん室、一九九六年）一二六〜一二七頁。

（11）『宮城県史　一二巻　学問宗教』（宮城県、一九五七年）四五二頁。

（12）「肯山公治家記録」延宝元年七月九日条、平重道責任編集『伊達治家記録六』（以下『治家記録』、宝文堂、一九七五年）五二三頁。以下、「肯山公治家記録」の記述については、『治家記録五』（一九七四年）、『治家記録七』（一九七六年）、『治家記録八』（一九七六年）、『治家記録九』（一九七七年）から引用し、本文中で日付を記すのみに留めることにする。

(13)「古内志摩遺言状」、仙台市博物館蔵。
(14)「伊達宗元口上覚書」、前掲『仙台市史資料編二近世』一四四頁。
(15)「稲葉正則書状」『大日本古文書　家わけ三ノ四　伊達家文書』(以下、『伊達家文書』、東京大学出版会)所収。
(16)国立国会図書館蔵。
(17)『池田光政日記』(国書刊行会、一九七八年)、一五七頁。
(18)『仙台人名大辞書　復刻版』(仙台郷土研究会、二〇〇〇年)。
(19)『仙台市史　通史編四近世二』(仙台市史編さん室、二〇〇三年)、八四~八五頁
(20)前掲『伊達家文書』五巻、三七~四六頁所収、「一九〇四　稲葉正則意見状」。
(21)作並清亮『東藩史稿』(一九一五年)浅井元秋項。
(22)『仙台叢書』第三巻(宝文堂、一九二一年)所収。
(23)『仙台市史　通史編三近世一』(仙台市史編さん室、二〇〇一年)、四二〇~四二四頁。
(24)「柴田外記指上候御備書付写」仙台市博物館蔵。「肯山様御吟味被成被差指置候御備書付を写申候哉、又柴田内蔵自分仕立置候哉、右之訳不相知候由」とあり、作成者が綱村か柴田宗意かは判然としないが、仙台市博物館にはこの他綱村自著による「肯山様被遊候御備立」などが存在することから、この時期の綱村政権における軍事構想を示す史料のひとつと判断できる。
(25)個人蔵。この史料は二〇〇九年から二〇一〇年にかけてNPO法人宮城歴史資料保全ネットワークと白石市教育委員会における遠藤家文書史料調査によって発見された文書である。
(26)尾暮まゆみ「史料紹介『如幻三昧外集』に見える黄檗宗と伊達綱村(一)」(黄檗文化研究所『黄檗文華』一二一号、二〇〇〇年)。

(27)「富田氏紹意見書」、前掲『伊達家文書』十巻、一六九頁所収。
(28)「古内義如遺言状案」前掲『伊達家文書』四巻、五八三頁。
(29)「稲葉正則意見状」前掲『伊達家文書』五巻、一〇二頁。
(30)「道稔月耕書状」前掲『伊達家文書』五巻、五六三～五六七頁。
(31)『仙台貨幣志』。『仙台叢書別集　第二巻』(宝文堂、一九七七年)収録。
(32)「柴田宗意外四名連署起請文」前掲『伊達家文書』六巻、五九～六一頁。
(33)『涌谷町史』(涌谷町、一九六五年)。
(34)前掲『涌谷町史』。
(35)「伊達宗元・伊達村隆・伊達村元連署言上控」、(『仙台市史　資料編二』)一九三～一九五頁。
(36)前掲『宮城県史　学問・宗教編』四五五頁。
(37)前掲齋藤論文　一九七七年。
(38)前掲『仙台貨幣志』。
(39)東京大学史料編纂所蔵。なお、原文および「大名評判記」における綱村評価の変化については、前掲蝦名論文　二〇一二年を参照されたい。

宗勝と宗重

伊達騒動における後見人・重臣間の文書様式と政治状況

籠橋俊光

はじめに

近世前期、あるいは近世を通じてであっても、仙台藩における最大の政治闘争が寛文年間に発生したいわゆる伊達騒動であることは論を俟たないであろう。この御家騒動については、すでにあまりにも多くの研究があり、この複雑な事件の様相が明らかにされている。そればかりか、近世以来今日に至るまで、様々なメディアで取り上げられ、日本三大御家騒動の一つなる称号まで付されている始末である。それほどまでに人口に膾炙している事件ではあるが、その事件を理解するのは決して容易なものではない。単純な善悪論でその全体像を理解することはできないこと、事件が長期間に及ぶこと、そして関係する人物の多さがその理由と言えるであろう。

この伊達騒動について取り上げた研究は数多いが、大槻文彦氏『伊達騒動實録』は、そのなかでも一つの画期をなす[1]。大槻氏は、膨大な伊達騒動関係資料を博捜して同書に収録しており、現在に至るまで伊達騒動について知ろうとする場合には、同書の存在を無視することは到底できるものではない。一方で、この事件をいかに理解するかという点では、その様相はずいぶんと変わっている。大槻氏が『伊達騒動實録』を編纂した意図は、一般に流布した説、ここでは芝居等を指すのであろうが、その誤謬を訂正して「事実」を解明する、すなわち「忠臣」の偉業を伝えることであったとしている。[2] これは、伊達兵部一派を悪・逆臣とみなし、伊達安芸を善・忠臣とするという価値観に基づいたものであった。一方で、このような関係者を善悪いずれかにみなす観点からの脱却は、一九七〇年代の小林清治氏[3]や平重道氏[4]の研究によって進められ、事件そのものを仙台藩政の動向のなかにおいて描くことが可能になっていった。さらに、二〇〇〇年代前後ならびにそれ以降にかかる動きは一層の加速を見せ、福田千鶴氏[5]や平川新氏[6]らによって新たな伊達騒動のイメージが醸成されていった。これは、事件の理解が単純な二項対立を乗り越えたことを意味しており、騒動そのものを近世の武家社会全体のなかに位置づけていくことによって得られた大きな成果であると言えるであろう。なかでも、平川氏による伊達騒動の整理は、現在における伊達騒動の事実関係を解明した達成点と評価でき、本稿も上記の成果に依拠するところが極めて大きいものである。

かかる研究動向を踏まえた上で、この伊達騒動における二人の人物、伊達兵部大輔（少輔）宗勝と伊達安芸宗重（以後、両者をそれぞれ実名で宗勝・宗重と呼称する）について、両者の間で取り交わされた文書における位置を考えてみるのが本稿の課題である。この二人について、詳細は後で触れるが、伊達騒動のなかではそれぞれ極めて重要な役割を演じており、この事件を取り上げる際には必ずと言っていいほど登場する人物である。宗勝は事件の発端から伊達家内の有力者・後見人として登場し、藩政に大きな関わりを持ち、最後には藩を滅亡の危機に陥れたとして大名・後見人としての地位を剥奪された。一方で、宗重は家臣団の最上位者として宗勝らと正面から対決し、原田甲斐宗輔の凶刃に倒れた後は幕府からも忠義の者として絶賛を受けることになった。では、彼等がこの事件の推移のなかで実際に置かれた位置とはいかなるものであったのか。政治的に激しく対立した両者の立場は当然としても、その前提として彼等はお互いをどのように位置付けていたのだろうか。この点を当時の史料から再度見直してみることを本稿の具体的な課題としておきたい。

一般に、宗勝の後見人政治には「独裁政治」[7]「専制支配」[8]等と称されてきたことに代表されるように、強権的なイメージが伴うものであった。ここにはもちろん、権力闘争に敗れ去った側に対するに対する断罪・悪評があることは間違いないものであり、それ自体が一方的な嫌いがあることは容易に想像がつくであろう。これまでの伊達騒動研究においても後見人政治への検討がなされてきた。[9]しかし、そもそも後見人政治とはいかなるものであったか、後見人政治がなぜかくも批判されなければならなかったか、その理由を明らかにしたとは必ずしも言い難いと思われる。そこで本稿では、この後見人政治が藩内にもたらしたものについて、彼等の取り交わした文書等に顕れる面を中心に検討を加えてみたいと思う。

素材となるのは、宗勝と宗重の間で取り交わされた文書である。言うまでもないことであるが、宗勝側は伊達騒動によって家そのものが断絶しており、同家史料の確認が現在では望むべくもないため、史料的に完全を期すことはもとより不可能と言わざるを得ない。ただし、幸いなことに宗重側すなわち涌谷伊達家には、伊達騒動期の史料が数多く現存している。当事者の一方に立つ側であるという大きな問題を潜在的に孕んでいるとはいえ、当時の原文書による検討を可能にする意味においては希有の素材であることは間違いない。そこでここでは、涌谷伊達家文書（東北歴史博物館所蔵）に現存する両者の文書について考察を行うものとする。もちろん、本来は彼等の間では相当多くの書状のやりとりがあったはずであるが、現存するもののは少ない。当時の状況からすれば、ごくわずかといわざるを得ないほどの現存文書から類推していくものになる。それればかりか、事件の当事者同士であることから、その残存状況も後世の関係者による意図を反映したものである可能性も否定できない。それ故にここでは、あくまでその傾向を示すという消極的なものに止まるものであることを最初に断っておきたい。

一 大名と一門―宗勝と宗重の藩内における基本的位置―

本稿の前提として、まず宗勝と宗重の藩内外における位置について、今一度確認しておきたい。まず、伊達兵部大輔（少輔）宗勝は仙台藩初代藩主伊達政宗の一〇男である。正保元年（一六四四）従五位下に叙任し、一関で一万石を拝領する。万治三年（一六六〇）の三代藩主伊達綱宗の逼塞と四代藩主伊達亀千代（後に綱基・綱村）の幼年での襲封とに伴い、幕府から後見人に任じられた。同じく後見人に任じられた田村右京亮宗良とともに三万石を与えられ、以後幼君亀千代を擁して後見政治を推進していくことになる。宗勝ならびに田村宗良は、宇和島伊達家と並んで分家となるが、その領地は本藩領内に石高を分けたもの、すなわち領内分知であった。このように、宗勝は寛文年間当時では伊達家内において独立大名の宇和島伊達家、そして同じく領内分知の田村家と並んで、幕府から大名としての処遇を与えられたのである。さらに、偉大なる政宗の子としてこの当時存命であったのが、宗勝以外にはすでに亘理の伊達安房宗実と天麟院（五郎八姫）・牟宇姫（角田石川宗敬夫人）のみであり、甥に当たる忠宗の子どもたちは、同じ後見人であった田村宗良にしても就任当時二三歳に過ぎない若者ばかりである。これらの様相からも、宗勝の意志を云々する以前の問題として、宗勝の仙台藩内における立場が窺い知れるであろう。

さて、一方の伊達安芸宗重についても確認してみよう。宗重は仙台藩重臣の一つである涌谷伊達家の当主である。同家は元来亘理氏ないしは武石氏を名乗り、陸奥国亘理郡を所領としていた一族であった。後に伊達氏と血縁を結ぶ過程でその配下に属し、政宗の国替えに従い、父祖伝来の亘理を離れ、最終的に遠田郡涌谷を居所とするに至った。宗重は涌谷に入った亘理元宗から数えて四代目に当たり、当初は天童氏を嗣いだが、兄の死を機会に涌谷に戻った。同家は、仙台藩の家格では一門に属し、二万二〇〇〇石あまりという小大名に匹敵する所領を与えられ、また居所涌谷は城に次ぐ施設であって実質的には城郭の意味を持つ「要害」とされていた。これと同様の待遇を受けたのは同じ一門である石川家（伊具郡角田）・白石家（登米郡登米）・岩城家（江刺郡岩谷堂）・留守家（胆沢郡水沢）等であり、しかも石川家以外はいずれも伊達姓を与えられていた。仙台藩の家臣団において、涌谷伊達家がまさに最上位を占める位置を与えられていたことがわかる。

このように、宗勝と宗重の藩内における基本的位置とは、片や領内分知の大名・後見人であり、片や家臣の最上位にある一門の一員であったということになる。同じ仙台藩内における重要人物であるが、その立場は大名に列する藩主親族と有力ながらも一介の家臣であり、自ずから相当に異なるものであったといえるであろう。まず、かかる両者の位置を確認した上で、以下の分析に移ることにしたい。

二　宗勝と宗重―文書に見る両者の位置―

まず、現在涌谷伊達家文書内に確認できる宗勝文書から確認してみよう。同家文書には、実は宗勝の書状が何点か現存している。これは一見したところ、政敵に当たる相手の文書を保存していることになり、意外と思われる節もあるかも知れない。しかし「立腹之返状」として知られ、里見重勝を擁護する宗重の行為を難詰した寛文六年（一六六六）八月の宗勝書状[10]の取り扱いに代表されるように、宗重側が藩ならびに幕府への政治工作における重要な根拠として活用し、なおかつ後世に至って宗勝の悪政を跡づける物的証拠として意図的に保存されたと考えてよい[11]。また、伊達騒動に関係する記録は、例え反故であっても差し出すようにという藩の指示[12]もあり、涌谷側でもその保存に万全を期したと思われる。なお、蛇足ではあるが、宗重を直接殺めた原田宗輔の文書は、当時における両者の関係を考えれば相当のやりとりがあったことは推測できるが、故意か偶然かは別として現存は確認できておらず、奇妙な対照を見せている。

1　宗勝文書の基本的性格

それでは涌谷伊達家文書における宗勝文書について見ていきたい。全体は表1のようになる。これによれば、現在確認できる同家文書中の宗勝文書は一二点ある。このうち、少なくとも花押のある一〇点については、直書・右筆書の別はあるとはいえ、当時のものである可能性が指摘できる。なお、これらとは別にわずか一点ではあるが、宗勝の嫡子である伊達東市正宗興の書状が伝来している[13]。

では、ここに見られる宗勝文書の特徴として、いかなることが指摘できるであろうか。内容はひとまず措き、その様式から考えてみることにしたい。料紙については、表1のように折紙が一〇点、横切継紙が二点であり、折紙が多数を占めることがわかる。もちろん、長文に渡る場合は除くとしても、両者間の書状の通例としては折紙の使用が一般的であると言ってよいであろう。続いて差出についてみれば、「伊達兵部」ないしは「伊達兵部大輔」、すなわち苗字と官職を省略なしに記述し、さらに「宗勝」の実名に花押を付する場合が一〇点ある。このように、宛名は苗字+官職・実名+花押が通例であったことが想定される。ただしこれには、わずか一点ではあるが例外があるので、さらに詳しく分析するものとする。また、花押についても後述したい。最後に宛名について見れば、これまた一点の例外を除けば「伊達安藝様」、すなわち諸苗字に様付を採用していることがわかる。さらに、その書留文言については全てに「恐惶謹言」を使用していることがわかる。他の条件ではわずかな例外が見られるのに対して、この点では一貫していると言ってよい。以上を概括すれば、基本的に折紙・恐惶謹言・苗字+官職（実名+花押）・諸苗字様付という様式上の性格が見いだし得るであろう。そして全体をまとめれば、書状様式に属するものとして捉えてよいであろう。

それでは、この様式をいかに理解すればよいであろうか。筆者が古文書学については誠に浅学であり、あくまで常識程度の知識しか持ち合わせていないことは十分承知の上であえて評価を加えるとするならば、折紙・判物・恐惶謹言・様付という基本的性格のみでも、自ずからその厚礼さを指摘せざるを得ない。書留文言における「恐惶謹言」の使用や様付は、目下の人間に対するものではない。まずは素朴な事実として、宗勝は宗重に対して、少なくとも文書上ではかなりの厚礼をもって遇したと言うことができるのである。また、このような文書が相当数伝来していることからすれば、宗重としても、宗勝からかかる様式による文書

実名	花押	宛名敬称	料紙	書止文言	連署その他
×	×	伊　弾正様　同　安芸様人々御中	折紙	恐惶謹言	
○	A	伊達安藝様　貴報	折紙	恐惶謹言	田村宗良
○	A	伊達安藝様　御報	折紙	恐惶謹言	
×	×	伊達安藝様　御報	横切継紙	恐惶謹言	
○	A	伊達安藝様　御報	折紙	恐惶謹言	
○	B	伊達安藝様	横切継紙	恐惶謹言	田村宗良
○	B	伊達安藝様　御報	折紙	恐惶謹言	
○	B	伊達安藝様　御報	折紙	恐惶謹言	田村別書状あり
○	B	伊達安藝様　御報	折紙	恐惶謹言	田村別書状あり
○	B	伊達安藝様	折紙	恐惶謹言	田村別書状あり
○	B	伊達安藝様	折紙	恐惶謹言	田村宗良
○	B	伊達安藝様	折紙	恐惶謹言	田村宗良

が送られることに対して、恐れ多いことと考えているわけではなく、当然のものと認識していたと思われる。すなわち、両者の間でかかる文書様式が無礼に当たらず、当然のものと受け止める認識が存在していたと言えるのである。やや迂遠な言い方であったかも知れないが、文書上においては、宗勝は宗重に対して一貫して相当なる厚礼を用いていたことがわかる。

さて、内容についてであるが、それぞれの年次ごとにまさに事件の推移と軌を一にしていることがわかる。事件の詳細を述べるのが本稿の目的ではないので省略するが、概括すれば4の寛文六年のいわゆる「兵部立腹の書状」を境に、それ以前の比較的親密な書状とそれ以降、特に寛文九・一〇年の谷地争論に関わる書状とに大別できる。当然ながら両者の論調は自ずから異なり、前者は「内々之一儀」などごく内密の政治的な話題を共有している様子が窺われるのに対して、後者は「谷原出入」を足がかりに後見人政治批判の色を強めてくる宗重の攻勢を前にしてその対応に追われ

表1　涌谷伊達家文書中における伊達宗勝文書

	文書番号	内容	年月日	差出署名
1	雑5-1-41	道中無事に御下着などにつき	（万治３）8.10	伊　兵部
2	13-4	奥山大学の件などにつき	（寛文３）6.28	伊達兵部大輔
3	13-2-1	内々の一儀などにつき	（寛文５）11.23	伊達兵部
4	13-2-2	里見十左衛門書物の件につき	（寛文６）8.24	伊達兵部大輔
5	13-26	小鴨到来の御礼につき	（寛文６以降）9.6	伊達兵部
6	13-2-4	遠田・桃生郡境谷原分けにつき	（寛文９）5.27	伊達兵部大輔
7	13-2-5	陸奥守様御元服につき	（寛文９）12.27	伊達兵部大輔
8	13-14	谷原出入に安芸被相出覚書につき	（寛文10）4.16	伊達兵部大輔
9	13-16	谷原出入の御返事遅延につき	（寛文10）8.19	伊達兵部大輔
10	13-19	谷原出入の返答につき	（寛文10）9.14	伊達兵部大輔
11	13-6	谷原出入の件、御三人衆と相談につき	（寛文10）10.14	伊達兵部大輔
12	13-2-6	御三人衆より安芸江戸登被仰付につき	（寛文10）12.22	伊達兵部大輔

る様子が看取できるものである。まとめれば、寛文六年以前と寛文九年以降の二つの段階が設定できると考えられる。

以上のような基本的な性格を確認した上で、今少し詳しく宗勝文書について検討していきたい。

2　万治三年宗勝書状について

宗勝―宗重間の書状のうち、現存しているものに関してのみでもいくつかの様式上の変化が見られる。まず、一つの問題として考えられるのが表1において見られた一般的原則における例外、具体的に言えば表1における1についてである。[14]試みにここで引用してみよう。

（史料1）

尚々公方様御頭痛気も、大方御快然ニ候間、追付御目付衆へも御暇可被下と申候、案之外くたびれはて申候故、一通ニ申入候、御免可被成候、返々

此方ニて御覚書之通り、定而何へ急度可被仰渡と存候、萬々追而可申入候、以上、
道中御無事ニ御下着可被成と存候、路次悪敷宿被成候やと存候、此度者不思召寄御苦労千万不及申定存候、
一、御国之様子弥静ニ御座候や、承度存候、
一、各御連判之誓紙、御両人も道中ニて御加判被成候由、黒木主水持参被申候、則飛驒守へ相渡し申候、
一、一昨八日之朝雅楽殿へ飛驒殿御出候折節、飛彈殿御申□ハ国元へ相下シ申使者罷帰候、弥静ニ候由申来候、其上兄弟共親類共も弥万察申入て、家を相守可申由ニて、誓紙仕為相登申候と御申候得者、雅楽殿被仰候ハ、それハ一段之義ニ候、何も之被為入感入候由被仰、能首尾ニて御座候キ、可御心安候、此方様子甲田十右衛門可申上候、恐惶謹言、

八月十日　　　　　　　伊　兵部

伊　弾正様

同　安藝様

人々御中

後で詳細を確認するが、万治三年（一六六〇）八月一〇日に宗勝から宗重と伊達弾正すなわち岩出山伊達家当主伊達宗敏に宛てた書状である。まず、その様式から確認していきたい。表1で示したように、料紙は折紙であり、差出は「伊　兵部」、一方で宛名は「伊　安藝様」である。すなわち差出は片苗字＋実名・花押、宛名は片苗字＋様付である。また、書留文言は恐惶謹言を用いている。折紙・恐惶謹言の使用において

は、いわば通例通りであるが、宛名・差出は一致しない。この片苗字なる様式であるが、書札礼において自他共に無苗字を最上位とし、次いで片苗字、諸苗字の順で敬意の軽重を表現していた[15]。単純に言えば、書状の作成者が自らを無苗字、相手を諸苗字で呼べば、作成者に対する敬意を重視したものとなる。逆に自らを諸苗字、相手を無苗字とすれば、相手側への敬意を重視したものとなる。もちろんこれだけの要素で判断できるわけではないが、両者の関係・位置を示す一つの指標たり得る。

さて、ここではどうであろうか。宗勝から宗重に宛てた書状、すなわち政宗一〇男にして大名たる宗勝が仙台藩一門の重鎮たる宗重に宛てた書状として考えた場合、宗勝は自らを片苗字とし、相手である宗重も片苗字としていることは着目に値する。しかも、宛名を様付にしていることと併せて考えれば、作成者である宗勝は宛先である宗重に対して、自らを宗重よりも低位・同位置としているわけではないのはもちろんであるが、かといって宗重を低位に扱うわけではないことも確かである[16]。これをどう理解すべきであろうか。宗勝は藩祖政宗の子にして当時の藩内きっての有力者であるが、当然ながら仙台藩主ではなく、また大名として独立していわば他家扱いである。つまり仙台藩内の秩序から考えれば、藩内全てから敬意を以て遇せられるとしても、藩主のように完全なる上下関係は築き得ない存在であると言える。そればかりか、宗勝の兄弟やその子孫が仙台藩一門として存在していることを考えれば、宗勝も仙台藩一門の諸家に対して圧倒的な地位に立ち得ない状況に置かれていたことは十二分に想定し得るものである。誤解を恐れずに言えば、宗勝は少なくとも宗重に対するときは、一門と類する立場にあり、その中では比較的上位な存在として位置づけられていた、翻ればそれを超越する存在には立ち得なかったと考えられるのではないだろうか。その具体的な顕れこそ、まさに差出・宛名ともに片苗字、しかも様付による書状であったと言えるであろう。

さらにここで内容を検討してみよう。宗勝は、宗重に対して仙台藩重臣による誓紙への署名についての立花忠茂・酒井忠清の反応を伝えている[17]。宗勝によれば、この誓紙は伊達家安定のために極めて重要であり、その成就は各方面で歓迎されているとのことである。しかし、その調整はさすがの宗勝にも応えたらしく、彼に相当の疲労を与えており、「案之外くたびれはて申候」とそれを率直に宗重等に伝えている。加えて両者の間では、将軍家綱の頭痛をはじめとして、江戸の幕閣・親戚大名の動きや国元の情勢を相互に連絡しあう親密さが確認できる。少なくともこの書状では、十年を待たずして深刻な対立に陥る両者の未来を窺うことなどできない。両者の関係は良好であり、しかも藩の難局に当たって一致協力して対処する間柄であったということができるのである。

では、この双方片苗字・様付による書状というものは、そもそもいかに位置づければよいのか。試みに『伊達騒動實録』所載の宗勝関連の文書を抽出してみた（表2）。なお、これらについては実際の文書を確認することができないものも数多く含まれており、様式の分析としては暫定的なものに止まる。さて、これによれば、宗勝の片苗字の文書が一四点見られるが、そのうち万治四年正月二八日付の文書は奉行に対して宛てた条目であり、ここで問題とする書状とは文書様式が異なる。これ以外の、書状様式による差出を片苗字とする文書については、ここでは一三点見ることができるわけだが、注意が必要なのは、その宛名を確認してみると、宗重宛と同じ片苗字＋様付を採用しているのはわずかに一点、万治元年七月一七日付の「伊　弾正様」、すなわち伊達弾正宗敏に対して宛てたものだけなのである。

このように見れば、この片苗字＋様付なる書状発給は、万治年間のしかも一門宛てあるいは安芸・弾正宛てのみでなされたものである可能性が高くなる。これ以前の宗勝書状の様式が確認できない以上、あくまで仮説に止まらざるを得ないとはいえ、万治年間までの宗勝には、双方片苗字・宛名様付という相互に敬意を払った厚礼の書状様式を以て遇すべき相手が藩内にしかも複数存在していたことは間違いないであろう。上記のように、宗勝から見た場合の宗重、さらには弾正宗敏も含まれるが、その文書における立場は対等といえば言い過ぎであろうが、かなり敬意を払うべき存在として位置づけられていたのである。

3　様式・花押の変化

さて、表1の分析に戻ろう。双方片名字・宛名様付なる様式は、表1・表2ともに見られない。すなわち、寛文年間を迎えるとともにこの様式そのものがなくなってしまうのである。これに替わって以後定着するのが、先にも述べた折紙・恐惶謹言・苗字＋官職（実名＋花押）・諸苗字様付なる様式である。この変化の具体的な契機についての実証的な材料は今のところ見いだし得ないが、考えられる要素は宗勝の後見人就任が想定される。この双方諸苗字＋様付という様式の意味を十分に明らかには出来ていないものの、双方片苗字＋様付という様式よりは、宛所に対する敬意が文書上では相対的に低下していることは間違いないであろう。著しい尊大化などを進めているわけではないとはいえ、それまでの扱いよりも下げるということで、宗勝が宗重・宗敏よりも上位に位置づけられる要素が強められたといえる。

ここまで検討を進めた段階で想起されるのが、六ヶ条問題である。これは寛文二年（一六六二）、宗勝と田村宗良の待遇を巡って藩奉行の奥山常辰と後見人が対立したものである。具体的には、両後見人が自領の制札・伝馬・境目の管理や他国領民の人返について、あるいは幕府への大鷹・初物の献上について、本藩に関係なく自主的に実施しようとしたことに端を発する。これに奥山が正面から反対し、立花忠茂を通じて老

実名	花押(写)	書留文言	宛名	備考
宗勝	書判	恐々謹言	只野内膳殿　参	
宗勝	御書判	恐々謹言	茂庭周防殿　人々御中	
宗勝	書判	恐惶謹言	伊　弾正様　人々御中	
		恐惶謹言	石川大和殿　伊達安房殿　伊達和泉殿	
		恐々謹言	奥山大学殿　遠藤文七郎殿　冨塚内蔵殿	
			立花飛驒守様	
宗良　宗勝	書判		立花飛驒守様	
	血判			
			出入司衆	
			奉行衆中	
	書判	以上	柴田外記殿　大條監物殿　冨塚内蔵丞殿　奥山大学殿	
	判	恐々謹言	柴田外記殿　大條監物殿　冨塚内蔵允殿　奥山大学殿	
		以上	(酒井雅楽頭)	
宗勝	書判	恐惶謹言	田村右京様　御報	
		恐惶謹言	伊達安藝様　再報	
		恐々謹言	田村圖書殿	
		恐々謹言	原田甲斐殿　富塚内蔵丞殿　茂庭大蔵殿	
宗良　宗勝	書判	恐惶謹言	伊達安藝様　御報	
		恐惶謹言	伊達左兵衛様　伊達弾正様　伊達安藝様	
			大條監物殿　茂庭周防殿	
	御書判	恐々謹言	茂庭周防殿　まいる	
	御書判	恐々謹言	茂庭周防殿　再答	
	判	恐惶謹言	里見十左衛門殿　回報	
		恐惶謹言	伊達安藝様　御報	涌谷伊達家文書13-2-2
	御書判	恐々謹言	茂庭主水殿　まいる	
		以上	古内志摩殿	
		以上	古内志摩殿	
		以上	原田甲斐殿　古内志摩殿	
		恐惶謹言	伊達安藝様	涌谷伊達家文書13-2-4
		恐惶謹言	石川民部様　伊達弾正様	
		恐惶謹言	伊達安藝様	
		恐惶謹言	伊達安藝様　御報	
		恐惶謹言	伊達安藝様　御報	
		恐惶謹言	伊達安藝様　御報	

表2 『伊達騒動實録』所載の伊達宗勝文書

	実録頁	内容	年月日	差出署名
1	上18	美之助元服・任官他につき	(承応三年)極月廿八日	兵部
2	上28	美作守様の事などにつき	(万治元年)七月十七日	伊　兵部大輔
3	上83	綱宗行状につき	(万治三年)六月廿七日	伊　兵部
4	上105	綱宗逼塞につき	(万治三年)七月十八日	伊達兵部大輔　立花飛騨守
5	上106	綱宗逼塞につき	(万治三年)八月十八日	伊達兵部　立花飛騨
6	上145	後見人就任の起請文	万治三年霜月廿一日	田村右京　伊達兵部
7	上145	後見人就任の起請文	万治三年子ノ霜月廿一日	田村右京　伊達兵部
8	上147	後見人就任の起請文	万治四年二月十八日	田村右京　伊達兵部
9	上155	分領中支配につき条目	万治三年庚子十二月朔日	右京　兵部
10	上156	分領中仕置につき条目	万治四年正月廿八日	田　右京亮　伊　兵部大輔
11	上196	六ヶ条につき	寛文三年卯四月十三日	田村右京　伊達兵部
12	上202	六ヶ条の回答につき	寛文三年卯ノ三月廿五日	田　右京亮　伊　兵部大輔
13	上203	六ヶ条問題につき	寛文三年卯三月廿五日	田村右京亮　伊達兵部大輔
14	上228	奉行人選につき	寛文二年寅ノ七月五日	伊達兵部
15	上251	田村圖書口上への返答につき	寛文三卯極月廿八日	田村右京　伊達兵部
16	上252	奥山大学の件他につき	寛文三卯年極月廿八日	田　右京　伊　兵部
17	上253	圖書派遣の件他につき	寛文四辰年正月十一日	田　右京　伊　兵部
18	上273	家中加役の件他につき	(寛文六年)五月廿五日	田村右京亮　伊達兵部大輔
19	上279	家中加役の件につき	寛文三年八月三日	伊達兵部大輔　田村右京亮
20	上296	目付他取扱につき条目	(寛文三年)十一月晦日	田　右京　伊　兵部
21	上304	奥山大学他悪人一味につき	(寛文四年)六月十五日	伊　兵部
22	上306	柴田・古内等悪人につき	(寛文四年)七月朔日	伊　兵部
23	上322	諫言への返答	(寛文六年)正月十八日	伊　兵部
24	上348	里見十左衛門書物の件につき	(寛文六年)八月廿四日	伊達兵部大輔
25	上416	伊東采女・氏家傳次・伊東七十郎罪科につき	(寛文八年)三月十九日	伊　兵部
26	上464	小姓頭増員の件につき	(寛文九年)酉ノ正月廿四日	伊　兵部
27	上533	永沼玄叔・永沼善兵衛処分につき	(寛文九年)正月廿二日	伊　兵部
28	上548	三ヶ条誓紙の件につき	(寛文八年)卯月朔日	伊　兵部
29	上601	谷地争論内分済につき	(寛文九年)五月廿七日	田村右京亮　伊達兵部大輔
30	上604	安藝式部争論内々事済につき	(寛文九年)五月廿七日	田村右京亮　伊達兵部大輔
31	上642	安藝口上書につき	(寛文十年)四月十六日	伊達兵部大輔
32	上645	安藝書状につき	(寛文十年)八月十九日	伊達兵部大輔
33	上647	安藝書状につき	(寛文十年)九月十日	伊達兵部大輔
34	上673	三人衆より茂庭主水より申入につき	(寛文十年)十月十四日	田村右京亮　伊達兵部大輔

中酒井忠清に訴え出た。結局酒井の裁決により、奥山の主張が認められ、六ヶ条はそれぞれ従来通り藩を経由すべきものとして落着する。このように、寛文初年は新規に創出された両後見人体制を藩のなかでいかに遇すべきかを巡り、試行錯誤が繰り返されていたのであり、その混乱が対立のかたちをとって噴出したのが六ヶ条問題であったということができる。

このような状況に鑑みれば、万治から寛文にかけての宗勝書状の変化も、藩内における後見人の処遇変更の一つと考えることができるのではなかろうか。ただし、これには実証的な根拠は持ち得ていない、今後の課題としておきたい。

それでは、寛文年間の宗勝書状を検討してみよう(18)。

(史料2)

去ル十三日之御札両通相届、得致披覧候、其御本無事之由珍重存候、此地静謐、亀千代様益御勇健之御事ニ御座候、此中は漸々向寒氣候、其元変なく、今程雁・鴨之節、御鷹野可被成と御羨存候、私事機色弥替儀無之、在府仕候間、乍慮外可御心安候、将亦中務より去日従湯本御帰府ニ候、俞御無事之間、御気遣被成間敷候、

一、内々之一儀御一書ニも如申盡候、何共存様ニハ難成候様子、如何に不被申辯候間、追而委細可申進候、茂庭周防弥機色能用達被申候、急病指發不申候へとも存事候、今村善太夫も追付相下り、可申上候て、少し申談儀有之、立飛州へ右京より私も参事候、田村圖書も近日中相下り可申候間、前詞其節可申盡候、恐惶謹言、

（寛文五年）
霜月廿三日　　　　　　伊達兵部
　　　　　　　　　　　　宗勝（花押）
伊達安藝様
　　再報

寛文五年（一六六五）一一月二三日の書状である。様式は折紙を用いており、差出は諸苗字に官職・実名で花押を据えている。宛名は諸苗字・官職に様付である。書留文言は恐惶謹言を用いている。官職名を「兵部」と省略しているが、かかる例は他にも一例、年不詳の九月六日付書状でも見ることができる[19]。なお、同時期で「兵部大輔」と省略なしで記載する例も見られることから、両様式の併用になる。内容は、先に述べた寛文六年以前の段階に属するものであり、基本的に宗勝・宗重両者の政治的関係は良好であるといえる。現にここでも、宗重の国元での近況を聞いて「御羨存候」と述べ、親密さを窺わせる。さらに「内々之一儀」が難しいこと、茂庭定元の病状など、直近の政治問題について情報を交換している様子が見られる。

これに対して、この史料の後の段階に当たる文書の例を次に見てみたい[20]。

（史料3）
一筆令啓達候、然者遠田郡・桃生郡境谷地之儀ニ付而、伊達式部殿与御諍論候趣、奉行衆中より為申上候、勿論双方穿鑿申儀、本意ニ候へとも、亀千代様御幼少之節ニ候へ者、對御為ニ、達而不可然候之間、致穿鑿儀ニ無之候、當時各御身分ニ而、か様之出入、至而亀千代様御為不宜儀者、過御了簡ニ間鋪處ニ、石川民部殿・伊達弾正殿・我等共内證を以、種々御扱候へとも、承引不被成候儀、御為を第一ニ被成、御自分之為第一与有之様ニ相聞、近頃案之外ニ被存候、立花好雪老へも委細ニ御相談申所ニ、御同前之御思慮ニ候、依之何も了簡申者、双方御堪忍可然候、右論所不及穿鑿ニ候之上者、就中貴様儀御年頃と申、御考も無之候而者不叶儀ニ候之条、右論所之谷地、貴様御年役ニ、三分二式部殿へ被相付、三分一御自分江被相付、内々ニ而事済候様ニ可然候、幾度思慮申候ても、於裁断ニ者、亀千代様御為不可然控も在之ニ付、内々ニ而被相済候之様ニと、達而申述候間、被相考、其旨尤ニ存候、紙上ニ難顕儀者、申残シ候、猶以茂庭主水口上并柴田外記・古内志摩委細可被申達候、恐惶謹言、

（寛文九年）
五月廿七日

田村右京亮
宗良（花押）
伊達兵部大輔
宗勝（花押）

伊達安藝様

寛文九年（一六六九）五月二七日の書状である。この書状は伊達騒動の一連の過程にあって、一つの画期をなすものである。すなわち、伊達安芸宗重と伊達式部宗倫との間で発生し、両者が正面からその意見を衝突させた遠田・桃生郡境を巡る谷地争論において、両後見人がついにその裁定を下したものである。両者の争論は、同じ一門同士、しかも宗倫は前藩主綱宗の兄であった。その両者の主張が全面的に対立したのであるから、解決は当然ながら困難を極めたが、この両後見人の裁定を宗重・宗倫ともに受け入れ、いったんは

争論は解決に向かう。しかし、この裁決に不満を持つ宗重は、争論の再審を求め、さらには後見人宗勝の政治そのものを問題として訴訟を展開していく。このような、宗重・宗勝ともにその後のあり方の転換点がこの書状だったと言っても過言ではない。

この書状で、両後見人は本件を藩主幼少時において避けるべきこととし、藩主亀千代を第一とすべき所を自分の利益を第一とする姿勢を非難する。その上で、宗重が年長であり分別もあることから谷地の三分の一とし、宗倫に三分の二を与えるという裁定を下している。双方の主張の理非には踏み込まず、状況と相互の年齢を理由としたのである。

さて、かかる重要かつ著名な資料であるが、その様式から見た性格はいかなるものであるのか。まず、冒頭で「一筆令啓達候」とあり、これまで見てきた史料以上に書状としての様式を整えていることがわかる。実は、「一筆令啓達候」から始まる、いかにも格式ばった書状は、現存する限りではこの一点のみなのである。書出文言一つをとっても、この書状の発給に関する両後見人の格別の意志が窺えるといってもよいであろう。とはいうものの、それ以外の所では、折紙を使用し、差出は諸苗字に官職・実名で花押を据え、宛名は諸苗字・官職に様付、書留文言は恐惶謹言を用いており、史料2の書状と全く同じである。すなわち、様式のみに着目すれば、それ以前のものを完全に踏襲していることになる。この点は同時期の他の書状でも完全に一致しており、後見人が宗重の一連の行動に関してその待遇の変更を以て遇した形跡は、少なくとも文書上では確認できない。

ただし、史料2と史料3において大きな差異がある。両者に据えられた花押である。前者の花押、これを仮に花押Aと呼ぶことにする。花押Aは、横に長い楕円形に近いもので、形そのものが単純である。これと同じ花押の使用が涌谷伊達家文書中に二例確認できる。なお、他家宛の例として、寛文六年正月に里見十左衛門に宛てた書状においてもこの花押の使用が確認できる[21]。これに対して史料3における花押、これを花押Bとするが、これは天地二線を基本とするもので、近世武家の公用花押として広く使用されるいわゆる明朝体に属するものである。この花押Bの使用の最も顕著な例としては、万治三年一一月二一日付の起請文で使用していることであろう[22]。このように、花押Bは公用文書で使用される公用花押であり、一方の花押Aは私信用ともいうべきものであったと仮定できる。

かかる宗勝の花押使用の変化をどのように理解すればよいのだろうか。この変化と軌を一にしているのは、先に述べた内容の変化である。すなわち、花押Aから花押Bへの変化は、宗重と宗勝の関係が蜜月から対決へと変貌を遂げるのと同じといってよい。特に花押Bの使用は、後見人として宗重と対峙するまさにその場面で用いられているのである。これは、花押Aを使用する局面とは全く異なる、より威厳を持たせた文書様式を用いて、後見人による正式な指示・命令という性格を強めるための措置であるとはいえないだろうか。そうであるとするならば、花押Aから花押Bへの変化は単なる使用花押の変化に止まらず、事件の推移と宗勝・宗重両者の関係の変化をまさしく照応するものとして捉えざるを得ないのである。

4　他の宗重宛書状の検討

宗勝文書の分析を締めくくるに当たって、彼の文書様式をもう少し明らかに位置づけておきたい。涌谷伊達家文書において確認できる主要人物の文書様式を表3にまとめてみた。もちろんこれは、現存するわずかな文書のなかから、さらにごくわずかな例を抽出したに過ぎず、即座に一般化ができるものではない。しか

表3　涌谷伊達家文書中における宗勝以外による書状の例

差出者		文書番号	料紙	書留文言	差出署名	実名	花押	宛名
現藩主	伊達忠宗	No. 12-1	折紙	恐々謹言	忠宗	忠宗	花押	伊達安藝守殿（定宗）
前藩主	伊達綱宗	No. 9-170	折紙	謹言	綱宗	綱宗	花押	伊達安藝殿（宗元）
分家（宇和島）	伊達宗利	No. 13-11	折紙	恐々謹言	伊達遠江守	宗利	花押	伊達安藝様（宗重）
後見人（名取郡岩沼）	田村宗良	No. 13-13	折紙	恐惶謹言	田村右京亮	宗良	花押	伊達安藝様（宗重）
一門（伊具郡角田）	石川宗弘	No. 13-3-1	折紙	恐惶謹言	石川民部	宗弘	花押	伊達安藝様（宗重）

しながら、その性格の一端を見いだすことは十分に可能である。すなわち、藩主・前藩主は差出＝無苗字・宛名＝殿付・書留文言＝恐々謹言を採用している点で、宗勝の書状様式とは明瞭に異なるのである(23)。ここにあるのは、主君と家臣の上下関係のみが反映されているという単純明快な構図であり、宗勝のような幼君の後見人としての関係とは根本的に異なる。翻ってみれば、宗勝はどんなに藩内で政治勢力を得て権力を誇示しようとも決して主君たり得ず、あくまで後見人としての立場のなかでのみのものに止まるものであったのである。

では、藩主以外と比較してみるとどうなるであろうか。ごく素朴な文書様式のあり方を見る限りであっても、同じ後見人である宗勝と田村宗良は全く同じであることがわかる。その一方で、一見同格に近いと思われる宇和島伊達家の伊達宗利と比べると、宗利は書留文言として恐々謹言を使用している点で後見人とは相違を見せている。加えて、一門書状についてみれば、宗勝は石川氏と完全に変わりないものとなっており、一門書状と同様の書札礼を採用していることになるのである。

これをまとめると、宗勝は基本的には一門と同様の文書様式を

実名	花押	宛名敬称	料紙	書止文言	備考
×	×	兵部太輔様参　人々御中	横切継紙	恐惶謹言	
○	○	石川民部様　伊達弾正様　御報	折紙	恐惶謹言	花押削除
×	○	石川民部様　御報	折紙	恐惶謹言	花押削除
○	○	石川民部様　御報	折紙	恐惶謹言	
○	○	兵部大輔様　　右京亮様　参人々御中	折紙	恐惶謹言	花押削除
○	○	片倉小十郎様　茂庭主水様　御報	折紙	恐惶謹言	花押削除
○	○	鍋田八郎左衛門（内藤隼人正家臣）様　人々御中	折紙	恐惶謹言	
×	×	兵部大輔様　　右京亮様　貴答	折紙	恐惶謹言	
○	○	柴田外記様　　古内志摩様　御報	折紙	恐惶謹言	花押削除

もって宗重宛書状を作成していることになる。これは田村宗良も同じであり、両後見人に共通したものとなっている。しかし、彼等と同じ大名である宇和島伊達家はさらに格上の書札礼を採用しており、さらに君臣関係にある仙台藩主はより尊大な書札礼である。これをもって後見人の格式が一門と同格であったというのは性急すぎるであろうが、少なくとも宇和島伊達家よりはある程度低位に位置づけられていたことは間違いないであろう。このように、文書様式上における仙台藩内の彼等の地位は、圧倒的な上位を占める藩主を除けば極めて微妙な階梯をもって構成されており、その中で両後見人は宇和島伊達家と一門の間とでもいうべき位置を与えられていたということになるのである。

5　宗重文書について

最後に、涌谷伊達家文書に残された宗重の文書について検討しておきたい。常識に属することではあるが、本来的には宗重文書の正本が涌谷伊達家文書として伝来する可能性は決して高くはない。現在涌谷伊達家文書として残されているのは下書、控、ないしは嫡男伊達兵庫宗元に宛てられた宗重書状である。そのため、

表4　涌谷伊達家文書中における諸氏宛伊達安芸書状

	文書番号	年月日	内容	差出署名
1	No. 13-2-3	（寛文6）8. 18	里見重左衛門意見書につき	伊達安藝
2	No. 13-3-4	（寛文9）3. 28	御用につき明日仙台へ罷登につき	伊達安藝
3	No. 13-5	（寛文9）6. 21	指出絵図返却につき	伊達安藝
4	No. 13-8	（寛文9）6. 28	絵図書物指出につき	伊達安藝
5	No. 13-15	（寛文9）8. 7	拙子存念の儀申上につき	伊達安藝
6	15897-134	（寛文10）11. 14	御目付衆へ書状差上につき	伊達安藝
7	No. 13-7	（寛文10）11. 17	隼人正様への挨拶他につき	伊達安藝
8	No. 13-18-1	（寛文10）12. 晦日	拙者覚書、三人の申次衆へ差出につき	伊達安藝
9	No. 13-21	（寛文10）12. 晦日	拙者覚書、三人の申次衆へ差出につき	伊達安藝

量的にも決して多くはなく、また正本ではない都合上、正確な分析が期待できない場合もある。それでも現存する宗重文書の例として取り上げることは可能であろう。

そこで涌谷伊達家文書中で兵庫宗元宛を除いた宗重文書が表4のようになる。これによれば、現存する宗重文書は九点で、その全てが書状様式である。年次は寛文六年が一点、同九年が四点、同一〇年が四点である。さらに詳細に見ていくと、料紙は一点を除いて折紙である。差出は全て諸苗字・官職名で署名し、六点に実名、七点に花押が記載されている。花押があるものを見ると、全て同一の花押を使用している。書留文言は恐惶謹言を全てで使用している。さらに宛先全てに様付をしていることがわかる。ここまでは九点にほぼ共通する事項である。相違点は宛先とその記載方法に見いだせる。宛先は後見人三点、一門三点、奉行一点、伊達家外（鍋田宛）一点、残りの一点はその当時宗重の説得役として派遣されていた片倉・茂庭である。そしてそのなかで、無苗字・官職名での宛名記載がみられるのが、後見人宛だけなのである。ここから、宗重が無苗字を使用する相手が後見人に限られる可能性が指摘できる。

実名	花押(写)	書留文言	宛名	備考
	判	恐惶謹言	兵部大輔様　右京亮様　参尊答	
		恐惶謹言	兵部大輔様　右京亮様　参人々御中	
		以上	兵部大輔様　右京亮様	
		恐惶謹言	兵部大輔様	涌谷伊達家文書 No. 13-2-3
		以上	山崎平太左衛門殿	
	花押	已上	石川民部殿　伊達弾正殿	
宗重	判	恐々謹言	黒木中務殿　参	
		恐々謹言	佐々木治兵衛様	
		恐惶謹言	兵部大輔様　右京亮様　尊報	
宗重	花押	恐々謹言	黒木中務殿　参	
	重判	以上	柴田外記殿　原田甲斐殿　古内志摩殿	
		恐惶謹言	伊達兵部大輔様　田村右京亮様　参人々御中　各通	
	重判	以上	伊達兵部大輔様　田村右京亮様　各通	
		以上	(伊達兵部・田村右京)	
		以上	(伊達兵部・田村右京)	
		恐惶謹言	兵部大輔様　右京亮様　人々御中　各通	
		恐惶謹言	兵部大輔様　右京亮様　人々御中　各通	
		恐惶謹言	嶋田出雲守様　妻木彦右衛門様　大井新右衛門様　尊答	
宗重	判	以上	島田出雲守様　妻木彦右衛門様　大井新右衛門様	
		以上	伊達兵部少様　田村右京亮様	
		恐惶謹言	(牧野) 数馬様　参人々御中	
	在判	恐惶謹言	片倉小十郎様　茂庭主水様　人々御中　一通	
		恐惶謹言	数馬様方　松坂甚左衛門様　(内藤)新五郎様方　多ヶ谷市左衛門様　人々御中	
	判	恐惶謹言	新五郎様　数馬様　参人々御中　各通	
	判	以上	新五郎様　数馬様　各通	
		恐惶謹言	島田出雲守様　妻木彦右衛門様　大井新右衛門様　参人々御中　各通	
		恐惶謹言	片倉小十郎様　茂庭主水様　人々御中	
宗重	判	恐惶謹言	茂庭主水様　人々御中	
	書判	恐惶謹言	(伊達) 遠江守様　参人々御中	
		恐惶謹言	嶋田出雲守様　妻木彦右衛門様　大井新右衛門様　尊答	
		恐惶謹言	兵部大輔様　右京亮様	涌谷伊達家文書 No. 13-18-1
		恐惶謹言	新五郎様参人々御中	
		恐惶謹言	柴田外記様　古内志摩様	
宗重	書判	恐々謹言	伊達兵庫殿	
宗重	書判	恐々謹言	伊達兵庫殿	
宗重	書判	恐々謹言	伊達兵庫殿　黒木中務殿	
宗重	書判	以上		
宗重	書判	恐々謹言	伊達兵庫殿	
	無判形			
宗	花押	恐惶謹言	中目九郎右衛門様	
	花押	恐々謹言	(伊達) 兵庫殿	
	花押	恐惶謹言	伊　兵庫殿　黒木中務殿	
宗重	花押	恐々謹言	伊　兵庫殿　黒　中務殿	
宗重	書判	恐々謹言	伊達兵庫殿	
宗重	書判	恐々謹言	伊達兵庫殿	
		以上	兵庫殿　中務殿	
宗重	書判	恐々謹言	伊達兵庫殿　黒木中務殿	
宗重	書判	恐々謹言	伊達兵庫殿　黒木中務殿	

表５　『伊達騒動實録』所載の伊達宗重文書

	実録頁	内容	年月日	名乗
1	上250	田村圖書罷下の件につき	(寛文三年)極月十八日	伊達安藝
2	上279	加役の件他につき	寛文三年七月廿三日	伊達安藝　伊達弾正　伊達左兵衛
3	上280	加役反対意見書	(寛文三年)卯ノ七月廿八日	伊達安藝　伊達弾正　伊達左兵衛
4	上346	里見十左衛門諫言取扱につき	(寛文六年)八月十八日	伊達安藝
5	上572	式部より若生半右衛門へ遣候谷地につき		伊達安藝
6	上582	野谷地につき口上書	寛文九年四月十日	伊達安藝
7	上587	野谷地争いにつき	(寛文九年)四月八日	伊　安藝
8	上601	谷地争論内々にて澄につき	五月廿五日	伊達安藝
9	上606	谷地分け御受致につき	(寛文九年)六月九日	伊達安藝
10	上614	谷地争論につき	(寛文九年)六月廿七日	伊　安藝
11	上629	谷地争論につき	寛文十年正月廿五日	伊達安藝
12	上638	私存入の段申上度につき	(寛文十年)三月廿二日	伊達安藝
13	上638	谷地争論につき口上書	寛文十年三月廿二日	伊達安藝
14	上642	拙子存念につき口上書	(寛文十年)五月十一日	伊達安藝
15	上643	拙子存念につき口上書	(寛文十年)六月十七日	伊達安藝
16	上644	拙子存念につき	(寛文十年)八月七日	伊達安藝
17	上646	拙子存念につき	(寛文十年)九月五日	伊達安藝
18	上654	拙者一義老中御耳に達するにつき	(寛文十年)十一月三日	伊達安藝
19	上655	谷地争論につき覚書	寛文十年十一月三日	伊達安藝
20	上677	茂庭主水御伝言につき口上書	(寛文十年)十一月三日	伊達安藝
21	上686	御老中御耳に達するにつき	(寛文十年)十一月十三日	伊達安藝
22	上691	拙者存念御三人衆へ被仰上につき	(寛文十年)十一月十三日	伊達安藝
23	上692	御目付衆への書状差押につき	(寛文十年)十一月十三日	伊達安藝
24	上706	陸奥守為無據別紙を以申上につき	(寛文十年)十一月十八日	伊達安藝
25	上707	兵部悪人を用いるにつき覚書	寛文十年十一月十八日	伊達安藝
26	下725	拙者存念申上につき	(寛文十年)十二月七日	伊達安藝
27	下728	御三人衆への御礼遅につき	(寛文十年)十一月廿三日	伊達安藝
28	下729	貴様御登御延引につき	(寛文十年)十一月廿六日	伊達安藝
29	下735	拙者存念、貴躰様御耳に相達度につき	(寛文十年十二月十三日	伊達安藝
30	下742	江戸へ罷登につき	(寛文十年)十二月晦日	伊達安藝
31	下745	拙者覚書、三人の申次衆へ差出につき	(寛文十年)十二月晦日	伊達安藝
32	下782	兵部悪政につき口上書	寛文十一年正月六日	伊達安藝
33	下782	兵部右京の書状指上につき	(寛文十一年)正月七日	伊達安藝
34	下783	谷地絵図請取の件につき	(寛文十一年)正月十六日	伊達安藝
35	下817	江戸到着、此方様子につき	(寛文十一年)二月十四日	伊達安藝
36	下835	大井新右衛門殿御宅にて谷地の件審議につき	(寛文十一年)二月十七日	伊達安藝
37	下846	乗物の件などにつき	(寛文十一年)二月廿五日	伊　安藝
38	下850	兵部悪政につき口上書	寛文十一年二月二十七日	伊達安藝
39	下859	三人衆へ覚書頼の件他につき	(寛文十一年)三月二日	伊達安藝
40	下866	兵部悪政につき口談の覚書	寛文十一年三月四日	伊達安藝
41	下882	板倉内膳正殿御宅へ罷出につき	(寛文十一年)三月七日	伊達安藝
42	下886	御老中御隠密に被為聞につき	(寛文十一年)三月五日とら刻	あき
43	下896	外記・甲斐、内膳殿御宅へ被為呼につき	(寛文十一年)三月七日	伊　安藝
44	下897	外記・甲斐、内膳殿へ被召出につき	(寛文十一年)三月九日子ノ刻	伊　安藝
45	下898	外記・甲斐審問などにつき	(寛文十一年)三月十三日	伊　安藝
46	下900	甲斐などの風聞につき	(寛文十一年)三月十四日	伊　安藝守
47	下901	城の近所などの取扱につき	(寛文十一年)三月十四日	安藝
48	下911	古内志摩上着などにつき	(寛文十一年)三月廿三日	伊　安藝
49	下918	此方様子などにつき	(寛文十一年)三月廿六日	安藝守

ここまで考えた上で、分析の母集団を増やすために『伊達騒動實録』中に本文記載の見られる宗重文書を表5にまとめてみた。ここでは寛文三年以降、涌谷家中宛を除いた四九点にのぼる宗重文書が確認できる。このなかで、まず覚書・口上書など、書状以外の文書様式が一一点、また子息（伊達兵庫・黒木中務）宛の書状が一四点ある。そして、肝心の宗勝・宗良の両後見人宛の書状が九点見ることができるが、その全てが先ほど見た様式と見事に一致しているのである。ここから、宛名における無苗字・官職名・様付という後見人宛書状の様式が確認できるといってよいだろう。

それでは、この無苗字・官職名・様付なる様式をどう位置付ければよいのであろうか。無苗字が諸苗字よりも敬意の比重が高まることは先に指摘しておいた通りであるので、宗重が宗勝・宗良に敬意をもった表記を採用していることは間違いない。その上で、表5をもう一度見直すと、無苗字で書状を差し出している人物が他にも三名いることがわかる。それは牧野数馬・内藤新五郎と伊達遠江守宗利である。彼等はいずれも仙台藩外であり、牧野・内藤はこの当時の国目付、宗利は先にも登場した宇和島伊達家当主、すなわち重要役職に就いている旗本と親戚大名である。ここまでの分析で既に明らかなように、宗勝・宗良は、大名・国目付同格の文書様式を宗重に採らせていたことになるであろう。宗勝・宗良の書状は親戚大名と一門の間の位置にあったにもかかわらず、宗重から出す書状については格上の親戚大名並の待遇を要求する、実に微妙な差異が生じているのである。なお、ここにはこの文書様式がいつ頃から使用されているのか、すなわち万治三年の後見人就任以前からのものか否か、あるいは先の片苗字使用が宗重等一門側に許されていたのか否かなど、解明されるべき問題はあるが、ここでは材料不足であり、これ以上の検討は今後の課題とする。

おわりに

文書の分析といいながら、ごくわずかな書状の事例紹介に止まったが、上記の内容をまとめておきたい。万治末年から寛文年間の宗勝と宗重の間で取り交わされた文書についての性格を考えてみると、概ね以下のように概括できる。すなわち、宗勝が宗重に宛てた書状様式において、宗勝は一貫して藩主と同位置には書札礼上立ち得ておらず、分家の宇和島伊達家よりも低位に位置づけられていた。親戚大名と一門の間という位置こそが後見人の占めた座であったといえるだろう。その一方で、宗重から宗勝に宛てた書状の様式は宇和島伊達家並の格式とされていた。自らの出す文書では親戚大名より下の様式でありながら、相手に出させる文書には親戚大名並の様式を要求する、これが宗勝と宗重の文書様式上の位置であったのである。

加えて、宗勝の書状には万治年間、おそらくは後見人就任以前の段階では双方片苗字・様付という、相互に一定の敬意を持たせる様式が採用されていた。この様式を考えれば、宗勝書状の変化は宗重に対しての敬意の低下を意味する。以上を総合すれば、後見人就任後の宗勝の書札礼は、宗重等一門にとって決定的ではないのはもちろんであり、ごく微妙なものではあるかもしれないが、それでも無視しがたい尊大さを持つものとして受け取られるものになったと考えられる。

宗勝にせよ宗良にせよ、本来は伊達家親族であり、その兄弟は一門に列せられている者がいるところで、急に大名・後見人としての独立した地位を主張しても、にわかに藩内で受け入れられるわけではないであろう。その矛盾の表出が先にも述べた六ヶ条問題であるといえる。であるならば、宗勝・宗良の書札礼は、あるいはそれらの妥協の元で成立したといえるのかもしれない。加えて宗重や弾正宗敏等一門側の主要人物は、ついこの間まで自分たちと同格であった者達であり、これまでの経緯も含め、著しく軽んずるわけにはいかない。かかる状況が実に微妙な上下関係を持った書札礼をもたらしたと考えられる。

寛文三年の六ヶ条問題以降、後見人、特に宗勝は、奥山常辰の更迭を経ることで藩奉行等官僚機構への優位を確立し、目付層の重用をてこに藩政の掌握に乗り出す。これは一見したところ、宗勝が後見人というこの上ない立場を十二分に活用して、極めて順当に藩内の反対勢力を排除していったかのように思われる。しかるに、本稿で見てきたように、宗勝は藩内最上位層とはいうものの、あくまで一介の家臣に過ぎない一門との間においてさえ、ついに決定的な上位に立つことができなかったのである。

であるとすれば、宗勝の政権そのものの評価が根本的に変わってくる。すなわち、強権的な宗勝の政治手法は、実は彼の政治基盤の弱さによるものであったといえるのではないだろうか。宗勝は当初、宗重や弾正宗敏に親近感をもって接触するが、後に極めて冷淡な、上位者としての位置を彼等に強要するようになる。その姿勢はまさしく宗重が批判する宗勝の専横に当たるものである。これを見る限りでは、宗重等一門の側からすれば、宗勝は幕府からのお墨付きを与えられた大名たる地位や後見人たる立場を持つ存在であることは否定するものではないとしても、所詮藩主たり得ない者であり、その意味ではいまだに自分たちとそれほど変わるものではない存在として認識していたのではないか。そして、このような認識を持つ宗重を始めとする藩内の諸勢力に対して、いかにしても絶対的な上位に立ち得ないことへの反動として宗勝が採用した、一門側の差出文書における格式の変更に代表される強圧的な姿勢の蓄積が、家臣のなかに相当の反感を醸成し、最終的には騒動に結実していったのではあるまいか。これはあくまで推測に過ぎないが、後見人政治そのものを見通し、本稿の分析で得られた成果をもとに考えれば、必ずしも飛躍とは言い切れないであろう。伊達騒動全体における宗勝の立場の意外なほどの弱さとその裏返しとしての強圧的政策について、ここで改めて指摘しておきたい。

もう一点、宗勝の宗重宛の花押の変化について、私信用から公用への花押の変化も極めて重要な意味を持つであろう。もちろん、この変化が対宗重に限定されるのか、あるいは年代的な変化として位置づけられるのかで評価が変わるところではあるが、もし前者であるならば、後見人あるいは宗勝が谷地争論の解決に全面的に乗り出さざるを得ないというのっぴきならない局面に立たされた際に公用花押を据えた文書を発給していることになる。宗勝は、寛文六年以前の融和的な姿勢を完全に捨て去り、内容のみならず文書様式においてもフォーマルで威厳あるものに変化させることで、宗重の争論を封じ込めようとしたのであろう。このように、ごくわずかな変化であるかもしれないが、時として文書様式の変化は政治状況のそれと密接に連動するのである。

では、これは仙台藩の伊達騒動という極めて特異な時期・状況のみに当てはまる特殊な事例なのであろうか。おそらくそうではないであろう。ここには、藩の確立と大名の関係、家臣団内部における相互の位置づけ、さらにそこで交わされる文書＝儀礼の確立という問題を含んでいる。その意味でも、本稿で試みたような、内容のみならずその様式にまで踏み込んだ藩・重臣文書の分析の必要性を改めて強く感じるのである。本稿はそのための試案に過ぎず、今後かかる視角からの藩政文書の研究がなされていくべきであると考えられる。

〔註〕

(1) 大槻『伊達騒動實録』乾・坤(吉川弘文館、一九〇九年)。

(2) 大槻『伊達騒動實録』乾 序言。

(3) 小林『伊達騒動と原田甲斐』(徳間書房、一九七〇年)。

(4) 平『仙台藩の歴史 伊達騒動』(宝文堂、一九七〇年)。

(5) 福田千鶴『幕藩制的秩序と御家騒動』(校倉書房、一九九九年)、同『御家騒動―大名家を揺るがした権力闘争―』(中央公論新社、二〇〇五年)。さらに福田編『新選御家騒動』上・下(新人物往来社、二〇〇八年)および同書における吉田真夫「伊達騒動」(『同』下収録)参照。

(6) 平川新「伊達騒動」(『仙台市史』通史編 近世二、二〇〇三年)。

(7) 小林前掲書二〇六頁。

(8) 平前掲書二四五頁。

(9) 小林前掲・平前掲。なお、かかる研究史に基づくことから、たとえば平川前掲においても後見人政治の問題点は指摘されているが、一方的な断罪は避ける論調となっている。

(10) 涌谷伊達家文書13―2―2。

(11) 寛文一一年二月二七日付伊達宗重口上書(『伊達騒動實録』坤 八五一頁)。

(12) 涌谷伊達家文書雑4―1―2―7 葦名刑部書状に、万治三年以後の「御書留被指置候物有之候ハヽ、縦反古之類ニ而ふつゝか成事ニ而も不苦候間、無御遠慮被指出」るようにと指示されている。

(13) 涌谷伊達家文書雑5―1―2。

(14) 涌谷伊達家文書雑5―1―41。

(15) 大藤修「無苗字・片苗字・諸苗字―仙台藩の書札礼―」(『日本歴史』第七〇四号、二〇〇七年)。

(16) あえてこれと類似の書状様式を求めると、大名間書状にその例を見いだすことができる。年月不詳廿五日付の伊達宗勝宛立花忠茂書状(『大日本古文書』家分け第三 伊達家文書之四 一七一一号)で双方片苗字・様付の様式が見られる。また、寛文一一年(一六七一)三月一八日に田村隠岐守(右京亮)宗良宛の老中稲葉美濃守正則書状(大槻『伊達騒動實録』坤 九〇九頁)でも同様のものが確認できる。ただし後者の場合は書留文言が「以上」であり、さらに花押の有無、料紙など不明な点が多いことから、ここでは指摘するに留めておきたい。

(17) 『伊達騒動實録』乾 一一七頁に一門に起請文への加判を求める立花忠茂書状とそれへの返書、そして七月廿九日付の起請文があり、この加判者に宗重・宗敏が見える。この起請文については、『大日本古文書』家分け第三 伊達家文書之四 一八〇五・一八〇六号文書として収録されている。

(18) 涌谷伊達家文書No.13—2—1。

(19) 全く同じ様式が伊達弾正宗敏宛でも確認できる。『岩出山町史文書資料』第五集 岩出山伊達家文書(二)(岩出山町、二〇〇三)寛文事件13(市博29)・28(市博に—64—1・35(市博に—9)。

(20) 涌谷伊達家文書No.13—2—4。また、本史料は『伊達騒動實録』乾 六〇一~二頁にも収録されている。

(21) 『伊達騒動實録』乾 口絵「伊達兵部少輔宗勝書状」ならびに同三一五頁。ただし、里見宛は殿付で恐々謹言を使用しており、様式上の大きな差異が見られる。

(22) 『大日本古文書』家分け第三 伊達家文書之四 一八一一号。

(23) かかる藩主発給の文書については、兼平賢治氏の研究がある。兼平「「藩主御内書」の基礎的研究—盛岡藩主発給「御内書」を例に—」(『日本史研究』第六〇五号、二〇一三年)。

一八世紀後半における仙台藩の学問と「教諭」政策

小関　悠一郎

はじめに

一八世紀後半は、「儒学が、幕藩制社会の中で、リアリティーをもって現実的な力を獲得しはじめた」時代と言われる。(1)荻生徂徠の学問を起点とするこの動向は、細井平洲ら「折衷学」と特徴付けられる学者たちによって多様な儒学説・経世論としての展開を見、それが幕藩政治改革の中で機能したと見なされてきた。(2)近年では、藩政改革研究の側でもこの点に関心を高め、領主層から民政役人に至る人々の学問受容とその藩政への影響が明らかにされてきている。(3)こうして、当該期の儒学受容については、一部の思想家や幕藩領主層にとどまらず、民政役人から民間の知識人までをも視野に入れた考察が行われるようになったということができる。(4)

だがその一方で、必ずしも顕著な業績を残したわけではない、一般の藩士層の学問的関心や交友形態については、藩校といった制度的枠組み以外、これまで十分な関心が向けられてこなかったのではないか。顕著な業績が知られる人物の背後にある、右の人々の学問的営為の実態を明らかにしてはじめて、学問と現実の政治・社会との関係を具体的にイメージすることができるのではないだろうか。

本章では、一八世紀後半の仙台藩における学問動向に注目してみたい。仙台藩の学問については、闇斎学の影響や藩校養賢堂についての考察、一定の学問的業績を残した人物の伝記的考察などが行われてきたが(5)、当該期の学問を担った藩士らの学問的関心や交友関係・形態の実態について、踏み込んだ検討は行われていない。そこで本章では、学問を担う人々の取り組みに、経学（古典考究等）・詩文・経世論（政治・政策論）・教化言説など様々な側面があることに留意しつつ、彼らの学問的営為の内実、及びそれが政治・社会の現実に結びついていく過程を明らかにしたい。

備考	参考
	『世』
明和５広敷番頭に挙用、安永5.9評定所役人、同8.3二ノ丸留守居、天明5.4月没。	『世』
延享４中間番士。	『世』
享保19～寛政９（1734～1797）。	『世』
享保12川内に居宅を賜り、公屡々造営の清麗を称す。	『世』
享保年間小姓組に挙げられ、小姓組与頭・目附使番を歴任。子信篤、明和８父に代わり小姓試となり、安永３家督相続。	『世』
元禄５～安永４（1692～1775）。	『県』
享保６～天明３（1721～1783）。	『県』
延宝８～宝暦５ヵ（1680～1855ヵ）。	
父は「白虎直郎」（虎間番士ヵ）。美秀にして文声高く、藩中の名家とされる。	
代々商家を営む。子惣太郎元直とともに富田王屋に師事、経史に詳しかったという。荒町仏眼寺に歴代の墓。	『風』

表　富田王屋関係人物一覧

No.	王屋人名表記	名称	身分	禄高	王屋詩文題・年代
1	方壺山人 竹(源)子高	竹中道隠玄深(名尚、字子高、号方壺)	医師	105石	宝暦１：「方壺山人見過訪喜賦」「中秋柬子高」他２首　宝暦３：「晩冬病中寄子高」宝暦５ヵ：「与竹子高書」他１首　宝暦８：「九日柬子高」宝暦９：「中秋逢雨柬子高」他２首　宝暦10：「与竹中子高」
2	源有隣	奥山七平成氏（初庄左衛門、字有、号隠斉）	平士	150石	宝暦１：「源有隣席上賦見示因答」他６首宝暦２：「卜一鴎席上与源有隣藤多仲同賦次韻」
3	子信叔父 澗松先生	富田郷助以實ヵ	平士ヵ	3両4口	宝暦１：「奉和子信叔父夏夜即興」「奉和澗松先生（子信之号）立秋日寄懐」「奉送澗松先生之官東都」他１首　宝暦２：「澗松先生書至自東都兼示中待雪世子之詩上賦此奉答」宝暦４：「新歳奉寄叔父君客東都」他４首
4	藤養齊 滕太冲	畑中太冲盛雄(冲卿、多忠、号荷沢)	平士	250石	宝暦１：「藤養齊小集」宝暦２：「春日席上次藤養斎韻」他１首　宝暦３：「藤多仲席上次主人韵」宝暦５ヵ：「与滕冲卿」他２首　宝暦６：「答滕生」「報滕太冲書」宝暦10：「答滕仲卿」宝暦11：「与冲卿」明和３：「与冲卿」
5	卜一鴎	卜部仲五郎茂則（号一鴎）			宝暦２：「卜一鴎席上与源有隣藤多仲同賦次韻」
6	真一峯山人	真山十左衛門枝輔（初左門、号一峯）	平士	2000石	宝暦３：「秋日贈真一峯山人」他１首　宝暦９：「問山客（真山一峯）」
7	滕若蘭	遠藤与一郎信安（号若蘭）	召出	338石	宝暦３：「中秋前一夕飲滕若蘭宅」宝暦９：「滕若蘭席上賦答主人」
8	田先生	田辺喜右衛門希文（号晋斎・翠渓）	儒者	700石	宝暦３：「奉次韻田先生中秋翫月」明和８：「田祭酒先生八十壽序」
9	田文学 東里先生 田子善	田辺良輔希元(子善、号捐斎、東里)	儒者	700石	宝暦３：「田文学中秋有作見贈次韻謝答」明和８：「九日有登高駒遇雨不果寄東里先生」安永１：「田子善樽銘」
10	岡本氏				宝暦４：「和岡本氏晩秋塩竈道中」
11	東溟禅師		僧		宝暦４：「登開元山寄東溟禅師」
12	蔵春師		僧		宝暦４ヵ：「送蔵春師序」
13	杉山文理先生		仙台浪人→庄内士		宝暦５ヵ：「杉山文理先生碣銘」
14	梁子栢		平士ヵ		宝暦５ヵ：「与梁子栢」
15	別所丈				宝暦８：「九日柬別所丈」他１首
16	省斉叔君				宝暦８：「九日奉寄省斉叔君時罷官」明和５：「元日遇雪奉寄省斎藤叔大人」
17	石生				宝暦９：「送石生卜居于東海」
18	元茂	亀屋惣兵衛元茂	仙台商人		宝暦９：「記童謡（元茂席上分韻）」宝暦11：「中秋無月飲元茂宅」（？宝暦13：「亀生家楼小集序」）安永３：「答野元茂」
19	大島子良				宝暦４ヵ：「贈大島子良序」宝暦５ヵ：「答大島子良」他２首　宝暦９：「同島子良過飲赤子復宅」

一　一八世紀半ばの仙台藩における学問—富田王屋を中心に—

1　富田王屋の人物と学問

本章でまず、考察の手がかりとするのは、古学《（徂徠学）》系の儒者として知られる富田王屋（源吉・充実・伯耳）という人物である。富田家は、富田壱岐氏繁を祖とする名門で、代々楠氏兵法を伝え、世禄三〇九石、知行地は栗原郡西村にあったという。父富田安実は、宝永三年（一七〇六）生、「白虎直郎」等を勤めるが、多病

享保7～安永1（1722～1772）。代々仙台藩医員。西遊し方技を修む。荻生徂徠に経術を学ぶ。畑中荷沢・丹野南宮ら門人千余人。	『風』『人物史』
正徳4～寛政4（1714～1792）。佐久間洞巌季子。遊佐木斎・服部南郭らに学ぶ。藩主伊達宗村侍講・国学教授を兼ねる。門下数千人という。	『風』『県』
宝暦3年評定所に列し、同4年江戸留守居、三千石の分。同年奉行職、同8年江戸留守居。同11年故有って罷免・閉門。翌年赦免、安永2年3月奉行職に復すも7月病免、子対馬行信父に代わり奉職。	『世』
寛保1～寛政5（1741～1793）。葬仙台瑞鳳寺。	『風』
寛延2～文政6（1749～1823）。儒を田辺希文、医を竹中玄深に学ぶ。	『風』
元文3～寛政5（1738～1793）。	

20	赤子復				宝暦9：「贈赤子復」他6首　明和8：「三株川邂逅子復君其太翁見贈美魚至此奉謝」安永1：「春夜薄子復見訪喜賦贈」
21	滕庚辰				宝暦9：「謝滕庚辰見贈寒梅」
22	源成蹊	別所成渓實有（玄李、号穀城）	医師	345石	宝暦9：「送源成蹊之京師」明和1：「為　家大人乞言文贈穀城」（明和4：「対策兵対」※「源李問…」）
23	源子敬 滄洲先生	新井彦四郎義質（字子敬、号滄洲）	番士	100石	宝暦10：「送子敬之江都」他3首　安永1：「滄洲先生六十寿序」安永4：「復源子敬」
24	蘭皐先生				宝暦10：「奉吊蘭皐先生失梱政」明和2：「奉答蘭皐叔大人」明和3ヵ：「蘭皐叔君客武昌…奉答」
25	山岸直郎		平士ヵ		宝暦13：「寄山岸直郎」
26	子与				宝暦13：「再別子与」他1首
27	呉舎人				宝暦13：「留別呉舎人」
28	元美				宝暦13：「塞上曲四首送元美」他3首
29	明卿				宝暦13：「於郡城送明卿之江西」他2首
30	子相				宝暦13：「留別子与・子相・明卿・元美」他1首
31	滕大夫	遠藤内匠善信	宿老	2000石	明和2：「滕大夫（善信）詩至自華山賦此奉答」
32	斉藤徳明				明和2：「寄懐東海斉藤徳明」他2首
33	舎諸滕翁	畑中十太夫建得ヵ	平士ヵ	250石ヵ	宝暦13：「舎諸滕翁八十壽序」
34	大塚春渾				明和1：「与大塚春渾書」
35	佐藤信敦				明和2ヵ：「佐藤信敦小集序」明和5：「歓遊不限年佐藤信敦母七十壽」
36	佐藤文蔵				明和2ヵ：「与佐藤文蔵（代人）」
37	木公綽	小木義孟（字公綽）			明和4：「会飲公綽宅値雪」明和5：「聞木公綽笙」他2首　明和7：「臘月題木義孟盆種梅有紅白二株」他2首　安永4：「木公綽邀余飲」他1首
38	紫柴師	（名宗壽）	僧		明和4：「紫柴師見訪喜賦贈」
39	氏家生				明和4：「氏家生太孺人之壽詠松」
40	純英師		僧		明和4：「送純英師西遊序」
41	山玄耕	山口道生（字子牛）	志田郡三本木人	藩給廩米2口	明和4：「慰山玄耕逢盗序」
42	林子平	林友直子平（号六無斎）		無禄	明和4：「兵対十二則」（※「林子平策問…」）
43	玉蟲生	玉蟲十蔵尚茂	平士	172石	明和4：「対玉蟲生問」
44	金伯大	金須百助廣定	平士	309石	明和4：「伯夷策対金伯大問」
45	海量師		僧		明和5：「初冬訪海量師」「夏日海量師禅室」他1首　明和7：「訪海量師禅居」安永4：「同（※春夜）僧海量到季行次主人韻」他4首
46	平子容				明和5：「首春集子容宅詩並序」他2首　明和7：「過題子容」他2首　安永4：「夏日訪平子容即席」
47	早川氏				明和5：「早川氏家庭産霊芝賦此寄贈」

で王屋二〇歳の時（寛延元年）致仕、家学の兵学の他、学問・詩文を好んだという。(6) 王屋はその子で、享保一三年（一七二八）生、宝暦二年（一七五二）に『新類題和歌集』の抄写に与るも間もなく辞したが、その後、重村治世に「編集之員ニ補セラレ、番士譜ヲ撰」し、宗村子息で後の堀田正敦の侍講となって「待遇殊特」だったという。(7) 新井蒼洲ら内外に名声高かった仙台藩の学者とも交流を持ち、高成田琴台はじめ門人数百人に及ぶとされる富田王屋は、一八世紀後半の仙台藩での学問動向を考える上で見落とすことのできない人物である。ところがこれまで、王屋の学問や交友関係等についてはほとんど注目されず、本格的な分析は行われてこなかった。そこで以下、王屋の遺稿集（漢詩文集）たる『王屋遺稿』（以下『遺稿』）とその稿本『王屋詩文原稿』（『詩文原稿』(8)）に着目して、漢詩文を通じた王屋の交友関係と学問を検討し、当時の仙台藩

元禄12～天明4（1699～1784）。	
享保13～享和1（1728～1801）。	
享保9～安永5（1724～1776）。	
「熊谷監察」＝目付ヵ。弟蛛卿。	
元禄14～天明2（1701～1782）。明和3致仕。	『風』『世』
延享3～文化14（1746～1817）。	
「藩之佐信岑、篤好古文辞矣」	
「永井庸眞在予塾中、敏于性勤于業、…本中山氏出為永井氏之子、於是乎更其名為今名。蓋所父養庵先生之命云」	『風』
寛保1～安永5（1741～1776）。若くして経術を好み王屋に師事。宮城郡及江州代官を経て、京都に至り大坂司貨総管に及ぶ。	『風』

48	丹季行	（丹直喜ヵ）			明和５：「謝答丹季行見贈美酒」「夏日訪季行」他２首 安永４：「春夜宴季行宅」他３首
49	三分一所平助	三分一所平助景明（号訒斎）	平士	100石	明和５：「詠松賀三分一所氏七十壽」「三分一所平助七十序」
50	小出翁				明和５：「和歌題伴松栄文寿七十初度」
51	齋藤生				明和５：「子容席上有憶故人齋藤生」
52	山玄俊	（字尚絅）			明和５：「贈山玄俊序」明和８：「別後重逢山玄俊記奇遇」明和９：「与山玄俊」「送山玄俊還高泉」
53	涌谷公子		公子		安永４：「為涌谷公子賀太孺人寿」
54	平洲先生 如来先生	細井甚三郎徳民（号平洲）	江戸儒者		明和８：「聞如来先生遊松島修刺候之至則既発賦此奉贈」「与如来先生」安永３：「得平洲先生伝語却寄」安永４：「与平洲先生」
55	坂伯賓				安永４：「易論贈坂伯賓」安永５：「答伯賓」
56	葛陂先生	高 嘉右衛門伯起（名峻。字維岳、道昂、通称小左衛門。号葛陂）	京都儒者		安永４：「与葛陂先生」「奉寄懐葛陂先生」安永５：「寄懐葛陂先生」
57	公子		公子		安永２：「三首和歌応公子命」安永４：「中秋奉陪公子之宴応命」
58	佐藤七郎左衛門				安永４：「寉伴仙齢佐藤七郎左衛門七十壽」
59	熊谷氏				明和６：「記遊熊谷氏別業事」安永４：「中秋無月集熊谷氏宅」
60	鈴木道察				安永４：「与鈴木道察」
61	大夫高野氏	高野備中倫兼（左太郎、隼人、号詠帰亭主人）	着座	1650石	明和７：「奉賀大夫高野子七十寿」
62	和田叔考				明和７：「和田叔考次本韻」他２首
63	小畑子環				明和７：「喜小畑子環贈酒」
64	櫻景明	桜田景明	平士	122石	明和７：「櫻景明宅分題詠史」
65	田秀才				明和７：「答田秀才九日見寄懐」同８：「田秀才聞余西山之遊有作…」
66	宇佐信岑		仙台人ヵ		明和７：「宇佐信岑曰子高序」
67	永井庸眞		柴田郡大河原人・医		明和７：「永井庸眞字序」
68	大友子良 大友寛	大友兵太郎直寛（字以猛、号東陵）	平士		明和７：「与大伴子良」安永２：「与大友子良」
69	松軒先生				明和８：「聞丹治信寿以武職選挙賦此奉寄松軒先生」
70	亀峯先生				明和８：「亀峯先生席上」安永３：「春雨訪亀峯先生」
71	淡輪元潜		浪華人		明和８：「浪華淡輪元潜見訪喜賦贈」他１首
72	森先生				明和８：「登長嘯窟奉呈森先生」他１首
73	子耘				明和８：「和子耘作用其韻」「雨中子高子耘見訪喜留贈」
74	石田長君				明和８：「奉贈石田長君之京都時太翁先客在焉」
76	南宍				明和８：「中秋無月南宍二君載酒賦此謝答」

学界を担った人々とその関心の在処を考察してみよう。

2 「藩中豪傑名高之士」と王屋の学問形成

まず、富田王屋の交友関係から検討を始めてみよう。表は、『詩文原稿』に登場する人物に着目して、同書に収められた宝暦元年（一七五一）から王屋没年＝安永五年（一七七六）までの詩文の題と年代を一覧にしたものである。号のみの人名表記も多く、人物特定が困難な者も多数含まれるが、この表から王屋が学問的・文人的交流を持った人物の大まかな傾向をつかむことはできよう。そこで、現在その属性が判明している人物（推定も含む）について概観すると、王屋と同階層とも言うべき平士（藩士）・医師が最も多くみら

寛延1～享和2（1748～1802）。田辺希文父子に従遊。鷹匠組より大番士に抜擢され評定所役人となり、御刀奉行に進む。	
	『風』
宝暦2～文化2（1752～1805）。『王屋遺稿』を校訂。	
	『風』
元禄7～明和8（1694～1771）。「直医」「侍医」と進み、40年にわたり獅山・忠山・今公に歴仕。	
晁鶴鳴父。夫人丹野氏。	
元禄16～天明2（1703～1782）。のち西磐井郡赤荻村住。	
宝永1～明和9（1704～1772）。元文3官に就き、35年勤続、たびたび江戸・京都に祇役す。	

77	藤廣水	佐藤東蔵信直（字子質、号廣水）	平士		明和８：「次廣水韻」明和９：「同廣水登鹿門寄英運師」「藤廣水文引」他１首
78	江国光				明和８：「江国光宅賞菊光彩爛漫不啻春苑」
79	南子恭				明和８：「有登高観霜葉之約南子恭臥病因不果賦此寄贈」「初夏集子恭宅得山字」「諸子集南君宅…」「別南子恭同前（余時探勝東海）二首」
80	滕貞		本吉郡岩後村人		明和８：「送滕貞序」
81	森子錯				明和８：「与森子錯」
82	晁鶴鳴	阿部玄議鶴鳴（字子野、号岳陽）	柴田郡船岡人・医		明和８：「与晁鶴鳴」明和９：「別寉鳴同前（余時探勝東海）」
83	平子政				明和８：「壽平子政五十」
84	中村氏				明和８：「壽中村氏大孺人」
85	須江翁				明和８：「壽須江翁七十」
86	南氏				明和８：「記南氏家老蒼頭之事」明和９：「南氏百首中（九月廿五日）」
87	南仲華				安永１：「春日宴南仲華」「登南仲華高斎」同２：「南仲華約不至詩以詰之」
88	藤門周斎翁		大和国並松郷隠士		明和８：「和州藤門周斎翁八十壽序」
89	雁宕師		僧		明和８：「壽雁宕師七十序」
90	山公				明和８：「山公見贈美酒賦之奉謝」
91	小沢雅丈				明和８：「送小沢雅丈之銚子」
92	源貞	剣持伴貞ヵ			明和８：「古意（三月廿七日源貞宅一日百首中）」
93	山貞				明和８：「春日小集山貞宅分韻得五微」
94	山芳安				明和８：「会山芳安宅源其祥見贈美酒賦謝」
95	源其祥				明和８：「代諸子謝其祥之作」他１首
96	熊宇渓				明和８：「喜熊宇渓見訪」
97	小川意閑先生	小川草元意閑（初号玄悦）	医師	300石	明和８：「小川意閑先生碑銘」
98	阿部玄瞭	丹野仲	柴田郡船岡人		明和８：「丹野氏墓石銘」
99	高子明				明和８：「留別高子明余時探勝東海」
100	鈴木祀昭		気仙郡有住村猪川		明和９ヵ：「五月三日大地震翌日甚雨信宿有住村猪川鈴氏走其弟訪之逆旅賦此謝答併報相原翁」「題鈴木祀昭林池」「壽山説」
101	相原翁	相原友直（三畏、号嘯嗷軒）	気仙郡高田人		明和９ヵ：「五月三日大地震翌日甚雨信宿有住村猪川鈴氏走其弟訪之逆旅賦此謝答併報相原翁」「壽山説」「気仙風土艸序」
102	新田親以	新田作五郎親以	平士ヵ		明和９ヵ：「新田親以碑銘」
103	武田氏				明和９ヵ：「題武田氏宅」
104	滕安貞				明和９ヵ：「与滕安貞」
105	英運師		僧		明和９：「同廣水雅盟登鹿門邂逅英運師」

	『世』
王屋詩社中の一人（「与子良書」）。	
享保12～安永2（1727～1773）。	
	『風』
	『風』
王屋詩社中の一人（「与子良書」）。	
「余郡山翁相識三十年」。王屋が「花下館弟子員」の時知り合う。	
「二本松邸ニテ後進ノ領袖」	

れ、これに僧、召出以上公子までを加えると、『詩文原稿』に現れる関係人物の大部分を占めることになる。王屋はこれらの人物とどのような関係を持っていたのか。

　表でまず目を引くのが、畑中荷沢〈4〉・別所穀城〈22〉・新井滄洲〈23〉ら、十八世紀半ばの仙台藩で名声を持った学者たちとの交流である。仙台藩における彼らの学問的影響力に関して、王屋は次のように述べている（「送純英師西遊序」明和四年）。

> 師以レ詩事二於南郭先生一、遂為二副墨之子一。…師初至二此邦一、余聞二名冲卿之言一、識二面滄洲之席一、而論二心穀城之座一、遂結二為方外之交一云。…彼冲卿二三子者、藩中豪傑名高之士、得二其一人一、猶レ足三以為二人之重一矣。況師並数子与之為レ友、乃藩中学士諸生従二事文雅一者、皆無レ不下欣二師之名奇、師之才一、願中与レ之交歓上矣…

　王屋は、服部南郭に師事した僧純英が初めて来仙した際、畑中荷沢からその名を聞き、新井滄洲が設けた一席で知り合って、別所穀城と同座して「心」を論じた。彼らはその一人を友とするだけでも人々に重んじられるような存在であり、実際、「藩中ノ学士・諸生・文雅ニ従事スル者」はみな、彼ら三人と交わった僧純

106	川島行信	川島勘兵衛行信（初内蔵之助、伊織、主税）	着座	1000石	明和９：「送川島行信之京師序」
107	東嶽先生				明和９：「東嶽先生宅賞菊」
108	鶏澤先生				安永１：「席上呈鶏澤先生」
109	山本君	山本三郎兵衛資盛	仙台世臣		安永２：「山本君碑銘」
110	笠義之	笠原義之（喜水）	一関医臣		安永２：「送笠義之序」
111	高亮	高成田甚十郎頼亮（字君明、号琴台）	平士	150石	安永２：「与高亮」「同前」
112	水澤君				安永２：「水澤君館中答諸賢作」
113	佐賀翁				安永３：「佐賀翁六十寿」
114	宍利	宍戸利			明和９：「留別宍利」
115	宍和夫		方伎		安永３：「贈宍和夫序」安永５：「送和夫遊東海」他１首
116	萬九渓	萬城目求馬	平士カ	150石カ	安永３：「寄萬九渓賀其大孺人八十」
117	山錦	山路道英尚絅	平士カ		安永３：「与山錦」
118	郡山遊翁		平士カ		安永５：「郡山遊翁七十壽序」
119	小圃仲達				安永５：「送小圃仲達序」
120	塩田元貞				安永５：「与塩田元貞」

参考の項、『世』は『伊達世臣家譜』正続、『県』は『宮城県史』12・学問宗教、『風』は『仙台風藻』。

敬との交流を望んだという。王屋は、藩内で高い名望と影響力を持った「藩中豪傑名高之士」とかなり恒常的な交流を持って学問活動を行っていたのである。

では、彼らの学問的関心はどのようなものだったのか。この点、注目されるのは、彼らがともに、享保頃一世を風靡した荻生徂徠やその高弟服部南郭らの学問・詩文のインパクトの下にその学問を形成していたことである。例えば、別所穀城は徂徠について経学を学び、仙台藩で最初の「本格的な徂徠派の学者」とか「東方徂徠学の祖」(9)と言われ、新井滄洲は江戸で服部南郭に詩文を学んで奥州で初めてその詩法を体得したとされる(10)。こうした学問的系譜に関しては、王屋自身も「滄洲先生六十寿序」で次のように述べている。

乙関笠義之、既見二滄洲先生一、而後遊二余之門一也。蓋、滄洲嘗以レ詩師二事南郭先生一、而余以二古文辞一敬慕二徂徠先生一。…余与二滄洲一、何得レ謂レ非二同調一乎。

ここで王屋は、一関医臣の笠原義之〈110〉が滄洲入門に次いで王屋の門下となったことに触れ、徂徠の古文辞学を敬慕した自らと、服部南郭に師事して詩を学んだ滄洲とを「同調」と見なしている。かく当時の仙台藩では「藩中豪傑名高之士」が徂徠の古文辞学や南郭の詩文に傾倒していたのであり、「報滕太冲《(畑中荷沢)》書」〈4〉の「所二借覧一徂徠答問書…」との記述が示唆するように、王屋の学問形成も彼らから大きな影響を受けていたと考えられる。

そこで実際に、王屋の徂徠に対する評価を見てみると、例えば「不佞來翁ヲ尊仰ス」（「与塩田元貞」〈120〉）とか「吾カ徂徠先生、宇宙ノ大豪傑、孔・顔ノ外一人已《ノミ》」（「雑説」年不詳）といい、孔子・顔子以外で唯一の「大豪傑」たる徂徠への「尊仰」ぶりは明らかである。二〇歳以前から文章に志し（「僕弱冠…既ニ不朽《(=文章)》ニ志有リ…」――「与鈴木道察」〈60〉）、『周易』等の古典を読んでいた（「余弱冠ニシテ周易ヲ読ム」――「易論贈坂伯賓」〈55〉）という王屋にとって、徂徠の古文辞学は、文章・古典を読み解く方法として魅力的に映ったものと推察されよう。

こうして王屋は、古文辞学によって得られた徂徠の儒学説にも共鳴することになる。例えば、「人心惟危、道心惟微」（『書経』大卯謨）の語を「人欲」の胚胎とする「後儒」＝朱子学者の「天理人欲之説」に対して、「唐虞之朝」（古代）には「性理之論」が見られないとして、「諸君順テ古道ヲ考へ、能ク文辞ヲ議シ、…以テ後儒ノ誤リヲ解カン」と主張するのがそれで、「物子古学ヲ闢《ひら》キテ、人人宋儒ノ奴隷ト為ルヲ恥ル也…」（「贈山玄俊序」明和五年〈52〉）という語も同様である。王屋は、古文辞学という方法とそこから導き出される朱子学批判に至るまで、徂徠の学問に深く傾倒したのである。

3　王屋の文人的交友関係と徂徠学

ところで、当然ながら王屋が学問的・文人的関係を持ったのは、如上の人物ばかりではない。そこで王屋の交友関係を全体的に眺めてみると、宝暦年間から親密な関係にあった（多くの詩文を交わした）人物が一定数を占めていることがわかる〈1～7、19・20等〉。この中には、ともに学識を認め合う同志的人物で、階層的にも王屋と同クラスの人々（平士・医師等）が多く含まれていた。「初僕聞二足下之令名一、而未レ知二其為レ人、既知二足下為レ人、而信三其蚤有二令名一」（「与竹子高書」）と人となりを知って令名に確信を抱いた竹中道隠〈1〉、既に触れたがその才能を高く評価し、友人としても良好な関係にあった畑中荷沢[11]らがその代表的存在と言えよう。宝暦期の王屋は、こうした人物との関係を核に、先述の師匠格の人物〈8・22・23〉や、学問的・文人的関心を有した一部の宿老～召出クラス〈7・31〉、浪人や商人〈13・18〉を含めた交友関係を形成していたのである。

彼らの交友のあり方としては、長寿の祝いや送別の詩（「舎諸滕翁八十壽序」〈33〉、「奉送潤松先生之官東都」〈3〉等）、書簡でのやりとり（「九日東別所丈」〈15〉等）などが多く目にとまるが、交流の最も基本的な形態は、互いの邸宅を度々行き来しての詩会・宴会であったと見られる。「方壺山人見過訪喜賦」〈1〉、「卜一鴎席上与源有隣藤多仲同賦次韻」〈5〉、「同島子良過飲赤子復宅」〈19〉といった題の詩の多さが、そのことを明示する。そして、詩文の応酬を基本とするこうした関係は、僧蔵春の名を「野生」（不詳）から聞き、竹中道隠に伴われて初めて蔵春と面会する（「不佞知二蔵春尊者一、自二野生一始。野生以二尊者之詩一示二不佞一、…偕二友人子高一一詣二東郭之蘭若一実始接二眉字一」「送蔵春師序」〈12〉）というように、新たな関係の媒介ともなるようなものであった。そこでの詩文が「空理を談ずる」朱子学者を批判した徂徠学を意識したものであったことは、王屋が蔵春の詩を評して、古語を用いたその詩は「理語」を作る軽薄な今人が作り得るものではない（「旨新、語古、熟レ之、非下今人沾々作二理語一者所中得而言上也」）と述べているのに明らかである。こうした意識は、王屋と交遊した人物の間でも一定度共有されていたものと見られる。例えば、「答大島子良」〈19〉には「不佞居則曰古之人…唯子高蚤已与レ我同調。而今足下亦為二不佞之一鐘子期一、則可レ謂二奇遇一矣」とあって、古人（古文辞）を欽慕する王屋は、その点で竹中道隠と「同調」し、竹中を通して知り合った大島子良とも理解し合えたことを喜びをもって記している(12)。

こうして、王屋が学者としての声望を高めたと見られる明和期（一七六四～七二）には、王屋を中心とする「詩社」が形成され、明和七年には社中によって『仙台四時歌』（漢詩集）(13)が刊行される。その契機を記した王屋序文に「服翁、東都四時歌、既在二於人口一也。吾社中之士、不二啻口レ焉、亦将下以二仙台一為上レ之」とあるように、社中は服部南郭の詩文の影響下に同書を刊行したのである。同書には、別所穀城が序を付し、王屋の他、亀屋元茂〈18〉、小木義孟〈37〉、山玄俊〈52〉、丹定次（丹野南宮）、平完盛（荒井完盛）、滕定延（遠藤定延）ら計一一名の漢詩を収録する。また、「附録」には、山玄俊が「王屋先生之門ニ遊」んで得た「門生交遊之作」――櫻景明〈64〉・熊宇渓〈96〉のほか(14)一二名の漢詩を収めている。この他に「詩社」に集った人物としては、「子良」〈68〉「鶴鳴」〈82〉「東嶽」〈107〉「高生」〈111〉「和夫」〈115〉らの名も見えている（「与子良書」年不詳）。

以上のように、王屋は、徂徠の古文辞学・南郭の詩文への関心を「藩中豪傑名高之士」と共有しながらその「同調」者を増やし、その学識と交流を深めることで、声望と人脈を拡張していったと言えよう。明和期以降、地方出身の人物たち〈41・67・80・82・98・100・101〉が王屋の詩文に登場するのも、王屋の声望の高まりと人脈の広がりを示している。

4　王屋の塾と学問的模索

ところで、さきにみた新井滄洲と自身の学的系譜に関する記述からも窺えるように、王屋の最大の関心は、詩文よりは古文辞学の学問的追究にあったものと見られる。この点で注目されるのは、「永井庸眞在予塾中…」（「永井庸眞字序」〈67〉）とあるように、王屋が「塾」を開いていたことである。宝暦一二年（一七六二）の「周易会業引」に「吾カ党、憤ヲ発シ食ヲ忘レ、一タビ古業ニ復シ以テ造物ノ秘ヲ窺ハント欲ス…諸君旃《これ》ヲ勉メヨ」とあるから、この時期には、王屋を盟主的立場に、詩会とは異なる「会業」が行われていたことがわかる。

かくて明和期には、各地から人を集める王屋塾が展開するが、人的な面では「詩社」「社中」と相当程度重なり合うものだったと見られる。学者として高名な高成田琴台〈111〉はもちろん、仙台の商家だった亀屋元茂〈18〉は経史に詳しく、王屋が「方伎」と呼ぶ宍和夫〈115〉も「古文辞ヲ好」んだ（「贈宍和夫序」）。「先王之道」を喜び「古文辞」を好んだ（「送笠義之序」）という一関医臣の笠原義之〈110〉が、新井滄洲に次いで王屋に入門したのも（既述）、詩文と経学の重なりをよく示す事例と言えよう。

では、王屋塾では、どのような形態で学問追究がなされたのか。この点、「周易会業引」、「左氏司馬会業引」（年不詳）、「学庸会業引」（明和八年）等、『周易《易経》』や『春秋左氏伝』以下の古典を対象とした「会業」が注目される。「会業」（「会読」）という形態自体、徂徠以降流行した学習法なのである。[15] また、「与高亮」

〈11〉に「学則ノ業近ク終フ、其ノ功愉快々々…、物子ノ説ヲ守ル者ハ、当ニ物子ノ説ノ本トスル所ヲ究ムベシ」とあるように、塾生との間で『学則』のような徂徠学の基本書が読まれ[16]、徂徠説の根本を考究すべきことが説かれている。王屋門人の学問傾向・関心もこのような「会業」の中で形作られたものであろう。

その一方で、名家・碩学の書を遍く読み、詳細に分析して、その源に遡及することで、上代（古代）に肉迫した徂徠の解は、容易に通暁できるものではなかったことにも注意しなければならない（「來翁之解、迫レ上不レ能二容易通暁一也。乃自二劉漢李唐一、至二明氏皇和一、諸名碩宿徧視兼資、蚕糸釐毛分而別レ之」、「学庸会業引」）。王屋が、ひじかけにもたれてはどもるようにつぶやき、天井を見上げてはうめく、そのような塾生の学問的営為（「吾党諸生、…口誦二六経之文一、手不レ釈二諸子之巻一。拠二槁梧陰一、仰二屋梁呻一…」、同）を「善キカナ、諸君ノ業」として激励しているのも、こうした古文辞学の難度を意識してのことであろう。ところが、古文辞学の難解な側面は、王屋をして単なる徂徠学の祖述者というにとどまらない考察を行わせることになる。

（前略）徂徠先生修二古文辞《ヲ》一、泂《ボリ》二礼楽之源《ニ》一、置《キ》二此身《ヲ》於三代之上《ニ》一与二古人一為《リ》レ徒甚《タ》善《シ》、無《シ》二以《テ》間然《スルヿ》一。…然《トモ》是レ髦士・諸生之業《ニハ》可也。若徒《シ》守《リ》二章句《ヲ》一伝《フル》二後学者《ニ》一而已《ノミナラバ》、則武弁俗士何《ヲ》以《テ》聞《カンヤ》二先王之道《ヲ》一。言説之教未《タ》レ可《カラ》二全《タク》廃《ス》一也。（「雑説」）

王屋は、前略部分で、封建の制・上下の分が定まった現在では（制度を制作した）古代の聖賢の如き業は為しえないのだから、古文の章句を守って後学者に伝え、師として先王の道を教えることに儒者が専心するのは、やむを得ないとする「徂徠先生答《ル》二安澹泊《ニ》一書」を参照して、これを気にかかる発言だ（「恝也哉此意也」）と指摘する。というのも、古文の章句を守って後学者に伝えるばかりでは、「武弁俗士」が先王の道を知るすべがなくなるのであって、「言説之教」も場合によっては必要だからである。これは明らかに、徂徠の主張の重要な点の一つ—朱子学者による講釈等の教授法（「言説之教」）への批判—を修正する議論である。同様の議論は、政治・社会に関心を持たず個人道徳の遂行にのみ汲々とするような朱子学者の態度を「道学先生」と呼んで批判した徂徠の発言を論争過程での「失言」とする指摘にも示されている。[17]このように王屋は、「武弁俗士」の教導という問題を一つの契機として、朱子学者の教授法・態度の容認といった形で徂徠学に修正を加えるに至ったのである。そして、こうした王屋の学問的模索は、徂徠学衰退—折衷学盛行と言われる一八世紀後半の全国的な学問的機運とまさに軌を一にするものである。

こうした模索は、徂徠《物子》の聖人制作説（聖人が「道」＝規範・秩序を制作したとする）について、徂徠が文王を制作者としたのは事実を曲げたものではないか、聖人が制作したものは「礼楽」ではないかと王屋に「人ヲ价シ質」した玉蟲十蔵らにも見られるが（「対玉蟲生問」〈43〉）、彼らがさきの学問動向の代表的存在・細井平洲〈54〉と深く関わったことは注目すべき事実である。明和・安永期に増加した藩外の学者との交流〈56・71・88等〉の中でも、王屋が信頼を寄せた細井平洲と仙台藩の関わりを以下で検討してみよう。

5　細井平洲の詩文・学問と仙台藩

細井平洲の名はいつ頃から仙台藩に聞こえていたのだろうか。この点、明和九年（一七七二）に畑中荷沢が平洲との問答を記した『滕太問答』[18]に、「足下ノ詩文、十年以前ヨリ嚶鳴館集見申候」という記述があり、平洲の漢詩文集『嚶鳴館詩集』の刊行は明和元年であるから、畑中は刊行後いち早く同書を入手したことが分かる。実は王屋も、明和八年に初めて平洲に送った書簡で「向日《さきに》、嚶鳴館集ヲ読ミ奉ル者、伏シテ先生宏富之條ヲ闚《うかが》ヒ、未ダ嘗テ其ノ盛事ヲ欽慕セザルコト有ラズ」（「与二如来先生紀世馨一」〈54〉）と同書への高い評価に触れている。実際、同書は当時の江戸などでも高く評価されていたようで、『二都学士評林』（明和五年刊）には「…詩集で高才をしれ　…文集が出まして以来、人か信仰いたしまして如来先生と尊ひます、詩文家でハ当時の名家…」とある。(19) 畑中や富田はまず、平洲の名詩文家としての側面に関心を寄せて交流を開始したのである。

その後、平洲は「昨得二手報於玉虫氏一、驚喜捧読…」（安永元年「再復二仙台田文学一」『嚶鳴館遺稿』(20) 巻之十）とか「馬城子、富田子ゟも来翰、御揃御安然降《カ》心仕候」（玉蟲十蔵宛細井平洲書簡、早稲田大学図書館収蔵）とあるように、玉蟲十蔵を媒介に田辺希元〈9〉・富田らとも交流を深め、(21) 仙台藩の人物との関係を徐々に拡大していった。(22)

こうしたなか、彼らと平洲との間では、儒学説についての議論も行われるようになる。平洲自身の学説については、「道なる者は天地自然の道なり」、「聖人の制作は礼楽に御座候。道は聖人の作りたるものには無之と申が、愚見に御座候」という徂徠の聖人制作説批判が有名だが、(23) 実はこれがいつの時点での平洲の見解であるか必ずしも明らかではない。これに関して、『滕太問答』（既述）で畑中が、儒学諸説のどれに従うかなどと問うたのに対して、平洲は「イヅレモ純一ニ従不申、ヨキ処ヲ取候内ニ、徂来ガ方、古ニチカク候間、此ヲトリ申候得共、トカク泥ミ不申、流メダヽヌ様ニ仕候」、「中ニ徳夫《太宰春台》ホドノ人物無之。私ナドヲハジメ皆々…大カタ古経漢唐ニ従ヒ、宋以下ノ説ヲキライ、先王ノ道ニチカク物ヲ説候斗候」と応答している。明和末年の時点では平洲もまた、朱子学等「宋以下ノ説ヲキライ」、徂徠やその高弟太宰春台を「古」「先王ノ道ニチカ」いとして学問の基本としつつ、各説の長所を探る、富田王屋同様の学問的模索の中にあったのである。

他方で、平洲が諸大名に招かれていたことを念頭においた「足下大藩ノ諸侯カタヘ御出入一段ニ候。定而書物ヲ講じ《ママ》直ヲ指南可致申候。何ヲ先セラレ候哉」という畑中の問いは、平洲の本領ともいうべき議論を引き出している。平洲は言う、「別ノ物モ無之候。…学士ヘトキ候トハ別段候。一通治国平天ノ筋斗ヲ説申候」、さらに「愚見ニハ治国安民ノ種ハ孝悌忠信仁義ニ候ヘバ、是ヲトキテ女子小人マデモ耳チカク指南仕ル覚悟ニ候。諸侯方ヘモ此通リニヲシヘヲ施シ候」と。大名らへの講釈に関心を向けた畑中に対し、「学士」と「諸侯」とで指南法を区別した平洲の回答が、「髦士・諸生」と「武弁俗士」との教導法を分けて考えた王屋によく通じる点、注目されよう。

さらに注目されるのは、「学士」と異なる形で「耳チカク」説き聞かせれば、大名はおろか「女子小人マデ」儒教的教化を及ぼすことができる、という平洲の確信的言辞である。「朱子ト物子ト、其ノ説相反ス、…如シ之ヲ邦国ニ教フルトセバ、其ノ孰レガ可カ」という玉蟲十蔵の問いに対して、平洲が「懿徳ヲ以テ教フレバ、何ゾ民化サザランヤ。化セバ仁ニ帰ス。何ゾ必ズシモ其ノ学ノ師承スル所ヲ問ハンヤ」と答えたのも同様であろう（「答仙台玉子一」『嚶鳴館遺稿』巻之九）。平洲は、朱子か物子《徂徠》かといった形で「諸侯」・「邦国」あるいは「武弁俗士」への「教」の根拠とすべき学説の選択に関心を高めた畑中・玉蟲らとの議論の中で、「孝悌忠信仁義」を「耳チカク」説き聞かせるという方法によって、「女子小人マデ」に至る人々を教化し得るのだという確信を繰り返し表明していたのである。そしてこのことは、天明・寛政期の仙台藩における実際の政策展開にまで影響を与えていくことになる。

二　経世論の受容と民政—細井平洲の教化論を中心に—

1　細井平洲の教諭活動と玉蟲十蔵

玉蟲らに対して大名・武士に加えて「民」への「教化」の「覚悟」を強調しつつあった平洲は、安永〜天明期（一七七二〜一七八九）になると、各地で自ら教化を実践しつつ、諸藩での教化政策の実態について諸藩士らと頻繁にやりとりするようになる。人吉・高松・尾張等々の諸藩において、「（在町）教喩」によって庶民が「角を崩す如く帰化」したことを伝えた、天明六年九月一〇日付岡山藩士湯浅新兵衛宛平洲書簡[24]はその一例である。かくて平洲は、「教」の政治における重要性を確信を持って語るに至る。同書簡の「教ゆると申事は政の最第一と奉レ存候」という平洲の語は、そうした確信を端的に示したものと言えよう。

ところで同書簡には、「東奥にても仙台殿、今年は格別被レ用レ心候由、是門人より悦申越候」と、仙台藩の人物にも「教」への関心が共有された旨の記述があるが、その一人が玉蟲十蔵である。「尾州細井翁ゟ仙台藩玉虫十蔵江書翰」（天明二年）[25]を見てみよう。

…今正月末ゟ在々ゟ村長共顔出候而出郷被申付、…一日ニ四座ツ《（カ）》、講し申候。七ヶ所之聴衆人頭…都合十一万九千九百人ニ及申候。先平民之十分一程ハ教化ニ及申候。…いつも大寺《（カ）》ヲ明サせ講席ヲ設け、大音声ヲ以教諭いたし申候。…依之教化大キニ行レ孝悌力田之民、追々顕れ褒賞も不遑枚挙候。…

一、農大夫共追々教ニ帰し、…其者共ヲ一入登用被申付、加増被申付候処、今年七月来三度之洪水、流餓之民も無之候。講ヲ聴申候富農共倉を傾ヶ流亡ヲ救被申候故也。

一、一藩之士向学、士風大キに改り、忠孝を第一ニはけミ申候。…学館造立被申付…

一、愚老別の教戒も御施し不申候。いつも〳〵不相替、孝弟忠信仁義遜譲之常言のミにて教喩仕候。…大邦猶更御大事之儀、勉テ仁ヲ御行ヒ可被成候。

右の史料は、学館（藩校）から廻村講話に至るまで、平洲自身による尾張藩での「教」の実践について報じた書簡である。ここで平洲は、庶民教諭の経緯や方法、その効果を極めて具体的かつ詳細に報じ、加えて「農大夫」の共鳴と「登用」が効果をあげたとして、支配機構や人材といった点にも注意を向けている。平洲は自己の信念に基づく「教」の実践とその有効性を伝え、玉蟲にも「勉テ仁ヲ御行ヒ可被成」と同様の実践をはたらきかけているのである。これが平洲の一方的吹聴ではなく、玉蟲も「教喩」に大きな関心を寄せていたことは、教諭法についての問いを承けた傍線部に示されている。この問いに対する「孝弟忠信仁義遜譲之常言のミ」との回答は、畑中に示した「覚悟」同様の見解である。

このような平洲の実践に、玉蟲が深く共感したことを示すのが、桑折《こおり》の郡代だった天明八年に著した教諭書『尚風録』[26]である。玉蟲がその自序で「只耳ちかきやうを本意とし…孝悌を勤むる万一の助と…一斤の婆心やむ事を得す記し侍る」と述べるのは、平洲の教化論への共鳴を如実に示している。他方で、「将ニ邑ゴトニ一通ヲ写サシメテ其ノ赤子ヲ教導セント欲ス」（『尚風録』の熊阪台州序文）と村ごとに教諭書を配布するという形をとるなど、玉蟲が独自の試みを付加しているのも見落とせない点であろう。以下、玉蟲がかく平洲の実践・教化論に共鳴した背景と仙台藩の民政への影響を検討してみよう。

2　天明・寛政期の上書と「教諭」政策

天明四年（一七八四）、玉蟲十蔵は、奉行中村日向の求めに応じて『仁政篇』[27]を著す。「郡村之部」以下、「諸士」「出入方」「商人」「刑法」「学政」にわたる『仁政篇』は、これまで寛政改革につながる意見書として度々取り上げられ、買米制に対する見解は特に注目されてきた[28]。『仁政篇』の基本的な構想は、「諸役人勤方別而御吟味有之、民風を古昔質素に被相復、荒亡之地を被相起候は丶、自ら御蔵入高も古に復し」というものである。教化論の展開という視角からは「民風」の回復が問題とされていることが注目される。「民風自然と悪しく罷成、農業を捨而商売に志、其上村方諸懸り諸償累年倍合仕、…諸役人は賄賂に耽り、大肝入村肝入迄も…」と、「民風」は農民の小商人化の動向など、当時の郡村諸問題と密接に関わる形で捉えられるからである。玉蟲は「民風驕奢」の要因として、「邪道」「神事祈祷」「遊興花美之道」により「農工商…食物衣服雑用を費し」「金銭を貪り取」る「出家・山伏」以下「国之遊民」の存在も指摘する（以上「郡村之部」）。

かかる問題認識を持った玉蟲が、郡村対策の第一に挙げるのが「教導官之事」である。玉蟲が「教導」による農村問題の抜本的解決を期待したことは、『仁政篇』に領主として知行地支配にあたった経験が盛り込まれているだけに[29]、単なる空論として切り捨てることのできない意味を持つと言えよう。玉蟲が構想する「教導官」とは、「御役威高く…諸民に親しく相交」ることが難しい郡奉行・代官に対して、「寛宥に取扱…恩徳に懐」かせるという機構上の位置づけの下、「平生其身扱之郡村廻歴仕、第一民に孝悌を進め、老若男女共に孝悌忠信之義を折入説き聞せ」るというものである。玉蟲の「教導官」構想は、人選から代官・横目との職務分担まで一〇ヶ条にわたる具体的なものだが、右の基本的な職務の位置づけに細井平洲の教化論が反映していることは明らかであろう。他方で、玉蟲が「御領内在々一郡に一ヶ所つゝ小学校被相建、…百姓共耕作之間に右学校におゐて六諭衍義小学之類を以孝弟之義を説き聞せ、其内器量指勝れ可御用立人才に相見得候者は申達、養賢堂書生に被相入…」という「小学校」を併せて構想していることは（「学政之部」）、『尚風録』の写本配布と同様、玉蟲独自の試み（提言）と見ることができよう。こうして、一八世紀半ば以降の学問的模索の中から浮上してきた「教」を基軸とする経世論（「女子小人マデ」を対象に含めた「教化」の構想）は、当時の郡村の諸問題を背景とする藩政上の課題として現実の政策提言の中で取り上げられるに至ったのである。

さて、その後の藩政の推移を見ると、玉蟲の教導官構想が直ちに実施に移されたという事実は見いだせないようである。だが、寛政年間（一七八九～一八〇一）に入って、これに極めて類似する郡村役人の設置が建言されることになる。寛政三～八年の成立と見られる「志村篤治上書」がそれである[30]。細井平洲とも交流を持った志村五城の実弟（養子）である志村篤治[31]は、この上書で「御分領中四五人位ニて段々行渡り候様相廻」という「勧農と申様々之役方当分新ニ被相立」べきことを提言する。この新規郡村役人（「勧農役」）の最も主要な職務とされたものこそ、「教（諭）」であった[32]。すなわち、志村は、「郡村〆り役」・「御村横目」などに見られる「法を以斗相正し…威勢を以御引廻シ」の如き「民間の取扱」に替えて、「民間江之教之筋」「教諭」を基軸にする（「教ヲ主ニ仕」）郡村役人の設置と派遣を提言しているのである。

志村が考える教諭法は、「勧農役」が村役人クラスを集めて「百姓身持又ハ上之御思召をも疾と勘弁仕候様為申聞、若キ者共迄不残相諭候様申付」というもので、教諭の内容は、「孝悌忠信を専と」し「時宜ニ寄小学又は民間之教ニ相成候耳近之説ヲも為申聞」というものであった。このような郡村支配機構上の位置づけや教諭内容が、平洲―玉蟲の教化論・教導官構想と全く重なる発想であるのは極めて興味深い。また、「民間江之教之筋ハ纔ニ御條目為読聞候斗之様ニ承及、外ニ郡村々小学校と申様成学問所も無之」と、条目の読み聞かせという従来的手法の対極に「小学校」を想定している点も玉蟲と相通ずる点であり、「愚民等」が「教之方を以心底ゟ恥ヶ敷罷成、風俗も取直シ候様御吟味可然」と、「愚民」も「教化」によって「心底ゟ」帰服し得るのだとする想定は、「女子小人マデ」教化し得るのだという平洲の確信に連なるものであろう。

このように、「志村篤治上書」の提言は、まさに平洲・玉蟲の主張に連なるものであるが、実はこの提言は、実際に政策として採用・実施されることになったと見られる。それを示すのが、「佐藤東蔵上書」である(33)。この上書は、その奥書に「此一冊十一月古田太夫江御内々ニ而指出候所」とあるように、寛政六年当時、藩政の中心的な位置にいたと見られる奉行古田舎人良智(34)に宛てて出されたものである。佐藤によれば、「拙者儀、此度新役被　仰付、御分領中巡察仕候ニ付、勤方之儀御大綱委曲被仰渡候上、過ル廿日御詰所ニおゐて品々被仰含」、「勧農教諭之儀被　仰渡」があり、「新役」には他に五十嵐勇助、見習として遠藤軍左衛門が任命されたという。佐藤が実際に村役人を集めて教諭した際の『教導演義大意』(35)によると、役名は「勧農使」であった。この勧農使設置は、「田地紛乱」(「物成高別而出劣」、「凶年以来荒たる地、逃沽却之地」、質地等による耕地移動、「給所前・御蔵入…境混乱」)、「民之容儀崩」(「衣類結構」、「歌舞伎」、大肝入等の「不廉」、「赤子押返」)という郡村の状況を背景とするもので、「御村横め等之如き」「威察」「執法」ではなく「寛察」により勧めるものとされた。かかる勧農使の機構的位置づけや実際の教諭法が、吉村篤治の構想とほぼ一致することは明らかである。
さらに注目されるのは、勧農使新設の責任者だったと見られる奉行古田から次のような「仰談」があったことである。すなわち、「尾州ニ而細井甚三郎紀徳民如来山人教諭を以郡中相治メ、尾州御取〆之儀被仰談、且此度御用之儀ハ／屋形様御入国以後初而御郡村被遊／御世話候ニ付、別而人物御撰之上、被　仰付候品々…」と。つまり、古田は、細井平洲の尾張藩での実践を強く意識して勧農使新設を推し進めていたのである。さきにみた平洲・玉蟲十蔵のやりとりとの関連も想定されよう。勧農使新設は、玉蟲・志村と断続的に提言された教諭策が、寛政六年（一七九四）に至り古田ら奉行層に受け入れられ実現を見た施策だったと言えよう。

かく見てきた時に注目されるのは、同時期に「教諭」をキーワードとするいくつかの施策が実行されていることである。その一つが、松音寺大底の廻村教諭である。佐伯三左衛門によれば[36]、「松音寺住職大底ト申カ存寄申上哉と承申候、御領内郡村曹洞宗寺々江止宿仕、百性男女老若江村役付引添へ、仏戒ゟ神儒之戒を丁寧に説諭教戒仕相廻リ」というもので、「拙者儀幼年之節まのあたり承申候」という。佐伯はこの廻村教諭によって、「赤子押返」の「悪習自然相改申候」と述べているが、実際、大底が廻村先の名取郡南長谷村で、肝煎半助らから赤子養育仕法の献策を受けたことが知られる[37]。実はこの献策書を大底から提出され、「屋形様」に取り次いで「惣奉行中列座御披露」に持ち込んだ人物こそ、古田舎人であった。古田は赤子養育に関して治績を挙げた奉行として知られるが（『東藩史稿』等）、大底による廻村教諭とも深く関わっていたことが理解されよう。

さらに、この時期に赤子養育に関するいくつかの教諭書がほぼ同時に刊行されていることも注目される。『育子編』（寛政四年）、『農業小児示教弁』（同六年）、『赤子養育勧進の引』（同年）がそれである。このうち、

『育子編』は藩が配布したとされる『育子論』[38]と同書と推定され、『赤子養育勧進の引』の著者大賢は、畑中荷沢、志村五城・篤治、丹野南宮らと密接な文人的交流を持った人物である[39]。かく見てくれば、これら一連の教諭書刊行が、古田らによる教諭策推進と全く無関係な動向とは考えにくいだろう。

以上みてきたように、当時藩政の中心にいた古田が、この期の教諭策推進の中核となったと見られ、関連する動向が相次いでいることは、郡村の諸問題解決のための主要な政策・理念として「教諭」に大きな期待を持つ人々が、藩政主導層まで含めて一定数存在していたことを示すのではないだろうか。平洲の学問―教化論とその実践をうけて、玉蟲が藩政上の課題に押し上げた「教」は、藩政を主導した奉行層にも重要な政治課題・理念として受け容れられ、既述のような現実の政策として展開することになったのである。

では、寛政六年の「教諭」政策はどのような帰結を見たのか。勧農使の実態については残念ながら未詳だが、実は他ならぬ佐藤東蔵自身が「年久敷汚染の民弊、三寸之舌を以幾年巡察之労積候共、奸民之悪風これか為ニ除すて民風相直候効験相立候段ハ…至極無心元奉存」、「拙者勧農仕ルと申諭候ら ハ御取行相立候得ハ御効可有之奉存…」(「佐藤東蔵上書」)と述べ、言葉による「教諭」よりもむしろ「御取行」(経済的施策)が重要との見解を吐露していることは、勧農使の帰結を考える上で示唆的である。他方で、一定の成果をあげたとされる松音寺廻村教諭についても「松音寺被相廻候節、…人馬遅滞等ヲ咎、或ハ事六ヶ敷義等申断、村方駅馬等迷惑仕候由…」、「先年松音寺ヲ以在々教導被成置候処、其節ハ迂遠之様誹謗仕…[40]」と、当時から批判的な意見が存在したようである。

かく「教諭」への関心の高まりと政策としての展開は、藩政における全面的な展開を見ずに短期間で終息したように見える。だが、文化年間に本格的展開を見た赤子養育仕法では、寛政年間の大底の教導や教諭書の刊行を前提に「教諭」が（「給与」と並ぶ）仕法の柱とされたという。[41] 実際、仕法を推進した「名代官」鳥山正作（成功）[42]は、「教諭」こそが（金銭給付以上に）人民統治の最優先事項と主張するとともに、「愚民」をして死を厭わぬようにさせるほどの効果を想定するなど、「教諭」に大きな可能性を見出して仕法を推進したのであり、ここに「教諭」の政策としての連続性が読み取れよう。

　最後に、こうした「教諭」への期待を経世論としてより整理された形で表現した発言として、桜田欽斎『経世談』（文政五年）の「富教」論にふれておこう。桜田は、「治国の要道は民を富ますと民を教ふるとの二つにあり…富矣而又教レ之と云ひ、衣食足而知二礼節一云々と云ひ、有二恒産一而有二恒心一と云」、「昔より治め而後教…治国天下の定法」「和漢古今の差別なく万古欽定の法」として「富」→「教」の順が中国古典以来の定法としつつも、奢侈が問題となる「近世の政」の「急務は却て教へて富を失はぬにあ」りとその発想を逆転させるのである。その桜田が「教を以て急とするの説は、近世細井平洲翁はじめてこの論あり」（巻之六）と述べていることは、かかる「万古欽定の法」の相対化が一八世紀半ば以来の教化論展開の一つの思想史的帰結であることを示していよう。

おわりに

　一八世紀半ばの仙台藩においては、荻生徂徠や服部南郭に学んだ「藩中豪傑名高之士」の学問傾向を起点に、徂徠学への関心が浸透する状況にあった。彼らが惹起した徂徠への「尊仰」は、古文辞学という学問方法や先行儒学説への批判はもとより、「詩社」や「会業」という交友・学習の形態にまで及ぶものであった。

こうして徂徠学への関心を高めた諸階層の人々による学問的・文人的交流が展開したわけである。従来、こうした交流の階層的傾向について、まとまった形での言及はなされてこなかったが、それは「詩社」や「会業」への結集という形で平士・医師や僧を基盤に宿老から商人に至る人々によって担われていたのである。この中に、藩政上の（顕著な）事蹟がよく知られる人物が一定数含まれていることは、かかる人物・事蹟（藩政の動向）を生み出す一要因として、学問が現実的な機能を持ち始めていたことを示しているのではないだろうか。

ところが、一定の学問的・文人的関心を有する人々ですら容易に通暁できなかった古文辞学の特質そのものが、徂徠学の諸側面への修正・批判という、全国的な学問潮流の変化と軌を一にした学問的模索をなさしめるに至る。本章に即して言えば、こうした潮流の変化が、「武弁俗士」への「教」という問題を契機としていたこと(43)、同時に人民統治の手法・理念として民間への「教」に対する期待・確信が生み出されたことを指摘できよう。

天明～寛政期（一七八一～一八〇一）、「教諭」が現実的な政策課題として建言・政策化され、後年まで影響力を有する理念として機能した背景には、右のような学問的営為が存したのである。また、かく仙台藩で展開した「教諭」政策が、安永・天明期の諸藩での政策展開、寛政期の幕府民政、その後の心学教化策などに通じる点も注目されよう(44)。

「諸侯」から「武弁俗士」、更には「愚民」に至るまで同じ手法・理念で「教化」し得るのだという確信(45)を起点とする「教諭」政策の展開は、国家による「教諭」が従来的なあり方とは異なる形で構想され始めたことを示すのではないだろうか(46)。すなわち、民衆の「心底ゟ」の帰服という点の強調、「御條目為読聞候斗」

ではない「教導官」「小学校」の必要性の認識に見られるように、民心を政治の対象として組み込み統合することが政治による社会秩序の実現に不可欠であることを、藩国家による民政の担い手たちが明確に自覚しつつあったのである。[47] 仙台藩でも一二を争う碩儒桜田欽斎が、いわば東アジア世界に共有される伝統的理念―中国古典の考え方を相対化する形で「教」の重要性を説き、[48] 天保期以降の仙台藩政にあって「富」「教」の順が論点化するのも、これと密接に関わっていよう。ただし、天保期の藩主伊達斉邦や幕末期の藩主慶邦が「富」→「教」の順が藩政の基本方針であると強調していることには、十分な留意が必要である。[49] そのことの背景と意義については、本書所収の佐藤大介論文によって明らかにされるはずである。

〔註〕

（1）辻本雅史『近世教育思想史の研究』（思文閣出版、一九九〇年）。
（2）衣笠安喜『近世儒学思想史の研究』（法政大学出版局、一九七六年）、辻本前掲書、小島康敬『増補版徂徠学と反徂徠』（ぺりかん社、一九九四年）、宇野田尚哉「十八世紀中・後期における儒家的知の位相」（『ヒストリア』一五三、一九九六年）など。
（3）小川和也『牧民の思想』（平凡社、二〇〇八年）、金森正也『藩政改革と地域社会―秋田藩の「寛政」と「天保」―』（清文堂出版、二〇一一年）、小関悠一郎『〈明君〉の近世―学問・知識と藩政改革』（吉川弘文館、二〇一二年）等。
（4）小川和也「村役人の蔵書と藩政」（『書物・出版と社会変容』八、二〇一〇年）、金森・小関前掲書。
（5）『宮城県史』本篇12・学問・宗教（宮城県史刊行会、一九六一年）、大藤修『仙台藩の学問と教育』（大崎八幡宮仙台・江戸学実行委員会、二〇〇九年）等。

(6) 着座・二〇〇〇石の富田家と同祖、「富田氏は仙台藩の名門」と言われ(『宮城県史』本篇12)、「省観紀行」(『王屋遺稿』地、国立国会図書館)に「西村ハ余カ賜邑ナリ。栗原県ニ属ス」とある。安実の致仕年は「家大人七十之寿乞言四方君子文」(同)による。

(7) 『仙台金石志』巻之二十六(『仙台叢書』第十四、昭和二年所収)、『東藩史稿』(一九一五年)。

(8) 旧友田辺希績輯、門人阿部鶴鳴・高成田琴台校の『王屋遺稿』三巻は国立国会図書館蔵、その稿本『王屋詩文原稿』五巻は宮城県図書館小西文庫蔵。両書はほぼ共通の詩文を載録する。本章では、詩文の年代については『詩文原稿』に、訓読は『遺稿』に依拠して考察を進める。

(9) 『宮城県史』本篇12、および『仙台風藻』(一九一二年)参照。

(10) 『宮城県史』本篇12は、奥州で最初の詩人らしい詩法の体得者と称されたことを指摘する。

(11) 「貴君冲卿、才思広淵、日新富有」(「舎諸滕翁八十壽序」)、「余友滕生善」(「東皐艸序」)等。

(12) 鍾子期は、春秋時代の楚の人。琴の名人伯牙の音楽を愛してよく解し、彼が死ぬと伯牙は弦を絶ち生涯弾かなかった。「不佞ノ一鍾子期ト為ル」とは、よく理解し合うの意であろう。

(13) 筑波大学附属図書館蔵。

(14) 桃葉・滕永叔・滕資央・源文・滕豊通・平胤雄・難波茂良・原一安・滕知明・滕叔洲・東渓・十洲(星十洲カ)の名が見えるが、現時点ではいずれも人物の特定に至らなかった。

(15) 前田勉『江戸後期の思想空間』(ぺりかん社、二〇〇九年)。

(16) なお、ここで王屋は、『学則』を刊行した三浦義質の徂徠理解を批判して「大伭世学ノ者、多ク載籍ヲ読マズ、故ニ其ノ説ノ本トスル所ヲ知ラズ。三浦生ノ如キ、皆深ク考ヘザル者ノミ」と述べている。

(17) 「徂徠先生…争論ノ次、時ニ失言有リ。学則ニ曰ク、寧ロ諸子百家曲芸之士ト為ランモ、道学先生タルコトヲ願ハズ…、百家曲芸皆可ナラバ、則チ何特トリ道学先生ノミ不可ナラン」(「雑説」)。なお、徂徠は乱れを正した「創業」の人で「多事」だったと弁護しつつ、該博で諸家を包含する徂徠でも「易」と「暦数」においては欠点があるといった指摘（「与塩田元貞」安永五年）もある。

(18) 松野陽一「畑中荷沢書誌〈華字著作編〉―附〈翻刻〉『滕太問答』―」（『国文学研究資料館紀要』一七、一九九一年）。

(19) 「江戸之巻、詩文家之部」（八名収載）。国立国会図書館八五六―一三。

(20) 『東海市史』資料編第三巻所収。

(21) 「為玉子一寿乃翁六十」（『嚶鳴館遺稿』一）、「晋斎先生遺戒跋」（『嚶鳴館遺稿』七）等。

(22) 平洲と交歓した人物として、志村五城（『嚶鳴館遺稿』巻之二に「酬二仙台志村文学一」）、その紹介で面識を持った目目沢鋸鹿（「東海漁唱　解題」『仙台叢書』第十四巻）、奥田直輔（『仙台風藻』等）らが知られる。なお、「大藩儒宗」田辺や志村五城の学問は朱子学系である。

(23) 辻本前掲書八九・九〇頁。

(24) 『東海市史』資料編第三巻所収。書簡の年代について『嚶鳴館遺稿注釈』諸藩編は天明八年とする。

(25) 桜田良佐『赧然随筆』所収、斎藤報恩会蔵。

(26) 宮城県図書館蔵。

(27) 本庄栄治郎他篇『近世社会経済叢書』第五巻（改造社、一九二六年）所収。『仁政篇』執筆の経緯については、J・F・モリス『近世武士の「公」と「私」』（清文堂出版、二〇〇九年）。

(28) 難波信雄「仙台藩の寛政改革」（『東北学院大学東北文化研究所紀要』五、一九七三年）、同「寛政の改革」（山田忠雄・松本四郎編『宝暦・天明期の政治と社会』有斐閣、一九八八年）等。

(29) モリス前掲書参照。

(30) 宮城県図書館『諸臣上疏』所収。この上書には日付がないが、志村篤治（一七六九〜一八四五）が「右ハ三十余年以前遠藤太夫江、御問ニ付相達候下書也」と注記しているから、文化一二年以前のもので、これに本文中の「家中諸士ハ御学校等被相建、夫々教之筋も　御先代様ゟ被相行…」との記述を加味すると、成立は伊達斉村の代（寛政二〜八年）、遠藤対馬が奉行となる寛政三年以降となる。

(31) なお、志村篤治（弘強・菊隠）は、小姓見習・儒役・公子侍講を勤め、養賢堂の副学頭、藩主斉邦の師傅（天保五年）と進んだ。『宮城県史』本篇12、鵜飼幸子「養賢堂の学制改革について」等。

(32) 志村は「教諭」の他に、農業や普請場の様子、農民の勤怠・奇特と不行跡などを随時見分して、「村方之儀委細ニ覚書仕、登仙之節直ニも申上」といった職務も想定している。また、「半物頭格位ニ而出入司程」の役列と「勧農役」にかなり重い位置づけを与えている。

(33) 宮城県図書館『諸臣上疏』所収。東京大学経済学図書館土屋家旧蔵文書（79）—31「郡村〆役」が同文。

(34) 寛政六年五月に「平賀義雅古田良智連署意見書」（『大日本古文書　伊達家文書』八）が藩主斉村への意見・教訓として提出されていることが当時の古田の位置を示している。

(35) 高橋梵仙『日本人口史之研究』第二（日本学術振興会、一九五五年）所収。

(36) 「佐伯是保風俗等書上」（『大日本古文書　伊達家文書』九）。

(37) 「寛政六年九月　赤子養育方御下知并貸方仕法定御用留」（『宮城県史』本篇6・厚生）。

(38) 以上、高橋梵仙前掲書参照。

(39) 大賢鳳樹（一七五八〜一八二二）については、『丁丁余音』（国立国会図書館）、『仙台叢書』第四巻（宝文堂出版、一九七一年）、『曹洞宗全書』解題・索引（曹洞宗全書刊行会、一九七八年）等。

(40) 『赤子養育方発端』（東京大学経済学図書館　土屋家旧蔵文書。土屋氏筆写本）での鳥山正作の認識。

(41) 土屋喬雄「旧仙台藩の赤子養育仕法」（『経済学論集』三—一、一九二四年）、高橋梵仙前掲書、小原伸「仙台藩の赤子養育仕法」（『宮城県の地理と歴史』二）、谷田部眞理子「赤子養育仕法について」（『宮城の研

究』四　近世篇Ⅱ、清文堂出版、一九八三年）等。

(42) 鳥山については『仙台人物史』『仙台人名大辞書』等。なお、鳥山は富田王屋社中だった高成田琴台・丹野南宮に師事した人物である。以下の鳥山の発言については前掲『赤子養育方発端』による。

(43) 宇野田尚哉「『徂徠先生答問書』再考」（『江戸の思想』一〇、一九九九年）も、武士教育の前景化という問題を指摘している。

(44) 例えば、小関前掲書第二部第三章、柏村哲博『寛政改革と代官行政』（国書刊行会、一九八五年）、三宅紹宣『幕末・維新期長州藩の政治構造』（校倉書房、一九九三年）等参照。なお、大きく見れば、水戸学の民衆観、明治期の「教導」の動向まで視野に入れ得ると思うが、今後の課題としたい。

(45) かかる認識は、J・F・モリスの「藩民国家論」とも関わっていると言えよう（モリス前掲書）。

(46) 本章の考察からは、深谷克己「近世における教諭支配」（岡山藩研究会編『藩世界の意識と関係』岩田書院、二〇〇〇年）のいう教諭国家の、質的深化の方向性を読み取ることができると言えようか。

(47) こうした点については、辻本雅史「学問と教育の発展」（藤田覚編『近代の胎動』吉川弘文館、二〇〇三年）も同様の指摘をしている。本章の事例は、かかる動向が幕府儒者にとどまらず、藩による民政の現場に関わる人々の間から生み出されてきている側面があることを示していると言えよう。

(48) 関連して一八世紀後半以降の殖産政策の客観的意義を、古代中国以来の伝統的理念との対決にあったとする金森正也の指摘も注目されよう（金森前掲書）。

(49) 本書所収佐藤大介論文、伊達慶邦藩政改革覚書（伊達家文書三一八一『大日本古文書』家わけ三ノ九）参照。

〔付記〕

本稿は、平成二五・二六年度科学研究費補助金若手研究B「近世中後期の経世理念と政治改革に関する研究」

（代表・小関悠一郎）による研究成果の一部である。

天保飢饉における村の負担

仙台藩領村落を事例に

高橋　陽一

はじめに

死者数という被害要素の観点からみた場合、近世最大の災害といえるのは飢饉である。凄惨を極めた天明飢饉では、被害の大きかった東北地方で三〇万人をこえる死者が出たといわれる（1）。戦乱のない世にあって、人々の生存を侵しうるこの最大の脅威に関して、先学は被害状況や悲惨な実態を刻々と明らかにしてきた（2）。また、近年精力的に進められ、近世飢饉史を深化させてきた研究には二つの潮流を見出すことができる。一つは政治経済史的な視点をもって飢饉のメカニズムを解明しようとする研究であり、もう一つは社会史的な視点をもって飢饉時の対応を捉えようとする研究である。前者に関しては、菊池勇夫氏の一連の研究により、全国的な流通・市場構造が列島を覆うなかで、大消費地への米の大量廻送といった領主政策が常態化し、地域の食糧不足が招来されること、つまりは藩経済の市場原理への従属が飢饉被害増幅の要因である点がクローズアップされてきた（3）。後者に関しては、同氏により、宝暦飢饉において領主側の救済システム（御救い機能）の限界が露呈し、村役人ら地域有力者による窮民の救済活動が展開されるようになるなど、およそこの時期以降に藩（公）の御救いから地域（民間）の行財政的な危機管理体制への移行がみられるようになるとの見解が示された。(4) この議論の延長線上にあるともいえる、近世後期の地域社会における飢饉対応への関心も高まっており、一九世紀には村や町で備荒貯蓄や食糧の配給といった社会保障的な窮民救済システムが確立していたことが明らかにされている。(5) また、特に天明飢饉後最大の災害となった天保飢饉に関しては、同時期に進展していた農民の階層分解を背景に村の富裕者による窮民救済が実施され始めたこと、(6) 全藩的な領域で地域有力者による窮民のための献金が行われていたことが明らかにされている。(7) これらは近世社会における「富の再分配」という観点からみても注目すべき事例であるといえる。

以上のように、飢饉における社会的対応の実側面の解明は、近年の飢饉史研究の大きな成果であるといってよい。ただ、ここで今一つ気になるのは、近世後期に窮民救済システムが整備されたとして、現実に飢饉に対する地域の耐性はどの程度高まったのかという点である。これを明確にするには、飢饉時において地域住民がどれだけ日常に近い生活を送ることができていたのか、あるいはいかに早期に日常の生活を取り戻すことができたのかを精緻に検証する作業が不可欠であろう。その意味で、普段の領主支配や地域の存立を維持する上で欠かすことのできない社会秩序が飢饉という非常時にどのように機能していたのか、この点の検証は試みる価値があると思われる。

本稿では、このような問題意識を起点に、天保飢饉時の村落における諸負担の動向を分析していくことにしたい。「負担」をテーマにするのは、住民の租税等の負担能力が村の経済力、ひいては飢饉に対する村の耐性をはかる指標になると考えるからである。具体的には、仙台藩領の陸奥国磐井《いわい》郡猪岡《いのおか》村（現岩手県一関市）を対象に、年貢・諸役・償《つぐない》（一郡・村入用）の負担状況を分析してその特色を明らかにし、先述した問題について展望していくことにする。主に使用する史料は、一関市博物館に所蔵されている「陸奥国磐井郡猪岡村小猪岡槻山家文書」（以下「槻山家文書」と呼称する）である。(8) 同家の当主は、天保期には村内の小猪岡の肝入をつとめており、明治以降も猪岡村の戸長や岩手県会議員などを歴任している。

一　天保飢饉時の年貢負担

1　仙台藩の天保飢饉

天明飢饉から約半世紀を経た一八三〇年代に、奥羽地方は再び飢饉の惨禍に見舞われた。天保飢饉である。この飢饉の特色は、天保四・七・九年（一八三三・六・八）と相次いだ凶作により、被害が長期化・深刻化した点にある。前飢饉への反省から備荒政策が進められたため、天明期ほどの人的被害は出なかったとされるが、それでも死者は奥羽地方全体で一〇万人前後に上った。商品貨幣経済の展開によって半プロ的な米の買喰層が増加し、穀留政策による地域利害の対立が顕著になるなど、農作物の豊凶とは無関係に地域が食糧不足に陥りやすい社会状況になっていたことも天保期の特徴として指摘されている。(9) また、仙台藩領寺院の過去帳分析による死亡推計からは、凶作翌年の天保五・八年の死者数が多いという、飢饉の過酷さを物語る結果が示されており、地域的には牡鹿《おしか》・桃生《ものう》・本吉《もとよし》郡といった浜方地域で死者が多く発生している傾向がみてとれる。(10)

本稿の分析対象である仙台藩領の磐井郡（西磐井）猪岡村は、一関（一関村）の西約一五キロメートルに位置し、付近に磐井川が流れる山間の村落である。安永四年（一七七五）の猪岡村の明細帳『風土記御用書出』[11]によると、村高は一三六八石四升で、内一一二九石四斗が田であり、主要生産物としてたばこ・鋤柄・下駄・足駄があげられている。[12]村内は猪岡（本郷）ほか、いくつかの集落（端郷）に分かれており、小猪岡・水山・深立目の三つの端郷は「小猪岡」と総称され、猪岡とは別に村役人の肝入が置かれ、年貢などの諸負担も基本的にこの小猪岡が賦課・納入の単位となっていた。[13]小猪岡の高は六二一石一斗二升で、[14]木挽・染物・山や川での狩猟などが営まれており、[15]農業以外の多様な生業が地場産業として展開していたことがわかる。

天保飢饉時の小猪岡はどのような状況であっただろうか。天保五年（一八三四）の高人数御改帳[16]によると、小猪岡の人頭（本百姓）は一二六人、総人口は七二九人となっているが、同一三年の同史料[17]によると、人頭は五九人、総人口は二九五人となっており、小猪岡では飢饉時に大幅な人口減少がみられたことがわかる。この内実について、天保一二年時点での死者・行方不明者をまとめた史料[18]では、小猪岡の人頭六人が死亡（内一人刑死）し、六三人が「無行衛」（行方不明）であるとされている。この内の二九人は親類の土地の高分けを願い出る意向となっており、人頭への復帰が見込まれる者と考えられるが、残りの者は復帰の見込みが立たない状態であるとなっている。飢饉の影響で農耕を放棄せざるを得なかった者が相当な数に上っていたのである。また、槻山家文書中には、主に天保五年から一三年にかけて、村民が藩の御蔵から種籾を拝借したり、郡備金を借用したことを示す史料が残されている。

天保期の小猪岡では、大量の死者こそ発生していないものの、連年の凶作によって耕作が不可能となり、人頭から没落する者が多数存在していた。飢饉の影響は少なからずあったといえるだろう。

2　仙台藩の租税体系

仙台藩の租税制度の大要を把握しうる文献として最もよく知られているのは、明治二〇年（一八八七）に宮城県が編纂した『仙台藩租税要略』[19]であろう。本書では、藩政時代の租税が「田租」（年貢）・「雑税」（諸役）・「徭役」（人足）に大別されている。本稿では概ねこの分類に従い、年貢と諸役の負担動向について分析していくことにする[20]。

藩の年貢は、大きく物成と小役に分けることができる。物成は高（田高・畑高）に対して賦課され[21]、米・大豆・金によって納入される中心的税種であり、小役は四色小役《よいろこやく》（詰夫《つめふ》・入草《いりくさ》・夫馬《ふば》・垣結《かきゆい》）と糠藁・一銭懸・人足[22]から成る雑税で、金銭によって納入された。仙台藩の年貢制度の根幹は、いわゆる寛永総検地が終了した寛永二一年（一六四四）の『御年貢御定』によって確立したが、年貢の納入方法については、慶安五年（一六五二）の『御物成所務方萬御定』によって、田年貢を原則として全て米納とする（米納不能の箇所は金納とする）皆金皆米制が導入され、従来の半石半代制と併用されるようになった[23]。後者は畑作地の多い村で採用されたとされるが[24]、後述の如く、小猪岡では年代により双方共に採用されている。土地の利用条件と共に、各年の作物の収穫状況なども考慮して採用する制度が決定されていたと考えられる。

年貢負担量が決定される際、重要な要素となったのが引方（引高）と銘である。引方とは凶作や水害・土砂災害等により作付ができなかったり、収穫状況が悪く、「当荒」「地損」「皆無」などと判定された結果、年貢賦課の対象外となった高のことである[25]。一方、銘とは高一〇石あたりの年貢量（年貢率）のことで、穀物で納入する際の石銘と金銭で納入する際の金銘に分けられた。例えば、「米五石銘」とは高一〇石に対し米五石の年貢割り当てであることを意味し、「五切銘」とは同じく一〇石に対し金五切（＝五歩＝五〇分）の割り当てであることを意味した。石銘は最大七石五斗・最小一石、金銘は最大二〇切・最小一切を基本とし、例外的な銘下げ措置がとられることもあった(26)。

この引方と銘を誰が決定するのか。本稿の結論を導くに当って、実はこの点が大きなポイントとなる。仙台藩では、享保一四年（一七二九）以降、収穫改めの検見制度の改革が段階的に実施される。検見の基本は歩刈（一歩〈坪〉あたりの収穫改め）であるが、従来の郡奉行・代官・定役人ら藩役人による検見（総毛見分・田地見）では、各百姓の収穫状況を精査できなかった。このため、村役人を歩刈に参加させることにしたのであり(27)、各百姓の引方に関しても、同年の『御田地見方御定の事(28)』に、「百姓壱人前引方立様の儀は肝入与頭共明白に吟味相極候様能々御申添首尾可有之候」とある通り、村役人が判定することとなったのである。また、元文三年（一七三八）には、郡奉行が代官に対して、藩側の検見に先行して村側の検見を行わせるよう申し渡している(29)。ここに領主の検見に先立つ百姓の検見、いわゆる内見《ないみ》が成立し、百姓による収穫改めの重要性が増すことになったのである。

さらに、宝暦一四年（一七六四）の『御田地見仕法の事(30)』には、「御田地見入高百姓壱人前を呼（坪カ）切上中下三段の毛村肝入与頭為相改、委細帳面へ相記為指出候上、惣毛見分田地見の節共に引合可相用事」とあり、村役人が歩刈により作柄を上毛・中毛・下毛の三段階（下毛より下は「皆無」）で判定して帳面を作成し、藩の惣毛見分と田地見の際に参照されることになっていた。ただし、同年には、検見から帰還した後に代官や定役人の吟味によって引方を決定することも通達されており(31)、引方の最終的な決定権が藩側にあったことも明らかである。

『御田地見仕法の事』に登場する「帳面」は、内見によって作成される「毛揃帳」を指していると考えられる。各史料の記述内容を整理すれば、内見によって細かな作柄判定がなされ、その結果をまとめた毛揃帳を根本資料とし、藩の役人による検見を経て最終的に引方が決定されるという手順になろう。実際に、例えば槻山家文書に残る文政八年（一八二五）の毛揃帳[32]では、村側によって田の六四石八斗六升が収穫「皆無」と判定されている。これに対し、各百姓と村全体の最終的な引方と年貢量が記された同年の御物成極小割帳[33]からは、その全てが藩側によって引方と判定され、年貢賦課の対象外となっていることが判明する。毛揃帳を下敷きにした藩役人の検見は形式的なものでしかなかったのである。引方の決定に村側の意向が強く反映されており、最終的な決定権は藩側にあるとはいえ、引方判定の実質的な主導権は村側が掌握していたと認識することができよう[34]。

一方、銘については、正徳二年（一七一二）の『貢賦古法聞書』[35]に、これまでは村で銘付が行われていたのが、近年は郡司（郡奉行）が廻村後直ちに仙台に戻り、田地見帳を参考に「於仙台ニ御郡司一手前二三日之内ニ銘付極り候」とある。寛政九年（一七九七）にも「御物成極手段の義は御郡奉行衆総毛見分御廻村の上銘付」との藩の方針が示されていること[36]から、銘は藩の検見の後、仙台で郡奉行によって決定されたと考えられる。銘付には、田畑の等級に基づく方法と、地勢により特産物のある場合にその収益を田の収益に合算して算出する方法とがあり、銘の高下だけで単純に土地の肥瘠《ひせき》を判断することはできなかったという[37]。なお、後述で明らかなように、小猪岡では、上田・中田・下田といった田畑の等級とは無関係に銘が設定されている。

3　猪岡村（小猪岡）の年貢負担状況

仙台藩において、人頭一人あたりの年貢量はどのようにして算出されていたのか。小猪岡の田畑物成を例に確認しておこう。

天保一一年（一八四〇）の人頭彦三郎の場合[38]、所持している上々田八歩、上田一反六畝一六歩、中田一反六畝一三歩、下田九畝二七歩、下々田一畝に対して、上々田・上田には一石五斗、中田には一石三斗、下田には一石一斗、下々田には八斗の石盛を掛け、上々田四升、上田二石四斗八升、中田二石一斗四升、下田一石九升、下々田八升、即ち計五石八斗三升の田高を算出する。このうち三斗五升が「皆無引」、つまりは引方とされ、残る五石四斗八升が年貢負担対象高となる。この土地の銘は一律に四石八斗であり、よって二石六斗三升（五石四斗八升の四割八分）が田の物成高として割り出される。次に、畑に関しては、五斗九升の高に対し、銘の金九切（＝九〇分）を掛け、金五分三厘一毛を物成高として割り出す。これに小役の金四分二厘五毛と銭三二〇文が加えられ、彦三郎のこの年の年貢量の総計は米二石六斗三升　金九分五厘六毛・銭三二〇文となる。上々田と上田の石盛が等しくなっている理由は定かではないが、それ以外の石盛は『仙台藩租税要略』に示されているそれと一致している。

このようにして算定される各人頭の年貢の総計が村の年貢となるが、飢饉時におけるその負担構造はどのようになっていたのであろうか。

【表1】は、天保飢饉前の天保二年（一八三一）から飢饉後の同一一年までの小猪岡の年貢負担状況を表したものである。小猪岡には、藩の直轄地である蔵入地のほか、藩の奉行（家老）をつとめた中村氏の給地や養賢堂相続料地、大肝入役料地が存在しており、飢饉後には荒地の復旧を進める起返新田も設定されていた。

この表を作成する際に主として参照したのが「御物成極小割帳」である。検見の後、藩側は一村ごとの年貢量を定めた「御物成極帳」を作成する(39)。一方、村側では人頭一人ずつの年貢量を定めた「小割帳」を作成し、御物成極帳と引き合わせて計算や記載内容に誤りがないか確認する。その結果作成されたのが御物成極小割帳であり、肝入が各人頭と村全体の年貢量を記した本文と、一〇月末付で年貢の納入を命じる藩役人執筆の文書で構成されている。藩と村双方の合意の産物であるこの帳簿が作成されることで、その年の年貢量が正式に決定されるのである(40)。

まず、表中の天保二年(一八三一)から同一二年までの、小猪岡の年貢負担構造の全体的な特色を確認しておきたい。負担年貢を田・畑・小役に分けると、蔵入地の田年貢は米納が基本であるが、新田では金納との併用や金納のみの年(天保九年など)も見受けられる。給地の田年貢は、確認できる天保二年・同一二年共に全て貨幣納(金納・銭納)となっている。畑年貢は、蔵入地・給地などの区別なく全て貨幣納であり、大豆納はみられない。小役に関しても同様に、全て貨幣納である。年貢負担量が最も多いのは、天保二年の米一七一石五斗四升・金一三八切六厘一毛・銭九四貫九九五文である。なお、貨幣納分については物価の変動があるため断定的なことはいえないが、米納分については、管見の限り、幕末に至るまで小猪岡でこの一七一石余を上回る年貢収納を確認することはできない。

次に、飢饉年の天保四年(一八三三)から飢饉後の同一〇年までの年貢負担状況をみてまず明らかなのは、蔵入本地・同新田・給地の御物成極小割帳が残されていないため、小猪岡全体の年貢負担量がはっきり

年貢量	年貢量合計	典拠
米134石1斗1升 金54切7分7厘4毛 銭56貫920文	米171石5斗4升・金138切6厘1毛・銭94貫995文	699西岩井小猪岡御蔵入本地永代帳并天保弐年分当毛御改御物成極小割帳
米37石4斗3升・金4切8分9厘6毛 金18切3分9厘1毛 銭24貫650文		697西磐井小猪岡御蔵入新田永代帳并天保弐年分当毛御改御物成極小割帳
金52切・銭1貫512文 金8切・銭860文 銭13貫425文		698天保弐年分西磐井猪岡村之内水山小猪岡中村宗三郎様御知行当毛御改御物成極小割帳
金2切5分5厘6毛 銭2貫965文	金2切5分5厘6毛・銭2貫965文	700天保三年分西磐井猪岡村之内小猪岡御蔵入下り松新田当毛御改御物成極小割帳
	金14切5分5厘2毛	701天保五年夏御年貢取立帳
	金13切・219貫288文	追1068天保六年分御年貢金代指引帳
	金12切・190貫119文	追1073天保七年分御年貢金代勘定指引本帳
金12切7分7厘3毛	金14切3分4厘7毛・銭495文	705天保八年分夏御年貢取立高左之通
金1切7毛 金5分6厘7毛・銭495文		704天保八年分西岩井大肝入御役料地当不作御改御物成極小割帳
米2斗1升 金54切7分7厘4毛 金3切6分6厘8毛・銭11貫500文	米2斗1升・金79切1分3厘8毛・銭16貫315文	706天保九年西磐井小猪岡本地当毛御改御物成
金18切3分9厘1毛 金2切2分9厘1毛・銭4貫800文		
金1厘2毛 金2毛・銭15文		
	米83石2斗6升	追1082天保拾年分小猪岡当年貢米壱人毎上納帳
米78石2斗6升 金28切7分1毛 金15切5分7厘7毛・銭12貫100文	米96石3斗9升・金59切5分3厘3毛・銭15貫630文	718天保十一年分西岩井猪岡村之内小猪岡本地当毛御改御物成極小割帳
米17石7斗4升・金2切9厘1毛 金8切9分6毛 金4切1分1厘4毛・銭3貫450文		719天保十一年分西岩井猪岡村之内小猪岡御蔵入新田当毛御改御物成極小割帳
米1斗7升・金2厘7毛 金6毛 金3厘9毛・銭30文		722天保十一年分西岩井猪岡村之内小猪岡荒所起返本地新田当毛御改御物成極小割帳
米2斗2升 金7厘2毛・銭50文		720天保十一年分西岩井猪岡村之内小猪岡本地当地損之地起返養賢堂御相続料御引除別極小割帳

表１　猪岡村小猪岡（水山・小猪岡・深立目）の年貢負担状況

年代	土地種別	負担種別	石高	引方（負担対象外高）	負担対象高	銘（年貢率）
天保２年(1831)	蔵入本地	田 畑 小役	291石８斗９升 61石３斗	２石２斗１升 ４斗４升	289石６斗８升 60石８斗６升	３石６斗～４石８斗 ９切
	蔵入新田	田 畑 小役	135石９升 39石２斗９升	21石１斗７升 １石２斗	113石９斗２升 38石９升	３石７斗５升～４石５升、３切 ３～５切
	給地	田 畑 小役	65石２斗４升 18石３斗８升	０石 ６斗５升	65石２斗４升 17石７斗３升	８～９切 ５切
天保３年(1832)	蔵入新田（下リ松新田分）	田 畑 小役	17石４斗９升 ３石５斗２升	12石２斗７升 ２斗５升	５石２斗２升 ３石２斗７升	３切
天保４年(1833)						
天保５年(1834)						
天保６年(1835)						
天保７年(1836)						
天保８年(1837)						
	大肝入役料地	田 小役	９石９斗３升	８石８斗９升	１石４升	８～10切半
天保９年(1838)	蔵入本地	田 畑 小役	(291石８斗９升) (61石３斗)	(291石４斗３升) （４斗４升）	（４斗６升） (60石８斗６升)	４石６斗 ９切
	蔵入新田	畑 小役			38石８升	３～５切
	起返新田	畑 小役			（４升）	３切
天保10年(1839)						
天保11年(1840)	蔵入本地	田 畑 小役	291石８斗９升 61石３斗	116石７斗４升 29石４斗１升	175石１斗５升 31石８斗９升	１石８斗～４石８斗 ９切
	蔵入新田	田 畑 小役	135石９升 39石２斗９升	47石１斗 21石１斗１升	87石９斗９升 18石１斗８升	１石８斗７升～４石５升、１切５分 ３～５切
	起返新田	田 畑 小役	20石 ４升	19石４斗６升 ２升	５斗４升 ２升	３石７斗５升、３切 ３切
	養賢堂相続料地	田 小役	２石２斗１升	１石３斗７升	８斗４升	１石８斗～３石６斗

年貢量	年貢量合計	典拠
米48石4升 金29切9厘7毛 金18切8分6厘2毛・銭15貫900文		730西岩井猪岡村之内小猪岡本地当毛御改御物成極小割帳
米6石7斗9升 金8切9分1厘2毛 金7切4分8厘・銭6貫450文		731西磐井猪岡村之内小猪岡御蔵入新田当毛御改御物成極小割帳
無年貢 金6毛 金8分5厘4毛・銭760文	米54石8斗3升・金85切1厘4毛・銭28貫484文	735西岩井猪岡村之内小猪岡荒所起返本地新田当毛御改御物成極小割帳
金13切2分2厘8毛 金1切9分3厘5毛 銭4貫779文		732天保拾弐年分西磐井猪岡村之内小猪岡水山中村左衛門様御知行当毛御改御物成極小割帳
無年貢 金1分2厘3毛・銭100文		736天保拾弐年分西岩井小猪岡本地養賢堂方起返り御相続料別極御引除当毛御改御物成極小割蝶
金3切9分1厘3毛 金6分4毛・銭495文		733天保拾弐年分西磐井大肝煎御役料地小猪岡当毛御改御物成極小割帳

は追加目録の番号。【表2】も同じ)。不明箇所は未記入。

しないということである（天保九年の『天保九年西磐井小猪岡本地当毛御改御物成』には人頭一人ずつの年貢量が記載されておらず、「小割帳」と呼ぶことはできない）。何らかの事情で当該期の御物成極小割帳が失われ残存していないのか、凶作のためにそもそも同文書が作成されなかったのか、判然としないが、確認できる天保九年の米納年貢負担量が僅か二斗一升に過ぎないことや、『天保六年分御年貢金代指引帳』『天保七年分御年貢金代勘定指引本帳』には各人頭の年貢負担量が記されているが、いずれも貨幣納となっていることからみて、凶作の影響は深刻であり、当該期の米納年貢は皆無かそれに近い負担量であったと考えるのが妥当であろう。

　さらに、この点と関連して指摘しうるのは、同時期に賦課されているのは貨幣納（金納・銭納）年貢がほとんどであるということである。飢饉時に米納年貢の賦課が確認できるのは、天保九年（一八三八）の二斗一升のみであり、御物成極小割帳が確認できる同八年の大肝入役料地においても田年貢は全て金納となっている。表の典拠史料を確認

年代	土地種別	負担種別	石高	引方（負担対象外高）	負担対象高	銘（年貢率）
天保12年(1841)	蔵入本地	田 畑 小役	291石８斗９升 61石３斗	187石８斗４升 28石９斗７升	104石５升 32石３斗３升	３石６斗～４石８斗 ９切
	蔵入新田	田 畑 小役	135石９升 39石２斗９升	117石３斗５升 21石９升	17石７斗４升 18石２斗	３石７斗５升～４石５升 ３～５切
	起返新田	田 畑 小役	20石 ４升	20石 ２升	０石 ２升	— ３切
	給地	田 畑 小役	65石２斗４升 18石３斗８升	49石１斗７升 14石５斗１升	16石７升 ３石８斗７升	８～９切 ５切
	養賢堂相続料地	田 小役	２石２斗１升	２石２斗１升	０石	—
	大肝入役料地	田 小役	９石９斗３升	５石６斗８升	４石２斗５升	８～10切半

※天保９年のカッコ内数値は銘と負担量からの推定。「典拠」史料の冒頭番号は槻山家文書目録の番号（「追」

すると、同五年の夏年貢（上半期）は一二一名、同六年の年貢は一一五名（入作者を除く）、同七年の年貢は一一九名（同）に割り当てられていることがわかる。非常時ゆえ富裕者が肩代わりをして納入するケースもあったと想定されるが、いずれにしても貨幣納であれば年貢負担が可能であったという小猪岡の社会経済情勢が浮かび上がってこよう。

続いて、銘と引方に着目してみたい。銘は、飢饉前の天保二年（一八三一）と飢饉後の同一二年がほぼ同一（蔵入本地の田三石六斗から四石八斗、畑九切など）であり、これを平常時の銘とすると、同一一年に田でみられる一石八斗などの銘は、飢饉からの復興過程にあることが考慮された銘下げ措置だと考えることができる。ただし、実際に銘下げとなった高は、同年の蔵入本地で、負担対象高一七〇石余のうち田四石一斗（一石八斗銘）・同四石三斗三升（三石三斗銘）・同二石三斗八升（三石四斗銘）の計一〇石八斗一升に過ぎない。また、畑に対しては銘下げの措置はとられていない。

一方、引方に関して指摘したいのは、総高の大きな蔵入地に対しては毎年必ず引方が設けられている、つまり年貢負担の対象外となる高が皆無の年はないということであり、さらにその増減の幅が大きいということである。蔵入地の田に関してみてみると、引方は最大が天保九年（一八三八）の二九一石四斗三升、最小が同二年の二石二斗一升である。天保九年は飢饉年、同二年は飢饉前であり、引方は毎年の農作物の豊凶を見極めた上で設定されていると考えられる。つまり、小猪岡では、高に対して年貢率（銘）を引き下げる方法ではなく、引方を多く設ける方法で凶作に対応していたとみられるのである。言い方を換えれば、藩側が設定する銘の調節によるのではなく、村側の主導で設定される引方の調節によって年貢面での飢饉への対応がなされていたということになろう(41)。

二 天保飢饉時の諸役・償負担

1 小猪岡の諸役負担状況

年貢と共に仙台藩の主要税種であった諸役（雑税）についてもみておこう。

『仙台藩租税要略』は、諸役を「正租の外商工等の生業に賦課するもの」とし、「雑税録」なる史料を引用して陸奥国の諸役六一種をあげているが(42)、実際には新種の追加もあってこれよりも種類は多かったようである。また、各役種には上・中・下や本・半といった等級が設けられており、それに応じて役代（負担額）が細かく定められていた(43)。役代は、寛政の改革の役代増徴政策のもとで上役・本役上納への統一が図られたが、一揆などの反発にあい、統一は一時的なものに終わったようで[44]、小猪岡でも中役・下役での役代上納が行われている。

小猪岡の諸役負担は、各年の「諸役御改帳」から確認できる。【表2】は、飢饉前の天保二年（一八三一）から飢饉後の同一二年までの、小猪岡の負担役種と役代をまとめたものである。諸役御改帳にみえる役は、百貫夫・犬・木挽・屑屋根葺・大工・山立猟師鉄砲持判・産女川小又川并端沢迄小魚漁・染師・室師・漆木・御在国御八百屋内外御雇高の一一種である[45]。役代額の設定は先述した等級による方法や村高による方法、入札による方法などがある。例えば、天保二年の場合、百貫夫は高一〇〇〇石（＝一〇〇貫文）につき一人（代高六貫文）の割合で、小猪岡の負担対象高五八六石七斗六升に対して役代三貫五二〇文、犬役は高一五〇石に対して犬一匹（代高二〇〇文）で、同様に七八〇文、木挽役は本役が一人につき五〇〇文、半役が同二五〇文の割合で、小猪岡では本役一人と半役四人に対し一貫五〇〇文、屑屋根葺は上役一人につき一貫文、中役同五〇〇文、下役同二五〇文の割合で、同じく下役一人に対し二五〇文というようになっている。このほか、等級によって役代が設定される大工・山立猟師鉄砲持判・染師・室師・漆木役についても、藩の規定通りに役代が賦課されていることがわかる（他の年代も同様[46]）。

また、大工役・室師役は天保四年（一八三三）、屑屋根葺役は同六年、染師役は同八年までで負担が途絶えている。この事情について、屑屋根葺役を負担していた権太夫と室師役を負担していた源吉は、天保一二年には「無行衛」となっていることが確認できる[47]ことから、飢饉の影響で没落し、役負担が不可能になったと考えられる。他の例に関しても、直接的であれ間接的であれ飢饉の影響を想定しうるのではないだろうか。

染師	室師	漆木	御在国御八百屋内外御雇高	合計	典拠
700文（葉右衛門）	4貫文（源吉・左蔵）	1貫432文	152文	21貫334文	追1217天保三年分西磐井小猪岡諸役御改帳
700文（同上）	1貫文（源蔵）	1貫432文	152文	17貫935文	追1231西岩井小猪岡諸役御改帳
700文（同上）		1貫432文	152文	16貫285文	追1233天保五年分小猪岡諸役御改帳
700文（同上）		1貫432文	152文	15貫785文	追1239天保六年分小猪岡諸役御改帳
700文（同上）		1貫432文	157文	15貫310文	追1243天保七年分西岩井猪岡村之内小猪岡諸役御改帳
金4分1厘2毛（同上）		金8分5厘9毛	金9厘2毛	金8切9分3厘5毛	追1248（天保八年分西岩井小猪岡御雇高及び諸役御改帳）
		金8分5厘9毛	金9厘2毛	金8切2分2厘9毛	1167西岩井猪岡村之内小猪岡諸役御改帳
		金8分5厘9毛	7厘2毛	金8切2分9毛	追1263天保拾弐年分西岩井猪岡村之内小猪岡諸役御改帳

以上のように、天保飢饉時の小猪岡では、諸営業の縮小によって諸役負担額がしだいに減少していく傾向がみてとれる。ただ、一方で木挽や山立猟師、漆木といった比較的役代が多額な役種の負担は、藩の規定に沿う形で飢饉中も継続している。山林資源を利用したこれらの生業は、小猪岡の基幹産業として住民の貴重な金銭収入源となっていたと考えられる。

2　小猪岡の諸償負担状況

近世の百姓は、領主に納める租税のほかに村の運営に関わる経費をも負担した。貨幣化した領主夫役や年貢入用の際の必要経費、村役人給・村役人出張費・自普請費用・寄合費

表2　小猪岡の諸役負担状況

	百貫夫	犬	木挽	屑屋根葺	大工	山立猟師鉄砲持判	産女川小又川并端沢迄小魚漁
天保2年(1831)	3貫520文	780文	1貫500文(養太郎・左蔵ほか計6名)	250文(権太夫)	1貫300文(平五郎・四郎八・弥右衛門)	7貫500文(左蔵・長右衛門ほか計15名)	200文（伝作)
天保4年(1833)	3貫520文	780文	1貫750文(同上)	250文(同上)	650文(平五郎・四郎八)	7貫500文(同上)	201文（同上)
天保5年(1834)	3貫520文	780文	1貫750文(同上)	250文(同上)		7貫500文(同上)	201文（同上)
天保6年(1835)	3貫520文	780文	1貫250文(養太郎・利右衛門・半十郎・治太郎)	250文(同上)		7貫500文(長右衛門・治郎八ほか計15名)	201文(同上)
天保7年(1836)	3貫635文	810文	875文(養太郎・利右衛門・半十郎)			7貫500文(同上)	201文(幸右衛門)
天保8年(1837)	金2切1分3厘8毛	金4分6厘5毛	金4分4厘1毛（養太郎・半十郎)			金4切4分1厘（同上)	金1分1厘8毛（同上)
天保9年(1838)	金2切1分3厘8毛	金4分6厘5毛	金4分4厘1毛（不明)			金4切1分1厘6毛（長右衛門・作蔵ほか計14名)	金1分1厘8毛（不明)
天保12年(1841)	金2切1分3厘8毛	金4分6厘5毛	金4分4厘1毛（養太郎・半十郎)			金4切1分1厘6毛（作蔵・平兵衛ほか計14名)	金1分1厘8毛（小平治)

※諸役代のカッコ内は負担者の人名。天保9年は史料破損につき人名の一部が不明。

用等の（狭義の）村入用といった、村を通じて百姓が負担した年貢（本途物成）以外の諸々の入用は（広義の）村入用と呼ばれた[48]。同様に、一郡の運営に関わる諸入用は一郡入用などと呼ばれ[49]、やはり百姓の負担であった。

仙台藩ではこうした入用は「償《つぐない》」と称された。償の制度面に関する研究成果は乏しい[50]が、代表的な償代としてあげられるのは、役人らの廻村時における卯時（付添いの人足）等の饗応・賄代である[51]。近世後期にはこの償代が百姓にとって過重な負担となっており、藩の寛政改革では、郡村役人の減員が打ち出されたが、結果的に負担の軽減効果はなかったという[52]。

槻山家文書によると、償には毎年同費目をほぼ定額負担する「定償」と、臨時的負担に相当する「不時償」があった。例えば、天保三年（一八三二）の定償をみてみると（【表3】）、肝入の業務にかかる経費や組頭の給分、小触や廻文持夫といった人夫代、さらには一郡償などが小猪岡の負担費目であった。償代は合計一七〇貫九八四文に上るが、このうち一四三貫八一七文が高割、二七貫一六七文が人頭割で住民に割り当てられている。文政一二年（一八二九）の場合[53]と比較すると、一郡償（夏冬）・御物成償で計三貫四〇文の増額となっている以外は負担額に変化はない。

天保飢饉時における小猪岡の償負担であるが、定償については、【表3】の典拠史料中に「天保三年より末三ヶ年定請償ニ被成下」とあることから、同四・五年も同額での負担が継続したようである。ただし、不時償関係の史料の表題に『西岩井猪岡村之内小猪岡天保三年より同五年迄定償之内不時見詰を以御聞判申受候分受払御勘定目録[54]』とあることから、どの費目かは断定できないが、定償代の一部が不時償代に組み込まれていたとみられる。天保六年（一八三五）から同八年までは、具体的な費目は不明だが、年間一七〇貫七五八文が取り立てられていたことを示す史料が残されている[55]一方、同時期の不時償関係の史料によると、天保九年には、同八年分の一郡償の不足分、同九年七月までの一郡償代が不時償に組み込まれて計上されていることが確認できる[56]。

不時償は、【表4】の如く、飢饉時においても連年の負担継続を確認することができる。一見して明らかな通り、臨時的な経費だけあって実費の合計額には年によってばらつきがみられるが、実際には不時償代は「取立代」として毎年ほぼ定額を負担する形になっていた。同時期の不時償関係の帳簿は三・四年ごとに作成されており、実費との間

一郡償（夏）	一郡償（冬）	御物成償	合計
14貫87文	18貫824文	2貫147文	170貫984文

表3　天保3年（1832）の小猪岡の定償負担状況

肝入四銭懸	肝入筆紙墨代	小触雇代	組頭8人給分	御廻文持夫雇代	肝入御用代	百貫夫昇増代
11貫720文	13貫330文	23貫500文	41貫283文	15貫文	12貫167文	18貫926文

※出典は、『天保三年ヨリ来三ヶ年西磐〔　〕猪岡村之内小猪岡万償御閏判取帳』（槻山家文書追加1235号）。

に生じる過不足は定期的に清算されていたと推測される。小猪岡にとって最も大きかった負担は、藩の役人や大肝入が廻村、宿泊する際に生じる賄代である。また、人夫の増員にかかる経費（御買夫等昇増代）の負担も過重であったとみられる。取立代額は天保六年以降減少しているが、実費額は天保四年（一八三三）・同七年は前年に比して減少しているものの、同九年は比較的高額である。

償の負担状況の全貌は未だ不明瞭な部分があるが、定償・不時償共に天保飢饉時においても大幅な減額措置はとられることなく、小猪岡住民に負担として課せられていたと判断できよう。

おわりに

本稿では、天保期の村を対象に、年貢・諸役・償の負担動向を明らかにしてきた。分析をまとめると共に、冒頭で示した飢饉時における地域の耐性の検討というねらいに関して、村の貨幣と藩の年貢制度という二つの観点から考察を行ってみたい。

まず、村の貨幣の意味について述べたい。天保飢饉時の小猪岡では、凶作の影響が深刻で米納年貢は皆無に近い状況であったと考えられる。一方、貨幣納（金納・銭納）は詳細不明な天保四年（一八三三）と同一〇年を除いて毎年確認することができた。さらに、諸役負担面でも、やや減少傾向がみられるものの貨幣での役代負担が継続的に確認でき、償面も、役人等への賄代等は住民にとって重荷であったと思われるが、同様に負担の継続が確認できた。飢饉時においても、貨幣であれば諸々の負担が可能であるという村内の社会経済状況が明確に浮かび上がってこよう。

諸負担能力を、村の経済力をはかる指標であると考えると、天保期の小猪岡には、飢饉においても負担を賄えるだけの貨幣の蓄積があり、住民にはそれを可能にする融通の途や収入源が備わっていたということになる。このことから指摘できるのは、住民自身が米などの農作物を収穫することができず、耕作を放棄せざるを得ないような状況に直面しても、他地域からの食糧購入により、大量の死者が出るような決定的な飢餓状態の招来を阻止できる存立構造が小猪岡で構築されていたのではないか、ということである。貨幣獲得の方途について、飢饉時における藩からの拝借の実態や地域的な融通組織の具体的解明は今後に委ねられるが、既述の如く、木材加工や狩猟といった所与の自然環境をいかした生業がその源の一つになっていたと考えることができよう。市場経済の拡大が食糧難、ひいては飢饉を招来する背景として大きなウェイトを占めていたことは否定できないとしても、いざ飢饉状態に突入した際に、その市場経済、より具体的には貨幣や流通機構の存在が食糧難を克服するために果たした役割についてもこれから検証される必要があるだろう[57]。

糯米等御割付元米相払差引買納継代	一郡償取立不足	一郡償	御用立過大肝入取替分	合計
1貫912文				48貫769文
1貫960文				31貫8文
1貫962文				21貫635文
530文				52貫388文
				19貫193文
107文				9貫987文
	6貫732文	4貫36文	4貫896文	50貫521文

受候分受払御勘定目録』（槻山家文書追加1238号）、同6～9年が
目録』（槻山家文書追加1251号）。天保3年の合計は史料では「47

表４　小猪岡の不時償負担状況

	取立代	実支出費目				
		役人等賄代	諸品御割付物諸役高割分	諸品御割付物御雇高割分	御厩敷藁代	御買夫等舁増代
天保３年(1832)	43貫442文	10貫446文	16貫470文	２貫466文	118文	17貫357文
天保４年(1833)	43貫442文	９貫933文	５貫490文	２貫330文	108文	11貫187文
天保５年(1834)	43貫442文	12貫70文	５貫606文	１貫938文	59文	
天保６年(1835)	33貫804文	25貫68文	５貫609文	２貫89文	60文	19貫32文
天保７年(1836)	33貫804文	11貫２文	５貫782文	２貫351文	58文	
天保８年(1837)	33貫804文	５貫780文	２貫923文	１貫147文	30文	
天保９年(1838)	33貫804文	14貫文	４貫740文	３貫726文	18文	12貫373文

※出典は、天保３～５年が『西岩井猪岡村之内小猪岡天保三年ヨリ同五年迄定償之内不時見詰ヲ以御聞判申
『西岩井猪岡村之内小猪岡天保六年ヨリ同九年迄四ヶ年〔　〕償之内不時見詰ヲ以御聞判申請候分請払御勘定
貫869文」となっているが、計算が合わない。

もっとも、本稿はこの事例を以て、「貨幣さえあれば飢饉を乗り越えられる」といった浅薄な貨幣万能論を説きたいわけではない。先述の如く、小猪岡でも死者は発生しており、天保飢饉で被害が甚大であった三陸沿岸部でも、海運の発展等により従来から相当な貨幣の蓄積があったと考えられる。地域において、飢饉回避のポイントとなるのは流通面を含めた産業構造のバランスである。農業人口の減少が食糧不足を招く危険性をもつ反面、農業中心社会は凶作に対する脆さを孕んでいる。一方で、貨幣の蓄積があっても穀物を入手するルートがないか、あるいはそれが機能不全に陥れば、当然飢饉は招来されよう。この点、多元的な産業構造とそれを成り立たせる流通機構を有する地域は、凶作時に「穀物も貨幣もない」という最悪の状況を回避することができる。本稿で主張したいのは、小猪岡はこの「最悪の状況」を免れていたのではないか、ということであり、飢饉時における地域を産業構造のバランスという観点から分析することが必要ではないか、ということである。

次に、藩の年貢制度と飢饉について述べたい。仙台藩において、年貢量の多寡を決定する大きな要素は銘と引方であった。

飢饉時には、凶作に配慮し銘下げによって米納年貢負担を軽減するという方法もとり得たが、実際に銘下げ措置がとられたのは僅かな田高に過ぎなかった。飢饉時に主としてとられたのは、引方を多く設定する対応策だったのである。引方は、村側百姓の検見（内見）の結果を重要な判断材料として決められるのであり、最終的な決定権は藩側にあるとしても、そこには村側の意向が強く反映されていたといえる。本稿で提示した史料から、このような引方の決定方法は一八世紀中から実施されていたことがわかり、管見の限り、小猪岡では、飢饉時以外でも銘には大きな変動がなく、引方の調節によって年貢量が決められていたことも明らかである。年貢量設定の実質的な主導権を村側がもつ藩の年貢制度により、凶作時の大幅な年貢減免措置が可能となったのであり、こうした制度自体が飢饉の被害拡大を抑制する機能をもっていたと理解することも可能ではないだろうか。

前述の通り、近世における飢饉対策として、近年は藩による救済以外に地域側による備荒貯蓄などの救済システムの分析が進められている。このような飢饉の経験から生み出された新たな社会制度への着目も当然必要だが、加えて既存の領主支配の仕組みや地域秩序の維持を担ってきた諸制度の飢饉時における機能をより具に検証していくことにより、領主と地域の飢饉対策を総合的に把握することが可能になるだろう。

〔註〕

（1）菊池勇夫『近世の飢饉』（吉川弘文館、一九九七年）一六二頁。本稿で対象とする仙台藩の被害については、同『仙台・江戸学叢書一六　仙台藩と飢饉』（大崎八幡宮、二〇〇八年）、同「打ち続く飢饉」（第一節・第二節、仙台市史編さん委員会編『仙台市史通史編五近世三』仙台市、二〇〇四年）、青木大輔「疫癘志」（宮城県史編纂委員会編『宮城県史二二（災害）』宮城県史刊行会、一九六二年）などを参照のこと。

（2）菊池前掲註（1）『近世の飢饉』、および児玉幸多ほか編『江戸時代の飢饉』（雄山閣出版、一九八二年）、荒川秀俊『饑饉の歴史』（至文堂、一九六七年）など。

（3）菊池前掲註（1）『近世の飢饉』一四二・二四五・二四六頁、同「享保・天明の飢饉と政治改革―中央と地方、権力と市場経済」（『飢饉から読む近世社会』校倉書房、二〇〇三年、初出二〇〇一年）。

（4）菊池勇夫「近世中期における救荒システムの転換―仙台藩の宝暦飢饉を事例に」（前掲註（3）『飢饉から読む近世社会』、初出二〇〇〇年）。また、今村直樹「地域的公共圏の歴史的展開　熊本藩領の手永を事例に」（荒武賢一朗編『近世史研究と現代社会〈歴史研究から現代社会を考える〉』清文堂出版、二〇一一年）によると、熊本藩においては、天明飢饉時に自治的な地域結合である手永が藩にかわり窮民救済の主体となっていた。

（5）松﨑範子「窮民救済にみる社会政策の実現」（『近世城下町の運営と町人』清文堂出版、二〇一二年、初出二〇一一年）、栗原健一「近世備荒貯蓄の形成と村落社会―土浦藩『集穀』を中心に―」（『関東近世史研究』六三、二〇〇七年）。

（6）松沢裕作「備荒貯蓄と村」（『明治地方自治体制の起源　近世社会の危機と制度変容』東京大学出版会、二〇〇九年）。

（7）佐藤大介「仙台藩の献金百姓と領主・地域社会」（『東北アジア研究』一三、二〇〇九年）。

（8）槻山家文書の目録には、『槻山家文書目録』と『槻山家文書追加目録』の二冊があるが、本稿では前者からの引用の際には「槻山家文書―号」、後者からの場合には「槻山家文書追加―号」というように史料番号を表記する。

（9）菊池前掲註（1）『近世の飢饉』二〇五～二一四頁。

(10) 青木前掲註(1)「疫癘志」。
(11) 宮城県史編纂委員会編『宮城県史二七(風土記)』(宮城県史刊行会、一九五九年)。
(12) 仙台藩では貫高制が採用されており、土地の生産量や藩士の知行高は貫・文(一貫文=一〇〇〇文)で表示された。ただ、一貫文は一〇石に相当するため、本稿では史料の引用箇所以外は全て貫高を石高に改めて表記する。また、仙台藩では、金一歩を「金一切」と表記し、一切(一歩)=一〇分=一〇〇厘=一〇〇〇毛という単位表記で金を計算している。なお、金と銭の換算比率は年代によって異なるが、例えば『西岩井猪岡村之内小猪岡天保六年より同九年迄四ヶ年〔 〕償之内不時見詰ヲ以御聞判申請候分請払御勘定目録』(槻山家文書追加一二五一号)によれば、天保六年(一八三五)の相場では、一切=一貫六五〇文、もしくは一切=一貫七〇〇文となっている。
(13) 以後、本稿でいう「小猪岡」とは、小猪岡・水山・深立目の三つの端郷を合わせた区域を指すこととする。
(14) 『天保五年分西岩井猪岡村之内小猪岡切支丹宗門高人数御改帳』(槻山家文書二九二〇号)。
(15) 『天保五年分小猪岡諸役御改帳』(槻山家文書追加一二三三号)。
(16) 前掲註(14)『天保五年分西岩井猪岡村之内小猪岡切支丹宗門高人数御改帳』。
(17) 『天保拾三年分西磐井猪岡村之内小猪岡切支丹宗門人数御改帳』(槻山家文書二九二六号)。
(18) 『先調西岩井猪岡村之内小猪岡死亡無行衛等之者共取調左ニ申上候』(槻山家文書三〇二三号)。
(19) 鈴木省三編『仙台叢書別集二』(仙台叢書刊行会、一九二五年)。
(20) 『仙台藩租税要略』では、編纂の便宜上、雑税をさらに諸役と漁業に関する役などに分類して説明しているが、後述の如く小猪岡ではそれらを合わせて「諸役」として把握し、帳簿を作成している。本稿では、この点については村の実態に即し、雑税と諸役を同義の意味で使用する。

(21) 畑は茶畑とそれ以外の畑（平畑）に分けられた。正保二年（一六四五）には、茶畑では「茶之御年貢取申間敷」、平畑の本年貢を取ることとされているが（『仙国御郡方式目』〈仙台市史編さん委員会編『仙台市史資料編四近世三村落』仙台市、二〇〇〇年〉）、宝暦一一年（一七六一）には「茶畑は常式の高へ打入申間敷」（『仙台藩租税要略』巻一「百姓前其他諸定」の項）と定められている。小猪岡では、茶畑の存在やそこからの年貢収納の形跡は確認できない。

(22) 『仙台藩租税要略』は、この小役人足のほか、水下人足・御雇人足・遺捨人足などを合わせて、「人足」として把握している。

(23) 佐々木慶市「貢租制度」（宮城県史編纂委員会編『宮城県史二（近世史）』宮城県史刊行会、一九六六年）。

(24) 佐々木前掲註(23)「貢租制度」。

(25) このほか、小猪岡では、文化年間に設定される養賢堂相続料地二石二斗一升も引方とされている。

(26) 『仙台藩租税要略』巻二「年貢」の項。ただし、佐々木前掲註(23)「貢租制度」によると、八石銘もみられたという。

(27) 『仙台藩租税要略』巻二「御田地見」の項、及び『御田地見方御定の事』（江刺市史編纂委員会編『江刺市史第五巻資料篇近世Ⅱ』江刺市、一九七五年、三二七頁〜）、『肝煎以路玻伝書　地下記』（『東北歴史資料館資料集一二　解読肝煎以路玻伝書（下巻）』東北歴史資料館編集・発行、一九八五年、六八頁〜）など。

(28) 前掲註(27)『江刺市史第五巻資料篇近世Ⅱ』。この『御田地見方御定の事』は、享保一四年（一七二九）から元文三年（一七三八）までの田地見に関する規定や地方役人の間でやりとりされた上申・下達文書をまとめたものである。

(29) 前掲註(27)『御田地見方御定の事』。

(30) 『仙台藩租税要略』巻二「御田地見」の項。

(31)『仙台藩租税要略』巻二「御田地見」の項。
(32)『文政八年分西磐井猪岡村之内小猪岡御蔵入本地当不作御田地見入毛揃帳』(槻山家文書追加四九七号)。
(33)『文政八年分西磐井猪岡村之内小猪岡御蔵入本地当毛御改御物成極小割帳』(槻山家文書六九三号)。
(34)村側による引方の決定は、仙台藩において年貢量の決定に地域住民側が深く関与していたことを示す事実である。内見の導入過程とその意義についてはさらに史料を補足し、「一八世紀の検見制度改革と藩領社会—仙台藩を事例に—」(『歴史』一二二、二〇一四年)にて論じている。
(35)前掲註(21)『仙台市史資料編四近世三村落』。
(36)『仙台藩租税要略』巻二「簿書」の項。
(37)『仙台藩租税要略』巻二「年貢」の項。
(38)『天保十一年分西岩井猪岡村之内小猪岡本地当毛御改御物成極小割帳』(槻山家文書七一八号)。
(39)『仙台藩租税要略』巻二「簿書」の項。
(40)年貢は通常、夏と冬の二度に分けて納入されるが、御物成極小割帳にはその合計が記されている。
(41)この見方に立てば、飢饉時に御物成極小割帳がみられないのは、田の全てが引方として判定されたため、そもそも当該帳簿が作成されなかったためであると想定することもできる。
(42)『仙台藩租税要略』巻三の冒頭部。
(43)役種と役代については、『仙台藩租税要略』巻三のほか、前掲註(21)『仙国御郡方式目』、『御知行御定書』(前掲註(21)『仙台市史資料編四近世三村落』)、『四冊留』(宮城県史編纂委員会編『宮城県史三一(資料編八)』宮城県、一九六二年)などに収載されている。
(44)難波信雄「仙台藩の寛政改革—幕末藩政史との関連において—」(『東北学院大学東北文化研究所紀要』五、一九七三年)。

(45) このほか、諸役御改帳には記載されていないが、天保八年(一八三七)以降には紺屋役の負担も確認できる(槻山家文書一一五九号『天保八年紺屋灰御役代割分』ほか)。
(46) 百貫夫と犬役は、寛永二一年(一六四四)の『年貢御定』(『仙台藩租税要略』巻二「年貢」の項)の通りに賦課されている。木挽・屑屋根葺・大工・山立猟師鉄砲持判・染師・室師・漆木役は、『仙台藩租税要略』巻三「諸役」の項の一覧と照合した。ただし、役代額の表記については、小猪岡の諸役御改帳では、永楽銭高の「本代」と寛永銭高の「今代」が併用されているが、本稿では『仙台藩租税要略』の表記も含めて、すべて今代に換算して表記している(本代額を五倍すると今代額となる)。なお、金納となっている天保八年(一八三七)以降は照合確認がとれない。
(47) 前掲註(18)『先調西岩井猪岡村之内小猪岡死亡無行衛等之者共取調左ニ申上候』。
(48) 菅原憲二「近世村落と村入用」(『日本史研究』一九九、一九七九年)。
(49) 久留島浩「備中の幕領における郡中物代庄屋について」(『近世幕領の行政と組合村』東京大学出版会、二〇〇二年、初出一九八二年)。
(50) 千葉景一「仙台藩の地方支配機構」(渡辺信夫編『宮城の研究四近世篇Ⅱ』清文堂、一九八三年)などに概要が紹介されている。
(51) 前掲註(43)『四冊留』の「諸卯時諸償之事」で、こうした償について定められている。
(52) 難波前掲註(44)「仙台藩の寛政改革」。
(53) 『文政拾弐年西岩井小猪岡万償御聞判帳扣』(槻山家文書追加一二〇八号)。
(54) 槻山家文書追加一二三五号。
(55) 『天保六年ヨリ末三ヶ年西岩井猪岡村之内小猪岡定償取立高』(槻山家文書一三七七号)。
(56) 『西岩井猪岡村之内小猪岡天保六年ヨリ同九年迄四ヶ年〔 〕償之内不時見詰ヲ以御聞判申請候分請払御

勘定目録』(梘山家文書追加一二五一号)。

(57) 例えば、飢饉時に有力者から多額の献金が行われていたことは佐藤前掲註(7)「仙台藩の献金百姓と領主・地域社会」などから明らかであるが、今後は献上された貨幣の使途についてのより細かな検証が期待されよう。

〔付記〕

梘山家文書の利用をお許しくださった所蔵者の梘山隆氏に心から感謝申し上げる次第である。また、閲覧・撮影に際しては一関市博物館の職員の方々に格別のご配慮を賜っている。なお、本稿は、JSPS科研費二一三二一〇一三五、二三七二〇三一三の助成を受けたものである。

天保七年の伊達騒動

飢饉下の仙台藩主・伊達斉邦と重臣・「世論」

佐藤　大介

はじめに

天保七年（一八三六）夏の天候不順により、陸奥国の仙台藩領は五十数年前の天明四年（一七八四）以上とも評された大凶作となった。秋以降は米穀不足により領民や城下町の下級藩士層に生命の危機が迫る中、一一月二六日、伊達家の最上級家臣「一門」三人が仙台城にて、藩主・伊達斉邦（一八一七～四一）と奉行（他藩の家老に相当）増田主計繁育（一七九〇～一八三八）の藩政運営に異議を申し立てた。

「天保の伊達騒動」とも呼ぶべきこの一件について、明治初期に編さんされた仙台藩の正史「龍山公治家記録」[1]には記載がない。上記の経緯は、仙台藩士・別所万右衛門（一七九八～一八四四）がその記録[2]に書き留めていたものである。しかし、実際には藩主の伊達斉邦自身や一門衆など、当事者の記録が数多く遺されていた[3]。飢饉という社会の決定的危機の中で生じた藩主と重臣層の対立という、後期仙台藩政にとっての重大な局面を通じて、江戸時代後期の大名家・藩官僚機構の頂点に立つ藩主や重臣層の現状認識と、それに基づき繰り広げられた政治的議論の歴史的特質について考えてみたい。

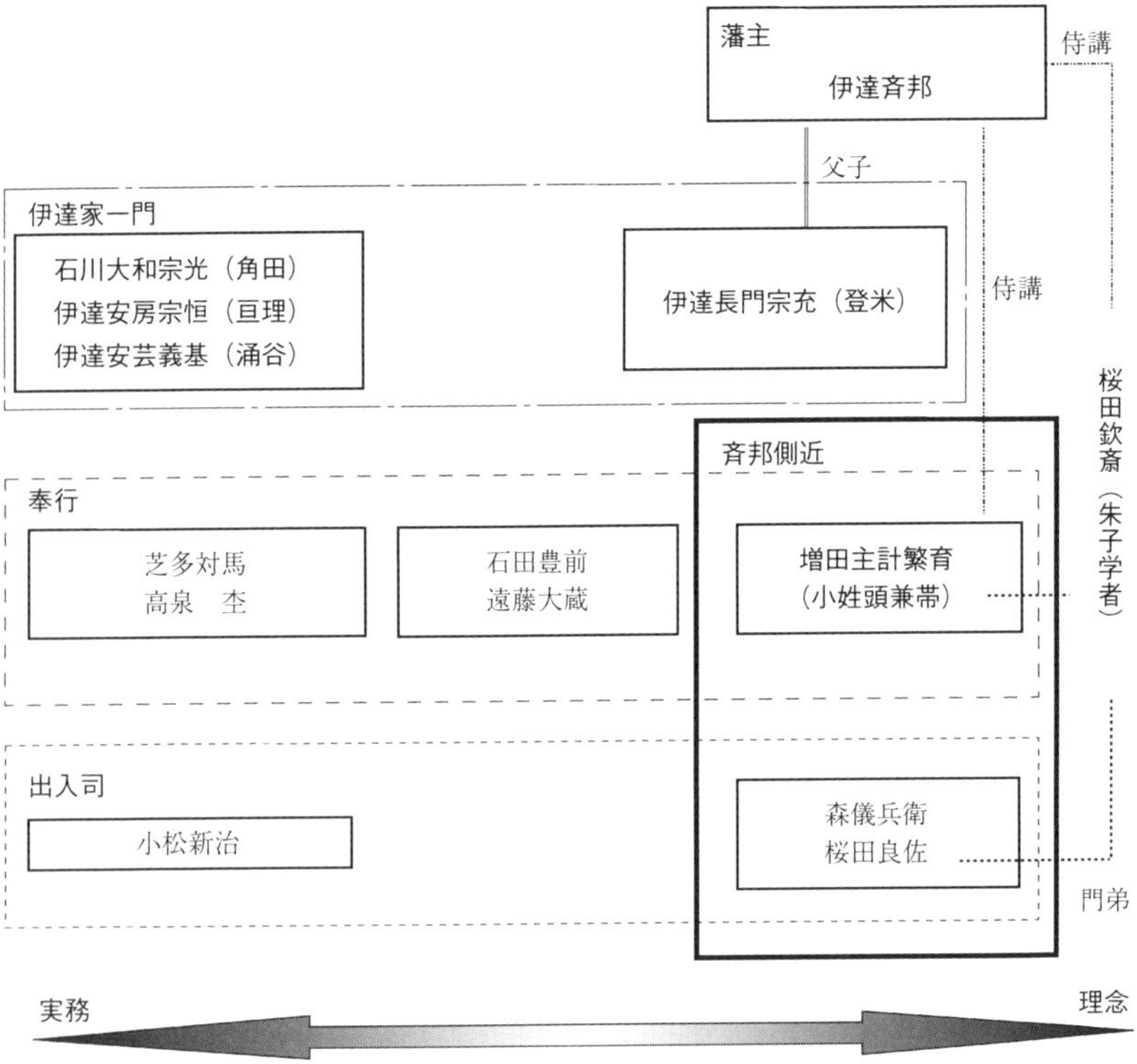

（図）主要登場人物　関係図（天保7年末～8年始）

本論での主な登場人物と相互関係を図に示した。仙台藩でも他藩同様、藩主を頂点とする家臣団と、藩主家の家政機構と領内の行財政を担う官僚機構が分離して存在した。諫言をおこなった「一門」とは、かつての南奥羽の戦国大名や藩主伊達家の分家筋の家柄にある、仙台藩伊達家の最重臣層である。彼らは江戸時代を通じて官僚機構の役職に就くことはなかったが、著名な伊達騒動（寛文事件）など藩政の大事において影響力を発揮していた(4)。天保七年冬、彼らはなぜ諫言を行ったのだろうか。

一　伊達家一門衆の危機認識―背景・その一―

天保七年一一月、仙台藩伊達家一門筆頭の石川大和宗光（一七九四〜一八四〇）は、陸奥国塩竈神社（宮城県塩竈市）への藩主代参のため、所領の角田（宮城県角田市）より仙台城下の屋敷に到着した。そこで石川は、領内の百姓、城下町町人、さらには藩士までもが生命の危機に瀕するという、角田での風聞以上に危機的な状況を目の当たりにする。同一七日夜には、仙台城下に在府中であった同じ一門衆の涌谷（宮城県涌谷町）領主・伊達安芸義基（桂園、一八〇八〜四一）へ、同二三日には登城して伊達斉邦に拝謁したその足で、前日に所領の伊具郡亘理（宮城県亘理町）から仙台城下の屋敷入りした伊達安房宗恒（一八〇三〜六〇）とを訪問している。この際の三人衆の協議内容については、石川が斉邦の実父・伊達長門宗充に宛てた一一月一九日付（A）[5]、同二四日付（B）[6]、および一二月二二日付（C）[7]の三通の書簡から知ることができる。以下、これらの内容を再構成しつつ検討する。

1　「御仕法替」による危機―人事と財政―

三人衆は、斉邦による「御仕法替」が、飢饉状況における様々な危機の根元だと認識していた。石川は、斉邦がそれまでの「旧法」を改め、人事を家格にとらわれず「不順」（後述）に実施して以来、「衆人」の「不安」が高まっていることを憂慮した。伊達安芸からも「（天保）四年以来」の「御仕法替」後に財政不安が深刻化し、目下「大飢渇の者」が多数出ているのに救済の手立てがないとした。それは、役人衆の間での「不和」が原因であるとの認識であった。伊達安房はさらに、斉邦から「御〆」[8]を仰せつかって以来、藩政に対する自らの「存慮」を二度ほど書面で奉行衆に申し送ったが、斉邦がその書面を「御披見」した様子もなければ、「御返答」も得られなかった。この状況を「御家臣」として黙止できないとして、結局斉邦に直訴を行う「存慮」となった。石川も、目下の状況は「御先代様」の治世では無かったことだと同意した。三人は目下の政治状況への危機感を共有し、藩主に直接意見すべき状況が到来したという認識で一致したのである。

三人衆が特に問題視したのは藩官僚層の不満であった。石川によれば、藩主の側役である小姓頭から登用された奉行の増田主計や、重臣層の監視役である近習目付[9]の熊谷忠左衛門と佐々布伊織ら、本来は藩主家の家政に専念すべき立場の者たちが行財政運営を専断しているとの批判が高まっていたという。斉邦が「御自筆」で発する通達は、実は「増田主計一統」の計らいであり、藩官僚の要職も増田一派が占めている。そのため諸役人は「粉骨砕身」して職務に当たるものがいなくなり、目下の政治運営を「誹謗」するばかりであったと批判したのである（C）。その例として、石川が一門衆との協議に先立つ一一月一八日、奉行の一人であった高泉杢の屋敷を訪ねた際の状況が挙げられる。石川が高泉に危機対応の状況を確認したところ、高泉は奉行職であるにもかかわらず、増田が「御替格方ならび御相続方一切之係り」となったため詳細を承知していない（C）と、職務放棄ともとれるような返答を受けた。三人衆は、増田自身も万策尽きて「退身」する意向だが、同役の奉行衆らが同意せず、「難事」を増田一人に押しつけているとの観測を示していた（B）。その結果、目前の危機に真剣に対応しているのは「御前」（斉邦）一人になり、結果的に斉邦の孤立が深まっていると判断していたのである。

2　領民に迫る生命の危機

天保七年の大凶作に際し、藩では七月から城下町の御用商人に資金調達を命じ、出羽や越後などでの他国米購入を進めていた[10]。さらに同年九月には、出入司（他藩の勘定奉行に相当）の桜田良佐を大坂に派遣している[11]。ところが、交渉では仙台藩が大坂の商人衆に「不義理」を行ったことを理由に、「一金」の融資も得られなかったという。交渉の行方は、桜田出発の時点で不安視されていたが、予想通りだったと石川は指摘する。その結果、資金調達は領内の富裕者からの献金徴募、家臣の扶持米削減以外に打つ手がない状況に追い込まれたと批判したのであった。

桜田は大坂で金八万両の資金調達を指示されたが、確保できたのは金九〇〇〇両にとどまったとされる[12]。この情報は天保七年一一月始めには仙台城下町に流布していた[13]。石川は、これで他領米確保の見通しが立たなくなったとの「恐敷御外聞」が流布したとする。そのため「近在」の百姓たちが食料を求めて仙台城下町をめざし、道中で命を落とした者の遺体が数知れない。さらに石巻（宮城県石巻市）など沿岸部では「無数」の者が飢えに瀕するなど、領民が深刻な生命の危機に瀕していたと指摘した。その在村の人々が頼みの綱としている仙台城下町でも、金融逼迫による混乱状況が起こっていた。石川によれば「相続柄」の町人はみな店を閉め、質物を預けたくても預かる者がいなくなったとする（C）。食糧不足と金融不安により、仙台城下町の住民もまた、生命の危機に直面していたのであった。

3　下級家臣たちの危機

さらに、仙台城下町に暮らす俸禄取りの下級藩士にも、飢饉状況は容赦なく襲いかかっていた。石川によれば、最下級の士分である大番組の藩士たちの中に「死へ赴」く危機に瀕する者が現れていた（A）。増田主計の「重職」就任後、藩のあらゆる備蓄米や備蓄金が遣い尽くされ、天保七年一二月以降の扶持米支給の見込みが立たない（B）。扶持米の削減や「米も一円に無之」ほどの食糧不足（C）で、来年の正月には「死人之山」ができるだろう（B）と、深刻な結末を予測していたのである。

以上のような現状認識を踏まえ、石川は「天変」が「人気」を動かし「兵革」（戦争）に及ぶ程の社会混乱が発生するとの強い危機感を示している。ところが、伊達家の武士たちは生命の危機で「弱り果」て、「決戦」どころか、食料購入のため武具を売り払ってしまった「裸武者」ばかりになっていた。石川は「誠に以て心細」い状況であると嘆いていた（C）。ここにおいて一門三人衆は、「御国家之不平」が頂点に達したと判断したのである。

天保七年秋時点の石川の現状認識は、仙台藩天保飢饉に関する従来の研究成果[14]からも基本的に妥当である。また同年秋の甲斐国や三河国での百姓騒動、翌年の大塩平八郎の乱を想起するなら、領内の「兵革」を危惧するその危機感は的を射たものであった。仙台においても「天保の危機」が現実のものとなっていた。石川は、直訴直前の一一月二四日付けの書簡（B）で、仮に斉邦の「御不興」を得ても、「重き存慮」を申し立て、聞き入れられれば「四民一統之為」となると自らの行動を位置づけている。身分を問わず全ての人々が生命の危機に直面する中、生存保証という共通利益の代表者となることに政治的正当性を置いていたのである。一方、石川は「臣下は御国家の臣下」であるとの認識も示している。三人衆は伊達藩主家と、官僚機構が統治する領民および家臣団が暮らす所領の全体を別個の概念としてとらえていた。後者を「国」と見なし、それへの忠誠を誓う形で、藩主・伊達斉邦との関係を相対化したのであった。

二　斉邦側近の危機意識―背景・その二―

一門三人衆による藩政批判の焦点の一つは、奉行の増田主計であった。増田の政治的立場について確認しておく。

1　増田主計の登用

増田主計（天保六年に菊之助より改名）繁育は、仙台藩伊達家太刀上三三四石の増田八十次繁睦の嫡子として寛政三年（一七九一）に生まれた[15]。父の病気により文化五年（一八〇八）より名代として藩への出仕を始め、同一二年の家督相続後は藩主家の儀礼に関わる職務を歴任している。文政一〇年（一八二七）の伊達幸五郎（斉邦）襲封に際し、同年一一月の江戸出府と、前藩主・斉義の遺骸の仙台下向の双方に随行している。文政一一年（一八二八）六月には「御近習目付列・御物置〆り係り役」、翌年七月には江戸藩邸での倹約令（「重き御倹約被　仰出」）に際し「詰合中御取締御取縮方御用係」、同一二月には「御懐守兼役仮役」（天保二年十二月「引切」（専任））、天保三年（一八三二）六月には「御小姓頭」となり役料五〇〇石、同四年正月に「御小姓組番頭」と、藩主側近の要職に任じられていた。

また、増田は仙台藩の朱子学者・桜田欽斎（一七七四～一八三九）の門人であった。[16]増田は斉邦らへの学問教授を勤めている。天保二年（一八三一）五月には若老衆より「当分」の間に斉邦の「御新読御相手」、同三年七月には、斉邦より仙台城の若老（若年寄）衆詰所での「御学問方係り」を命じられている。後年、増田の累進はその学識による（「若年より御勉学被成下候御益」）[17]と評されているが、一連の過程で斉邦から個人的な信頼を得たことが、学問関係の役職への重用の背景だった可能性は高い。

増田がいわゆる藩の「表」の行政機構に登場するのは、天保五年（一八三四）九月のことであった。御小姓頭のまま、出入司への就任を命じられたのである。このとき、同役の森儀兵衛（平士・四一六石）とともに「郡村方御取締・御取縮方」と、地方行政と財政緊縮を担当するよう下命された。この人事は、天保四年凶作への対応と深く関わっていた。江戸増上寺勤番中ながら、幕府の許可により仙台に戻った斉邦は、藩士や領民への救済策を進める一方、同年一二月二日、対策の失敗を理由に、前藩主代から政策運営の中心にあったと考えられる奉行・芝多対馬常煕[18]（着座　二〇〇〇石柴田郡村田）と出入司・小松新治[19]（平士　扶持高二両六歩あまり）を罷免した。翌五年一月、斉邦は森儀兵衛の「郡村等之儀」に関する献策を受け、向こう五年間の倹約令を発した。同年三月には奉行衆に対し、改めて人事（「撰挙」）と政務（「御国務」）を自ら「直々」に行う旨を通達している。[20]一連の過程の中では、芝多罷免の人事に加え、近習目付を通じた藩政への意見書提出を許可しようとする斉邦に対し、奉行衆が全員の辞職も示唆しながら強い異論を示していた。[21]斉邦はこれを退け、自らの下に政策決定に関わる権限を集中させようとしたのである。芝多と小松の罷免、さらに増田に「奥」の役職である小姓頭と「表」の出入司を兼務させたのは、そのことを象徴的に表した人事だったといえよう。

政策の全体像を解明する作業は今後の課題だが、本稿と関わって重要なのが、文化年間（一八〇四―一八）以来の蔵元であった大坂商人の升屋平右衛門を罷免したことである。天保五年一二月、増田は森とともに大坂に赴き交渉に当たった。罷免は「屋形様」、斉邦自らの意志で升屋の「不都合」を問題視したというのが当時の仙台藩内での観測だった[22]。増田、森は、新たに大坂商人米屋平左衛門を蔵元に登用した功により、一〇貫文（一〇〇石）の加増を受けた。しかし、同年七月には江戸藩邸で「おさな子（斉邦）を　だまして知行　取り増田　しのだの森と　人はいふなり」との落文が出された[23]。罷免は年少の藩主・斉邦を増田と森が抱き込んだ失策だと痛烈に批判したのである。実際、大坂商人との関係は、その後の災害対応にも影を落としていった。

2　天保六年の危機―大洪水・大地震と藩内世論―

天保六年（一八三五）、仙台藩領は相次いで大災害に見舞われる。六月二六日の大地震[24]と、閏七月六日の領内全域での洪水であった。同年閏七月以降に江戸藩邸で記された無記名の意見書には、災害をきっかけに斉邦側近への批判が激化したことが記される[25]。

天保六年時点、藩内では奉行以下の諸役人、果ては奥向きの物置方にまで「不服」が広がっていた。斉邦自らの「御世話」とは、実は斉邦の「御側」で「御評議相手」をする側近たちの「存慮」に過ぎないとの批判であった。その中で、奉行の一人・福原縫殿（準一家　八〇〇石／宮城県高城）が病気により辞意を表明するが、実は斉邦への「不服」の表明だと噂された。さらに斉邦が「御先代様より無之事」を行ったことが、大地震と大洪水を招いたのだという認識が広がったという。

いわゆる天譴論ともいうべき現状認識に対し、意見書では地震と洪水の被害は奥羽両国に及んでおり、「政態」や「人情」とは無関係であると一蹴している。とはいえ、災害を契機に極限まで達した政治不信により「如何様之破レ」が出るかわからないという強い危機感も表明していた。その上で、問題の根元は奉行衆の「不服」にあるとして、対応策が述べられる。

第一点目は、新たな人材として、石田豊前（着座　一〇〇〇石／黒川郡大松沢）と、下野佐野藩に出仕していた桜田良佐（平士　禄高二六石）の登用である。彼らの「忠義」と能力への評価が根拠であり、桜田については「同人（桜田）著述之書き物」[26]を増田が斉邦に披露していた。さらに桜田に関しては、登用が意見書筆者の「撰挙」だとの批判を予測しつつ、本人の「器量」が認められれば不満は収まるとまで評価していた。このとき、仙台領は年貢の減収、さらに天保四年の救済策で備蓄が底をつき、城下町では米価高騰により「門前端々の者騒ぎ」が生じていた。斉邦が下向しても救済は不可能だとして、両名が先行して国元に入り、状況を打開することを期待されていたのである。斉邦支持の藩内世論は、天保四年凶作への救済「成功」が大きな意味を持っていた。しかし、天保六年時点では十分な救済対応は不可能であった。対応の失敗は斉邦や側近への政治的評価を反転させる。天保七年に一門衆が示した批判は、すでに天保六年段階で現れつつあった。

第二点目は、奉行衆と側近衆との関係改善である。具体的には二つの方策が示された。一つは、斉邦が「御相手之者」からの意見を奉行衆へ諮問して内容を共有し、両者の直接の議論をうながすこと。もう一つは、斉邦の「此上なき御相手」となる石田と桜田の登用後は「御側御評議」自体を取りやめることである。意見書では、「人気不服の根」を絶たなければ、いずれ斉邦の相談に応じる相手がいなくなる。斉邦一人では「傾き懸」った「国家」の立て直しは難しく、これまでの「御自身御世話」が「水之沫（泡）」となるとの強い危機感が表明された。政策立案に関わる情報共有により藩主側近と奉行衆との関係を再構築して相互不信を払拭し、斉邦がそこでの議論に基づく政策決定を行うことで、その政治的立場の強化を目指したのである。

その一方、意見書は藩主親政を理想としていた。近年は奉行衆の裁可（「承順」）なしに政策決定ができなくなっていたと、斉邦による「御側御評議」実施が擁護される。さらに、本来は藩主の「思召次第」であるはずの人事（「御役人御撰挙」）について、例えば新たな奉行職の登用に際し他の奉行衆が「御吟味」を行うのは「全体不相当」だと批判している。奉行衆の「権柄」は「御近代」になってからのことで、「貞山様（伊達政宗）御代」から「御四代様（伊達綱村）迄」にはそのようなことはなかったとする。藩主の「御勢い」が「薄」くなっても、奉行衆が藩政を差配するのが「御先代様より之御願」であり、「御国政」のあるべき姿として正当化されてきた。それゆえ、親政を目指す斉邦に対し、奉行衆の「不服」が生じるのだと評したのである。

斉邦からの下問により記されたこの意見書だが、筆者は斉邦の「御幼少中」より側に仕え、「御高恩」で立身したとある。内容や履歴の整合性からみて増田主計であることは確実である。増田は天保六年二月から一年間の江戸勤番となり、同年一〇月には奉行職に任命されていた。仙台藩の全時期を通じて「太刀上」の家柄から奉行に就任した唯一の例であり、異例の登用であった。

増田は、藩祖・伊達政宗から、元禄期に積極的な政治関与を行った四代・綱村までを理想の藩主像として描いていた。[27]しかし現実は、藩主の影が薄くなるほど、奉行以下藩官僚主導の政治運営がなされていた。官僚機構による統治という江戸時代大名家の一般的な状況に加え、九代藩主伊達周宗（一七九六〜一八一二）以降、幼年藩主の就任と早世が続き、奉行衆が最終判断を担わざるを得なかったと考えられる、仙台藩固有の政治条件を反映したものでもあろう。増田の意見は、藩主「不在」下での藩政運営の経験に自負を持つ藩官僚層の意識と真っ向から対立するものであった。

一方、意見書では奉行・福原の慰留が重ねて主張される。他の奉行衆の不満と、一門衆の政治介入を招くというのが理由であった。藩主の主導権を強調する一方、奉行衆の不満を無視することもできない。藩主親政を志向する斉邦と側近衆は、藩官僚層、伊達家重臣衆との緊張を高めていたのである。

このような状況の中、仙台では天保七年の大凶作に直面した。斉邦は他領米購入などの対応策を進める一方、同年八月一六日に親書を発した[28]。飢饉以前からの社会不安と連年の凶作を自らの「不徳不才」によるものと自己批判した上で、「宝暦以前」への回帰を掲げ、一層の倹約の実施を指示した。さらに藩士層に加え「下賤之者」にまで、藩の「財用之儀」や斉邦自身の「不行届之儀」に対する意見上申を許可した。身分を問わない政治的議論を解放したのである。このことは、斉邦に批判的な立場にある者たちの活動に根拠を与えることになった。石川大和ら伊達家一門衆が動き出したのである。

三　対決――一門三人衆と斉邦の議論――

直訴の日の早朝、石川大和は藩祖・伊達政宗の墓所・瑞鳳殿に参詣した[29]。その後、朝五つ半（午前九時）、石川大和、伊達安房、伊達安芸は仙台城の二の丸に登城した。三名は昼九つ時過ぎ（午後一二時）に人払いを求め斉邦に面談、城内の詰所に戻ったのは昼八つ半（午後三時）であった[30]。ここでの議論を、斉邦は同年一二月六日付の書簡で、実父の伊達宗充に詳細に伝えている[31]。それぞれの主張を検討しよう。

1 「風唱」への対応―増田主計への評価―

一門衆は、増田の不評による藩政への悪影響を理由に、その罷免を強く要求した。伊達安房は、増田には「人望」がない上、「無類之風唱」（悪評）が立っている。さらに増田が一人で政事を取り計るために「不行届」が続くと批判した。斉邦は同年八月、増田に「御財用方・御郡村方御用係」および「非常御省略被仰出御改革方御用係」を、翌九月には「米穀払底ニ付四民御救助方御用係」を命じ、財政、民政、飢饉対策に関する全権を集中させた。伊達安房はそのことが藩内の非協力を招き、結果的に政策が行き詰まったと評したのである。

これに対し斉邦は、増田批判の「風唱」の「根元」を問いただした。すると石川大和は、増田個人の問題より、役人一統が増田に不満を持っていることが問題であると返答した。斉邦はこれに強い不快感を示し、根拠のない「風唱」に基づき奉行を罷免することは「和漢古今」にも無いと反論している。同時に、増田の登用は奉行が「同役中吟味」の上で斉邦に諮問されたのであり、「不行届」の責任は斉邦と奉行衆全体にあると、増田を擁護したのである。

一方、伊達安房は、大坂での資金調達失敗の根本は、升屋罷免の張本人である増田と森儀兵衛が重役にあることだと主張した。これに対し斉邦は、升屋罷免は「不正」が原因であり、さらに決定は増田らの独断ではなく奉行衆と出入司の議論を経て（「奉行中、出入司一統吟味相尽」）した上での対応だと反論したのである。

斉邦は一門衆からの批判に対し、自らの政治判断が一部の側近衆との議論ではなく、奉行衆や出入司といった藩官僚の最上位における議論を踏まえたものだと強調した。これは、天保六年意見書で指摘された斉邦専断への批判を強く意識したものであった。とはいえ、天保四年以来の斉邦と奉行衆との関係を踏まえるなら、藩官僚の合議を自らの主張の拠りどころにすることは、斉邦の苦しい立場を示すものでもあった。

2 「上」と「下」・「人望」と「人柄」—人材登用と世論対応のあり方—

続く伊達安芸と斉邦の間での議論は、当時の仙台藩政が直面していた、多様な政治的意見への対応をめぐる立場の違いを示すものであった。

伊達安芸が「幾応」にも主張したのは次の点である。「政事」は「下之為」に行うものである。人事は「下之志」をくみ取り、「人望」のあるものを登用すべきで、増田のような「家柄ニも無之者」を登用して「御用」を任せるのは問題である。「一統」の「気然」にもかかわり、増田を「怨」んでいるので即罷免すべきである、と。これに対し斉邦は「一向不相分」と真っ向から反論した。「改は上より出、下にて其れを守」るのが「常道」であり、伊達安芸の主張は「甚だ逆道」である。「下」にていかなる「風説」があっても、人材は「人柄」により登用するもので、たとえ「人望」があっても「人柄」なき者は重用しないというものであった。

ここでの「上」と「下」との関係について、「下」とは、前述の斉邦直書を前提とすれば、藩士と領民、すなわち仙台領に暮らすすべての人々を指すと考えられる。伊達安芸の主張する「人望」とは多くの人々の支持といった意味であろう。これに基づく人材登用こそ「下」の意見を反映する象徴だとの論理であった。

これに対し斉邦は「人柄」という価値観を「人望」に対置している。「人柄」とは、その人物自身の能力という意味であろう。表面的な「人望」に左右されず、あくまで能力主義による人材登用を行うことが重要だとしたのである。

「上」、すなわち斉邦が命じる「改」に「下」が従うべしとの主張は、一見すると自ら発した直書の趣旨と矛盾している。しかし、これは多様な意見を前提に、その取捨選択による政策決定の責任はあくまで藩主にある、との立場を示したものだと考えられる。「人望」に基づく政治運営を「逆道」と批判するのは、多数意見への迎合が、真に能力のある者や少数意見の埋没につながる危うさを認識したものだといえる。斉邦の増田擁護は、自らの立場の正当化や個人的な関係以上に、斉邦自身の保証が、人材登用や少数意見の提示と議論といった活発な政治状況を生み出す条件となることを認識していたことを示すと積極的に評価できる。斉邦や一門衆はいずれも世論への対応を強く意識していたが、その政治的立場の違いを反映して、対応は全く異なるものだったのである。

かくして、斉邦と三人衆の議論は決裂した。斉邦は三人衆の対応を「国の柱石」たる立場にありながら「取留もなき」ことと一蹴した。怒りをあらわにする三人に対し、斉邦は自論は「君位」の立場で「如何様にか御国家御為」になると判断してのことであり、「実事」なき批判には一切応じないと言明した。一門衆から斉邦の発言への意見を問われた奉行衆は、「風説」に基づく意見は「御粗忽の至」りだと、斉邦の見解を追認するのみであった。

斉邦は実父宗充に対し、批判にも自らの心は「鉄石」の如く揺るがない、との決意を示している。さらに同年一二月、斉邦は増田の家格を「太刀上」から一つ上の「着座」に引き上げた。家格を根拠とする増田批判に対し、江戸時代を通じて数多くの奉行を輩出した「着座」に上昇させれば問題なかろうという、斉邦から一門衆への痛烈な返答であった。斉邦は、親政による危機対応という政治的意志をあくまで貫徹しようとしたのである。

3　諫言後の一門衆

斉邦に退けられた一門三人衆は、なお働きかけを続けた。石川大和は一二月五日付けで、一読後は火中に投じるよう記した書簡を伊達宗充に送った[32]。第一節での現状認識を前提に、斉邦の「御我意」は側近の「佞奸之者共」の影響だと嘆じている。直接的な表現を避けつつ、なお斉邦による藩政批判を続けていた。その上で石川は、藩政の末路を警告した。混乱が江戸や他国に知られれば「御外聞」にかかわる。「五拾万人」が「死に至」る前に「せめては三拾万人も助け」たい。領内の広大な田地の荒廃をもたらす「御百姓之死」は、増田ら「一人二人の御役人」の処遇には代えられない。百姓の生命と耕地の損失は「御先代様」に対する「御不孝」だと主張したのである。「御外聞」とは、文字通り江戸や他地域における斉邦の評判だと考えられる。天保飢饉時には各地の作況とともに救済対応の情報も流布し[33]、各幕藩領主の動向が社会の各層で広範に比較検討される状況にあった。自藩の他地域での批評への対応が、政策運営での大きな規定要因となっていたのである。さらに石川の百姓衆の位置づけは、一八世紀以降に政治常識になったとされる「民は国の基」理念[34]に基づいていることは明らかである。この意識の共有を前提に、石川は伊達宗充へ、現状の政策が人々の生存を決定的に脅かしているとの批判を続けたのである。見方を変えれば、政策の最終決定は藩主の役割だという、斉邦の立場として至極当然な原則論に対し、石川は「民は国の基」理念というもう一方の原則論から反論するほど、対立が決定的になっていたといえる。

一二月一〇日には、伊達安房宗恒から仙台藩伊達家一門の八家に、廻状で直訴の事後報告がなされた。[35] 伊達宗充の手元に届いた時点で、水沢伊達家、岩谷堂伊達家、岩出山伊達家、白河家、三沢家の五家が、消極的ながら直訴の実施に同意していた。冒頭で紹介した一二月二二日付の伊達宗充あて書簡で、石川は「乍恐君上を誹謗申上段に到」ると、藩政批判が主君・領主である斉邦その人へ及ぶと警告している。斉邦の政治的立場は、一門衆による強制隠居（押込）の可能性も含め、決定的な危機を迎えていた。

四　収束へ―伊達長門宗充と石川大和の議論―

このような動きの中、対立の収束を図ったのが、斉邦の実父である伊達宗充であった。

1　伊達宗充の心情

伊達宗充は、実子が藩主であり、自らは伊達家一門の当主という立場にあった。石川大和が直訴の前から宗充に情報提供をしたのは、宗充による斉邦への働きかけを期待したものだったと考えられる。一方、斉邦からは三人衆の面談後に詳細な情報が寄せられていた。宗充は両者の意見を踏まえ調整を試みていった。

石川大和に対しては、一二月一一日付の同人あて書簡[36]の中で、三人衆が主張する増田批判、なかでも財政難や備蓄の枯渇（「御蔵之空虚」）の根拠を問いただした。「世上之雑説」や「悪説」のみに基づく批判なら大きな問題（「不容易」）である、との趣旨であった。一方、奉行の石田豊前へは、一二月一五日付の書簡[37]で奉行衆による関係修復を内々に依頼している。石田は天保六年の増田意見書で藩主・側近と奉行衆を取り持つ存在になりうると評価されたが、宗充も同様の判断を持っていたのであろう。

宗充は書簡の中で、諫言は斉邦の「御政体」を揺るがす重大な事態だと認識し、斉邦の政治的立場の安定には、批判の急先鋒である三人衆の面目を損なわない対応が不可欠だと判断した。一方、三人衆が今回の件を機に藩政への有益な助言を今後一切控えてしまうのは問題である（「面々切角申上候存慮之方ょりハ、一円御取上無之ては不本意相含、追々何様之義有之候ても、一円御為筋之義も不申上姿にも相成り候而も如何之様にも被存」）と、斉邦への補佐を引き続き期待する認識も示している。

とはいえ、斉邦が増田を理由もなく罷免すれば自らその非を認めることになる（「無品只々相除候様には、御前之御見当違」）。そこで三人衆に増田留任を「承服」させることが、斉邦の意志にも添い、かつ「下々」からの「悪説」も収めるのに必要だとしている。斉邦が若年ゆえの拙速な対応を進め「後悔」を残すことへの憂慮を表明している（「上にても御若様之御事、物事余り御速に御取行被遊候御事等にては、万々一も御後悔被遊候御事等被相出候様にては、此上恐入奉存上候」）。ここには、伊達家一門の当主として、藩主に諫言した三人衆の行動を是認する公人としての立場と、実子斉邦の政治運営を見守り、その政治的立場を擁護したいという父親としての心情という、二つの立場が現れていた。

決定的な対立の回避を図ろうとする宗充の配慮に対し、斉邦も「誠に御至当御義にて、無余義御義奉感服候」[38]と同意し、石田豊前ら奉行衆も「感服」したのであった[39]。

2　宗充と石川の議論

この間も、斉邦らによる飢饉対応は続いていた。斉邦が宗充に一二月一九日付で送った書簡[40]には、三人衆や一部の奉行の「不服」に心を痛めつつ、米は来年四月までの確保のめどが立ったことを報告している。次の収穫期までの食糧確保に向けて、徐々にめどが立ちつつあるという認識であった。信用不安に対しては、「甚指詰、防戦之術尽」きていると、依然として厳しい状況にあるとの認識を示しつつ、増田主計や石田豊前に対応を検討（「吟味」）させていると述べる。危機回避の懸命な対応が続いていたのである。

一方、石川は、天保八年一月二八日付の宗充あて書簡[41]で、街道沿いの松並木の樹皮がことごとくはがされている状況（「道中通之松之皮もむき拂候」）を指摘しながら、救済に手が回らず手遅れになっている（「最早不行届」）と、改めて批判を行った。松の樹皮は、仙台城下町商人から勘定奉行に登用された佐藤助右衛門が、非常食として藩内に製法を普及した松皮餅の原料として使われたものである。助右衛門は一連の飢饉対応により、後に領民から「御助け様」と高く評価されるに至っている[42]。しかし石川は、これを飢饉対策の失敗の象徴として執行部批判の論拠としていたのである。その上で石川は、斉邦への再度の直訴をほのめかしつつ、宗充に在所から仙台への登府と、斉邦への内々での説得（「貴君様ニ而御内々能々御執計」）を依頼していた。

一方、前年一二月に奉行となった遠藤帯刀元良（宿老　三〇〇〇石）から宗充への報告では[43]、藩士への「扶助」および救済のための「御払米」に用いる米穀は、他領米購入により天保八年六月頃までの分についてめどが立ちつつあるとしている。「大造」の借財覚悟で米穀確保を最優先していること、資金が上方で調達できないため「渇々」に領内からの御用金を徴収（調達）する対応は、増田主計の専断による（「存慮之義専一」）としていた。このとき、仙台城下町では、扶持米取り藩士への支給が半額（「半高渡り」）だったことで騒動状況となり（「世間御扶持取、至極に騒動」）[44]、すぐ不足分を追加支給するという事件があった。とはいえ遠藤は、三人衆の直訴直後に比して徐々に情勢が落ち着いているとの認識も示していた（「去冬廿六日以来、兎角人気も引立候処、其後存之外穏に相成、当春に相成、先以穏に御座候」）。眼前の危機の一方、中期的には飢饉状況を乗り切れるとの認識を示したのである。

3　宗允の斉邦擁護―その論理―

結局、宗允は斉邦を全面的に擁護することとなった。天保八年二月に石川大和に送った書簡[45]では、三点を挙げて斉邦の対応を評価している。

第一点は、斉邦の食糧確保策への評価である。宗允は六月までの扶持米と町方への払い米に当てる米穀確保が確保されており、七月の麦の収穫期になれば穀物は「格別融通」となるとしていた。石田豊前や遠藤帯刀からの情報を根拠に、斉邦の対応を積極的に評価したのである。このことと関連して、宗允は政策評価の基準を示していた。天保七年凶作は「天明年中の凶作」に「倍」するものであり、「城下之四民」が「格別之死亡」に至らないことが最優先される（「無此上御事」）というものであった。領内最大の都市である仙台城下町の混乱を防ぐことを重視したのである。むろん、宗允が在村を切り捨てていたわけではない。宗允は所領の登米郡で、藩の登米郡郡奉行や代官と領民の救済に取り組んでいた[46]。食料生産地帯で、山林などでの非常食確保の可能性も高い在村に比して、より食糧危機に脆弱な都市住民への対応を優先すべきとの評価基準を示したのである。

また宗充は、天明飢饉当時の奉行職・中村日向からの口承を述べている。当時の「上」は、大番士や城下足軽への十分な扶助も、百姓衆への「一円御救助」も行わず、人々は石巻に入船した他国廻船が運んできた米で食いつないだ、としている。天明飢饉時には藩の債務解消をもくろんだ出入司・安部清右衛門による江戸廻米を契機に、城下町では打ち壊しが起こっていた（安部清騒動）[47]。それに比べ、今回は「四民共」に藩のこれまでの「御救助」で食糧確保の見込みが立っており、「格別不行届」とは思われないと反論したのである。

二点目は、石川が斉邦批判の根拠としている、「下々」による「誹謗」への評価である。宗充はそれらを「御救助」が行き届けば収まるとしたうえで、「下々」の言説へ批判を加えている。人々は「平年」でも「上之義善悪」を「誹謗」するものである。今回の「大凶歳」に際して「御恵」を受けていることを忘れ、「上」や役人衆の政治運営を批判するのは「下愚の習」で、取るに足らないことだとしていた。「誹謗」の具体例として「御家中、町家、百姓共」が飢えても「上之蔵」の備蓄を増やし、高利貸しを行い、役人は私腹を肥やし「其他は道路に死人を積」む、ということが挙げられる。ここから宗充が不利益を蒙る「下々」の具体像を「四民」、武士と百姓が一体として考えていることがわかる。領民の政策批判としては典型的な内容だといえる。一方、宗充は斉邦が飢饉対応において「去冬御取納米」を残らず「百姓夫食」としていること、「御家中数万人」救助のための他国米購入による「幾万之御費」により「上」が「御窮迫」していることは「如何成る下愚下賤之者」でも推察できるはずで、「誹謗」は「実に心得違」だとしていた。斉邦や藩当局による懸命の対応の背景をなぜ察しないのかという宗充のいらだちは、単に斉邦の実父という立場を超え、斉邦ら政策の担い手たちに、自己の生命維持における果てしなき責任を求める人々の信頼をどうしたら得られるのか、一連の危機対応を通じて本当に彼らの信頼を勝ち得ることができているのか確証できずにいる、為政者たちの苦慮を率直に述べたものであった。

三点目は、人事権はあくまで斉邦にあるという点である。宗充は増田ら「御近臣」への批判が当を得ているかどうか判断できないと断った上で、人事は「御政体之動」を考慮して判断するもので、登用した人物の「善悪」やその「御取捨の間」は「君上之御勘弁御持前」だと、斉邦が一門三人衆に示した藩主の意志こそ最優先との原則的な立場を追認していた。加えて宗充は、斉邦側近の増田や佐々布伊織にも高い評価を与えている。彼らと「懇意」ではないとしつつ、自分も石川と同様彼らの心中を推し量れないが、それは彼らが有能だからであり（「中々尋常之者共ニ無之」）であり、政策が「御為」か「御不為」になっても「他人ニ心底被見抜候者共に無之」という冷徹さを持っていると評した。ここに、為政者として一貫した危機管理能力を見いだしたのであった。

宗充は石川が求める斉邦との内談はもちろん、登米から仙台への出府も辞退した。自らの所領での飢饉対応に専念することが理由であった。宗充は石川宛書簡の最後で、所領の登米での「上より御手厚之御救助」を評価した上で、隣国の盛岡領で「御当国（仙台）の御仁政慕上」る「大騒動」があったと触れている。天保八年二月、南部領閉伊郡の百姓たちが斉邦の庇護を求めて仙台領に越訴したことを挙げ、斉邦の藩政を批判する「御外聞」があるとの石川の論を封じようとしたのであった。[48]

これに対し石川は、二月二八日付の伊達宗充への書簡でその現状認識を厳しく批判しつつ、もし宗充の言うとおりならば案ずることは何もない、「大慶至極」だとの、皮肉交じりの返書を宗充に送っている。[49]これを最後に、天保七年末以来の議論は沈静化したのである。[50]

天保八年四月中旬から下旬、津軽海峡経由で越後米八〇〇〇俵が宮城郡寒風沢湊（宮城県塩竈市）に到着した。城下の仙台藩士の一人別所万右衛門は、これで城下町の町人と藩士たちの救済にめどが立った（「右にてよふよふ町々諸士共に御救助間に合候事」[51]）と安堵している。すでに天保七年凶作では天明飢饉に比べて被害が一定度押さえられたと指摘されているが[52]、斉邦と増田が主導した他国米移入策により、仙台城下町の人々は生命の危機を脱したのである。

おわりに

「天保七年の伊達騒動」は、藩主・伊達斉邦による天保四年以降の政治運営への不満が、天保六年の洪水と地震を契機に高まり、天保七年大凶作でついに表面化したものであった。そこでは眼前の災害対応を超え、政策運営や藩主の立場をめぐる本質的な議論が繰り広げられていた。最後に、本論で論じ残した点にも触れつつ、まとめを試みたい。

1　一九世紀仙台藩の「世論政治」—論争の構図—

一連の政治過程における基本的な対立軸は、藩主・斉邦および側近衆と、前藩主代以来の藩官僚層、および後者を擁護する門閥重臣との対立であった。一連の過程を、江戸時代の武家社会における、個別の自立性を根拠に超越的な正義の判断権を留保し、主君に抵抗する[53]という政治構造の一事例と解釈することも可能であろう。とはいえ、より重要なのは一九世紀仙台藩における「正義」の内容である。

天保七年の議論は、「衆人」、「四民」、「下々」と表現される、飢饉下の生存を希求する①（特に下級）藩士、②城下町住民、③在方百姓から、「不服」、「風唱」、「誹謗」として、さらには④領外における仙台藩政の評判たる「御外聞」として、様々な形で藩主や重役・重臣層に突きつけられる政策批判、すなわち世論への応答のありかたをめぐるものであった。関連して、寛政期（一八世紀末）の仙台藩では、藩士層の意見書に、家臣・領民の「家」の存続保証を放棄した藩執行部に対し、両者を「衆人」として一体化し、共通利害を「不服」という論理で主張し、その政治責任を問う意識が芽生えていたとされる[54]。しかし、藩主の生存が最優先されたという寛政期と異なり、天保期には藩主・斉邦も、一門衆も、家臣と領民の成り立ちへの自らの責任を前提に議論を展開していることは本論から明らかである。すなわち、一九世紀前半の仙台藩における政策論争では、領民の意見を反映し、その生命を保証することが最大の「正義」となっていたのである。

一方、天保六年の意見書にある藩主の政治的立場の希薄化は、一八世紀末の藩主が農民層から実際の統治遂行者と立場を異にする統合のシンボルとして理解されていたという指摘[55]とも重なる。これに対し斉邦と側近衆は、最高統治者としての地位の「回復」を図っていた。そのことは、藩主自身が上述した様々な意見の矢面に立つことを意味した。さらに一門衆の批判を通じて、世論に対する政治責任さえ追及されたのである。実は、石川大和、増田主計、伊達宗充のいずれも、政策の失敗が斉邦自身（「君上」）やその政治体制（「御国家」、「御政体」）への批判に直結することを危惧する点では一致していた。

一九世紀仙台藩では、能動的な藩主・伊達斉邦が官僚機構を統御し、機構での意思形成を超えた政策運営を試みた。そのことで、斉邦自身の政治的立場が世論に大きく影響されるという、近代の世論政治とも共通する側面も生まれていたのである。とはいえ、斉邦個人は種々の批判に、最後はあくまで自らの政治的信念を貫くという強烈な政治的意志を示していたのである。

2　藩主・伊達斉邦の「改革」理念

飢饉対応と並ぶ大きな争点は、斉邦が推進していたという「御仕法替」、藩政改革をめぐるものであった。増田主計の登用はその象徴として評価されており、当事者たちの議論からも改革の存在は確実である。その全容解明は今後の大きな課題であるが、一連の議論の中で、斉邦が「改革」に際し依拠した政治理念の一端をうかがうことができる。

本論で述べた天保七年一一月二六日の議論で、斉邦は石川に増田登用の根拠を「論語、孟子、又ハ漢玄徳之弘明を用候事、并於日本は米沢之如来用候事、備前岡山にて了海を用候事、和漢古今之間相咄候」と主張していた。『論語』や『孟子』の知識に加え、自身と増田を『三国志』の劉備と諸葛孔明、さらには備前岡山の池田光政と熊沢蕃山（了海）、米沢の上杉治憲（鷹山）と細井平洲（如来）の関係に擬している。斉邦が儒学や中国の古典の知識に加え、一八世紀後半以降に書物の形で社会の諸階層に広範に流布した「明君（・賢宰）」像を受容し、模範としていた可能性を示唆するものである。

関連して、増田主計の師である桜田欽斎は文政五年（一八二二）に著した『経世談』において米沢藩の政治を評価し、細井平洲を範として経済よりも「教化」を優先させる政治の必要性を説いた[56]。斉邦は天保四年冬、当時まだ五巻構成だった『経世談』の写本を入手して「余稿」の提出を指示し[57]、翌五年四月一一日には御前での講義を命じている[58]。欽斎の思想は本書小関悠一郎論文が明らかにした、一八世紀中期以降の仙台藩実務官僚層に広がった「教諭」重視の政治理念の流れに位置づけられる。ところが、この時期の欽斎は文化・文政期の藩校養賢堂改革に反対し、要職から遠ざけられていた。[59] 藩校を中心とする学問状況からは「傍流」ともいえる桜田欽斎門下の藩士層が、斉邦の政治理念や現実の政策に大きな影響を与えた可能性は高い。そのことも、藩政批判の大きな要因であろう。

一方、斉邦の「理想」は、一門三人衆の容れるところとはならなかった。しかし、それは一門衆としての「守旧」や、彼らの「無知」によるものではない。実は、石川大和、伊達安芸は、それぞれの所領で斉邦に先立って改革を推進した政治的実践者であった。石川は文化年間以降、所領の角田で新田開発や殖産興業、窮民救済を実施する一方、郷校「成教堂」を開設、それらが藩内で高い評価を得ていた。[60] 伊達安芸は天保二年（一八三一）に領内名鰭沼の干拓による新田開発を実施し、天保四年には倹約、耕作奨励、学問と意見書の奨励を旨とする条目を発していた。[61] 天保七年の諫言は、自らの政治的実践に基づく批判だったとも考えられる。

すなわち、「天保七年の伊達騒動」のもう一つの側面として、政治理念と実践との関係をめぐる論争という性格を指摘できる。仙台藩「天保改革」は、小関氏やモリス氏が明らかにした、一八世紀後半以降の政策理念や生存保証を実現する政治のありかたをめぐる模索の一つの到達点だったと考えられる。ここに、石川大和、増田主計の双方とも理想化していた、藩祖・政宗以来の政治体制を理想視する、仙台藩固有の意識が関わって論争が展開されたのではないだろうか。後考を期したい。

3　その後―斉邦の苦悩―

天保八年三月、斉邦は宇和島藩主・伊達宗紀へ、政治運営における「教」（理念）と「富」（民政、経済政策）の関係を質している。[62]このとき、斉邦は他国米購入に伴う金融不安[63]への対応として、天保四年に罷免した小松新治の出入司再登用に踏み切っていた。[64]目前の政治課題に対し、実務派官僚を起用する「富」重視の現実路線へと転じようとしていた。斉邦が理念と現実の狭間で揺れる一方、この人事で政治的立場を失ったのが増田主計であった。増田は翌天保九年一月一八日、江戸藩邸にて切腹を遂げる。斉邦はその死を「御国家の御不幸」であり「犬死」と悲嘆した。[65]最も信頼する側近を失った斉邦が、その後の政策課題にどのように対峙したのか、稿を改めて明らかにしたい。

〔註〕

（1）　仙台市博物館蔵伊達家寄贈文化財（伊達家文書）。全一五巻（三冊）。

（2）　「天保凶歳日記」（東北大学附属図書館所蔵）。筆者編著『18～19世紀仙台藩の災害と社会　別所万右衛門記録』として全文を翻刻した。なお、本史料は毎日の気象記録の合間に、おおむね月三回（初旬、中旬、下旬）社会情勢が記されている。引用に際しては日付が明示されている場合はそれに従い、出来ない場合は「～月上旬」などのように記す。

（3）　登米伊達家文書。①東北大学附属図書館蔵、および②仙台市博物館寄託（菅野正道氏より教示を得た）。本稿では①を「東北大・登米伊達家文書」、②を「仙台市博・登米伊達家文書」とし、それぞれの館による整理番号を示す。
（4）『仙台市史』通史編3近世1（仙台市、一九九九年）、一五七頁。
（5）東北大・登米伊達家文書　一七―二―二―一。
（6）東北大・登米伊達家文書　一七―三―二―一七。
（7）東北大・登米伊達家文書　一七―二―二―四―一。日付は直訴後だが、それに先立つ三人衆の事前協議の内容について記している。
（8）石川もまた伊達安房、安芸の両名を「御〆之同役」と称していた（B）。この「御〆役」が、伊達家一門衆としての役割に対する自己認識か、「御仕法替」の一環として公的な立場を与えられたことを指すのか、今後の課題である。
（9）四代藩主伊達綱村の代に新設された（『仙台市史』通史編四近世二　八五頁）。
（10）『仙台市史』通史編5近世3（仙台市、二〇〇四年）、一一六頁。
（11）「天保凶歳日記」天保七年九月上旬の項（前掲註（1）所収）。
（12）平重道「仙台藩の勤王家桜田良佐」（同著『伊達政宗・戊辰戦争』宝文堂、一九七四年）。
（13）「天保凶歳日記」一一月上旬の項。
（14）菊池勇夫『近世の飢饉』（吉川弘文館、一九九六年）、前掲（1）拙著および註（10）書など。
（15）「増田繁育君御略歴」（仙台市博物館寄託増田家文書。水野沙織氏より教示を得た）。
（16）菊田定郷『仙台人名大辞書』（仙台人名大辞書刊行会、一九三四年）、「増田菊之助」の項。
（17）年未詳八月「桜田欽斎より増田主計あて書簡」（『源貞氏耳袋』二　所収）、内容から天保八年だと考えられる。
（18）生没年未詳。芝多は文化四年（一八〇八）の蝦夷地出兵に際して頭角を現し、文政六年（一八二三）は藩主伊達斉義より「財用」と「郡村の事」を委任されていた（『伊達世臣家譜続編』〈宝文堂、一九七八年〉一三六〜九頁）。

(19) 扶持高二両六歩・一二匁・五人扶持（「仙台府諸士版籍」『仙台叢書』六　復刻版　宝文堂、一九七一年所収）。小松は文政五年（一八二二）大坂大本締として、翌六年の升屋との議定書締結の交渉にあたった（『仙台市史』資料編2近世1　史料番号一四五）。その後、文政一一年出入司（役職は『仙台市史』（旧版）10所収年表／典拠は「六代治家記録」伊達家文書）。

(20) 『大日本古記録　伊達家文書之十』　史料番号三四二八。

(21) 註(20)に同じ。

(22) 「天保凶歳日記」天保五年一〇月六日条。

(23) 「天保凶歳日記」天保六年一月上旬の項。同年七月中旬の項にも再録されている。

(24) この地震は二〇〇一年、政府の地震対策調査研究推進本部にて、約四〇年周期で発生する「宮城県沖地震」の一つと認定されている。

(25) 伊達家文書二〇〇五―八（仙台市博物館蔵・伊達家寄贈文化財）。

(26) これは桜田が天保五年に記した意見書「可験録」（『日本経済大典』二八所収）だと考えられる。なお仙台藩では、少なくとも一八世紀後半から人材登用に際して意見書を執筆させ、それを基に重臣層が推挙する形をとっていた（J．F．モリス『近世武士の「公」と「私」―仙台藩士玉蟲十蔵のキャリアと挫折―』清文堂出版　二〇〇九年、第一章および終章）。

(27) 『仙台市史』通史編4近世2（仙台市、二〇〇三年）、八〇〜九二頁。

(28) 『大日本古文書　伊達家文書之十』史料番号三四三八。同書では天保一〇年に比定しているが、「龍山公治家記録」や別所万右衛門「天保凶歳日記」の記載から天保七年に発布されたものである。

(29) 仙台市博・登米伊達家文書一二四五—四—八—六—二。

(30) 東北大・登米伊達家文書一七—二—二—二七。登米伊達家の家臣と思われる杉田五郎左衛門から伊達宗充への報告書である。杉田は城中の情報を、伊達家一門・三沢家（胆沢郡前沢　三〇〇〇石）の家中から得たという。

(31) 前掲註(29)。なお、仙台市博物館蔵・伊達家文書二〇一三—三は本史料の下書である。本稿では前者を分析する。

(32) 東北大・登米伊達家文書　一七—三—二—三—二。

(33) 菊池勇夫「天保四年の奥羽飢饉聞書について」（宮城学院女子大学『キリスト教文化研究所研究年報』三六、二〇〇二年）。

(34) 若尾政希「幕藩制の成立と民衆の政治意識」（岩田浩太郎編『新しい近世史』五、新人物往来社、一九九六年）。

(35) 東北大・登米伊達家文書一七—二—二—二。

(36) 東北大・登米伊達家文書一七—二—二—四—二。

(37) 東北大・登米伊達家文書一七—二—二—五—二。

(38) 仙台市博・登米伊達家文書一二四五—二—八—四—二（天保七年一二月一九日　伊達斉邦より宗充宛書簡）。

(39) 東北大・登米伊達家文書一七—二—二—五—一（天保八年一月五日　石田豊前より伊達宗充宛書簡）。

(40) 前掲註(38)史料。

(41) 仙台市博・登米伊達家文書一二四一—一—二—七—四。

(42) 菊池勇夫「救荒食と山野利用」（菊池・斎藤善之編『講座　東北の歴史』第四巻『交流と環境』清文堂出

版、二〇一二年）、二五三〜七頁。
(43) 東北大・登米伊達家文書一七―三―二―三―一。
(44) 「天保凶歳日記」天保八年二月上旬の記事。
(45) 東北大・登米伊達家文書一七―二―二。なお仙台市博・登米伊達家文書一二四一―二―七―六―五も同内容である。
(46) 『大日本古文書　伊達家文書之十』、史料番号三四三三。
(47) 『仙台市史』通史編五近世三　九三〜九八頁。
(48) 森嘉兵衛『南部藩百姓一揆の研究』（法政大学出版局、一九七四年）、三一四〜三三一頁。
(49) 仙台市博・登米伊達家文書一四三一―四―六―七―六（天保八年）。
(50) 註(49)史料の端裏書に、以後便りがなくなった（「此後一円便無御座」）とある。
(51) 「天保凶歳日記」天保八年四月下旬の記事。
(52) 菊池前掲註(14)書。
(53) 笠谷和比古『近世武家社会の政治構造』（吉川弘文館、一九九三年）第三章（初出一九八四年）。
(54) J．F．モリス『近世武士の「公」と「私」　仙台藩士玉蟲十蔵のキャリアと挫折』（清文堂出版、二〇〇九年）、第一章および終章。
(55) 前掲註(53)モリス著書。
(56) 小関悠一郎『〈明君〉の近世』（吉川弘文館、二〇一二年）、二八五頁。
(57) 桜田欽斎「経世談」大尾の辞（『日本経済大典』八〈復刻版〉一九七八年所収）。
(58) 「龍山公治家記録」（仙台市博物館蔵、伊達家文書）四月一一日条。
(59) 鵜飼幸子「養賢堂の学制改革について―桜田欽斎、志村篤治の反論を中心に」『仙台市博物館紀要』3、一九八二年。

(60)『角田市史』通史編下(宮城県角田市、一九八八年)、九六～八頁、『大日本古文書　伊達家文書』八、史料番号二九五〇(中村日向景貞意見書)。

(61)『涌谷町史』上(宮城県涌谷町、一九六五年)、四七八～四八三頁。天保九年には郷校「月将館」を設置している(同前書)。

(62)『大日本古文書　伊達家文書十』、史料番号三四二二。なお本節で指摘する事項の経緯については前掲註(1)拙著、四二～四五頁を参照。

(63)『仙台市史』通史編五近世三、一二一頁。

(64)「天保凶歳日記」天保八年三月一日条。

(65)仙台市博・登米伊達家文書一一三五―七―五―一二―三―一。

〔付記〕
本稿の基になった史料調査に際し、登米伊達家現当主の伊達宗弘氏から多大な便宜をいただいた。末尾ながら記して御礼申し上げる。

第二部　東北諸藩と幕末政局

王政復古前後における秋田藩と気吹舎

慶応四年の「内勅」をめぐる政治背景

天野真志

はじめに

慶応四年（一八六八）一月、鳥羽伏見戦争が勃発する。当初の予想に反し旧幕府軍は諸戦で敗退し、新政府軍の「官軍」としての位置が鮮明化していく。その後、新政府は徳川慶喜以下旧幕府勢力を「朝敵」と規定し、それらの掃討を遂行していく。

新政府が「朝敵」処分を布告した直後の一月一六日、京都では出羽国秋田藩に対し、一通の内勅が降下される。

就徳川慶喜叛逆、為追討、近日官軍、自東海、東山、北陸三道可令進発之旨、被仰出候、其藩東北雄鎮、奕葉名家、深知尊王之大義者、然ルニ奥羽之諸藩、未弁君臣之分者往々有之、其藩宜鼓舞之、相共謀、可被援六師征討勢旨、内々御沙汰候事

この内勅は、帰趨が不分明な奥羽諸藩の鎮撫に向け、秋田藩に奥羽鎮撫の触頭を命じたものであった。これを受けた秋田藩在京家老真崎兵庫は、「報恩之為メ、羽州一国之儀ハ、速ニ恭順欽奉候様可仕候」と、出羽一国に限定しつつも即時にこの内勅を拝承し、国許での奮起を確約する。[1]同時期に仙台藩や米沢藩が新政府の王政復古政策に対抗的な動きを画策しつつあるなか、秋田藩のこうした方針は、他の奥羽諸藩と比較して特異な行動である。

この内勅降下の経緯について、これまで幕末秋田藩研究、戊辰戦争研究において、必ずしも具体的に検討されることはなかった。佐々木克は、当該期における東国情勢を鑑みての措置としつつも、「なぜ秋田藩が選ばれたのかはよく分からない」としている。[2]また工藤威は、この内勅降下とその対応について、「新政府の畿内での圧倒的勝利に幻惑された、出先の専断によってなされたもの」と、京都詰藩士による独断による政治選択であったことを指摘するが、[3]必ずしも具体的な検討によるものではない。

戊辰戦争研究、特に奥羽列藩同盟の形成に関わる奥羽諸藩研究の大きな課題の一つに、当該期における秋田藩の政治方針という問題が存在する。奥羽戦争の過程において、秋田藩は奥羽列藩同盟の加盟藩として他の奥羽諸藩と行動を共にするも、その動静は常に仙台藩等から疑惑の眼差しを向けられていた。[4]当該期における秋田藩は、奥羽地域の統合をめぐる新政府と奥羽諸藩による政治主張の狭間で、その政治選択が試されていたといえよう。その意味で、一月におけるこの内勅問題は、一時的にではあるにせよ、新政府への支持を明確に宣言した秋田藩の政治表明であった。

ところで、内勅降下の際、秋田藩士で平田国学塾気吹舎の当主平田銕胤が仲介者として関与している。秋田県公文書館所蔵「佐竹（宗家）文庫」に所在する内勅の包紙には、「正月十六日御内々大角江御渡」との上書が存在する。(5)「大角」とは平田銕胤のことで、この内勅が銕胤を通して秋田藩に降下されたことが分かる。

平田篤胤が創出した国学塾気吹舎は、篤胤没後も二代銕胤によって継承されるが、秋田藩江戸屋敷に位置したことから、秋田藩との密接な関係が生み出される。特に幕末期以降、全国の気吹舎門人が国事周旋活動に参入した影響から、気吹舎は門人から多くの政治情報が集約される一大情報拠点としての性格が付与される。(6)同時に、各地の門人から気吹舎に対して政治的な連携活動を要請されることも多く、それらへの呼応を秋田藩に要求した三代平田延胤は、藩の政策に対立的な行動を起こすこともあった。(7)そのため、幕末期における気吹舎の存在は、秋田藩の政治動向やその方針を考える上で、看過し得ない問題である。

幕末期の気吹舎と秋田藩は、国政への対応をめぐり複雑な経過をたどっているが、意外にも王政復古前後における両者の関係については、あまり踏み込んだ検討をされてこなかった。明治期以来、秋田藩の政治選択に関しては、多くの場合気吹舎からの思想的影響を指摘する傾向にある。(8)しかし、当該期の政治選択を検討するためには、必ずしも思想的観点に収斂させるのではなく、両者の政治的関係を含めた実態的な分析が必要となるだろう。

先に触れた内勅問題に焦点をあてると、そもそもこうした内勅が何故秋田藩に下されたのか、また、その過程で姿を見せる平田銕胤との関係やその影響など、多くの疑問が存在する。銕胤や延胤の場合、気吹舎当主として全国の門人を統括する学問的・思想的拠点であると同時に、篤胤以来、少禄ながら佐竹家につかえる秋田藩士でもある。彼等のこうした性格は、秋田藩の政治選択における影響性を考える上で念頭に置くべき問題である。幕末期において、気吹舎の思想的態度が政治性を帯びていくといわれるなか、(9)彼等の具体的な行動を通して、その政治展望を分析することは、当該期における気吹舎の政治理念を再検討する一助ともなり得るだろう。

以上の問題を踏まえ、本稿では王政復古前後における気吹舎の政治的・学問的展望とその過程で発生する秋田藩との関係性について検討してみたい。そうした作業を経ることで、幕末期における気吹舎の政治認識やその志向性を論じていきたい。

一　「復古」の政治経過

1　秋田藩内における気吹舎

元治元年（一八六四）九月、平田延胤が江戸にて幽閉処分を受ける。[10] 平田延胤は、平田銕胤嫡男で気吹舎三代目として銕胤の後継を期待される存在であった。一方で彼は、気吹舎門人に留まらない多様な勢力を取り込み、秋田藩に対して政局関与・天皇輔翼を要求する、一大政治勢力の中心的存在でもあった。延胤の活動は、時として藩の政策との齟齬を招き、政治方針をめぐり藩と深刻な対立を生み出すこともあった。[11] 延胤の幽閉は、こうした彼の活動を危険視した秋田藩が下した措置であった。

延胤の幽閉は長期にわたった。当初、延胤の処分は五〇日と定められていた。しかし、処分解除の翌日、延胤は藩より「病名申立、堅く相慎可罷在」との内意を下され、再び江戸で幽閉状態に置かれる。[12] 慶応三年（一八六七）六月、延胤は長州藩の門人片山貫一郎等に書状を送っているが、それによると、天下の形勢が長州藩の浮沈に影響された結果、「無益之少子すら去ル子年（元治元年—筆者註）より禁錮之身と相成、同志輩も数十人同様之次第」であり、その後、「奸勢弥増、何共可仕様無之悲歎のみにて打過候処、昨寅（慶応二年、一八六六年）春ニ至り漸々被差免候」という[13]。当該期における延胤の処遇は、延胤の政治要求に対する、秋田藩による警戒心の表れであった。

その一方、秋田藩と気吹舎には別の側面も確認される。慶応二年六月、秋田藩江戸屋敷に所在する気吹舎を、秋田藩評定奉行の平元貞治が訪問する。彼の目的は、「御曹司様へ仁孝明忠等之字義大意書取差上候ニ付、右御添削」を平田銕胤に依頼することであった[14]。当時平元は、元治二年（一八六五、慶応元年）四月に藩主義堯の養子となった「御曹司」亀丸（義紀）の侍読を勤めていた。平元は、評定奉行・軍事方頭取を担う藩の中枢人物であったが、同時に藩校明徳館の文学も兼任し、在府中は江戸屋敷内の藩校日知館にも出勤する儒者官僚であった[15]。平元が気吹舎を訪れた時期、秋田藩は京都警衛を控えており、軍事方頭取の平元も上京が命じられていた。平元は、上京が決定した前後より、「此頃度々」気吹舎を訪問していたようで[16]、自身の不在時における養継嗣教育への備えともとれるような気吹舎との交流をおこなっていたことがうかがえる。

かつて、秋田藩が延胤等を処分したのは、彼等の藩政への政治的介入志向に対する藩側の嫌悪感によるものであった。また、そこから派生する外部勢力からの政治的圧力は、秋田藩のもっとも懸念するところでもあった。しかし、幕末期を通して秋田藩は、気吹舎の存在自体を問題視することはなかった。文久期以来、延胤等から政治批判の対象とされた家老宇都宮帯刀も、彼等の政治介入を警戒しつつも、情報活動に関しては、むしろその積極的な活用を画策していた[17]。秋田藩にとって気吹舎は、政治介入への懸念が排除される限りにおいては、必ずしも危険視されるものではなかった。

幕末期における気吹舎については、延胤の活動に象徴される政治集団としての側面に注目が集まるが、本来的には篤胤学の継承・普及を志向する思想的・学問的拠点である。秋田藩が平田家を召し抱えた際、篤胤・銕胤父子に「皇朝古道学」の探究を積極的に奨励したように[18]、秋田藩の気吹舎に対する期待は、彼等が本来担うべき学問的側面に向けられていた。

気吹舎の学問活動については、篤胤以来気吹舎が儒学に関する相当程度の教養を蓄積し、それを前提に秋田藩上層部との高度な学問的交流関係を形成していたという指摘がある[19]。さらに、三代延胤についても、祖父篤胤によって儒学を含めた諸学について英才教育を施されたといわれるように[20]、気吹舎の学問方針は、必ずしも儒学と敵対的な関係にあった訳ではなかった。事実、延胤は文久三年(一八六三)六月に、秋田藩へ学校改革に関する意見書を提出しているが、そのなかで延胤は、

真文御取立之儀、是迄兎角和漢之差別相立、和学漢学とは別段之様ニ相成居候得共、右は万一之節人心一致仕兼候根元と奉存候〈俗ニ勤王家、或勤幕家と相唱へ、何れ之国々ニも党派相分れ候姿ニ而、自然人心一致不仕候而は、当時御危急之第一と奉存候〉、(略)兎角学事は本末源流を正し、国家必用之儀を相学候様仕度事ニ御座候、右は其本源たる皇国之書籍を以注礎と相立、猶不足之処は漢籍を補翼ニ致し、(略)抑学問ニ而才力を得候得は、漢籍之義理ニ達し不申候而は不相叶候間、漢学をも猶厚く御取立被遊候様仕度奉存候

と、当時進行しつつあった「復古」的状況を正しく理解するために、和漢の学を両用した「皇国」のための学問体系を確立し、「真文真武」を取り立てる「大学校」の設立を藩に提言していた[21]。幕末期の気吹舎や藩内における学問的位置、または儒学との関係については今後のさらなる検討を要するが、これらの経過を踏まえると、気吹舎や延胤の思惑として、和漢両用の学問体系を確立するという展望を有していたといえる。彼等のこうした学問的態度は、秋田藩側にとって学問交流を通した気吹舎との関係構築を可能にするものであった。

そうした関係を象徴するのが、『馭戎論』の藩主義堯への献上である。『馭戎論』とは、慶応二年頃に執筆された延胤の著作であり、対外政策をめぐる議論について、万国が「皇国」に臣従すべき所以を「上代の御事跡」と「家説」をもとに執筆した、気吹舎としての対外政策論であった[22]。

将軍徳川慶喜による兵庫開港の勅許奏請にともない、朝廷は秋田藩を含む一〇万石以上の諸藩に対し、勅許の可否について意見を求めた[23]。この答申のために、秋田藩では対外方針をめぐる議論が紛糾することになる。結局、答申をめぐる議論は、勅許やむなしとの現状追認型の意見を提出することで収束するが[24]、直後の慶応三年（一八六七）六月、気吹舎に在府用人飯塚伝也が訪れ、「馭戎論、御上へ入御覧度」ことを要請する[25]。その後、一〇月には藩主義堯が『馭戎論』を「御覧済」となり、延胤著述を通して気吹舎の対外論が秋田藩上層部で共有されていく[26]。

『馭戎論』の献上は、秋田藩と気吹舎との間に新たな関係を生成する。一二月、王政復古の詔が布告され、ペリー来航以来続く「未曾有之国難」の解消した「国威挽回」を掲げる[27]。それにともない、全国の諸藩に対し急速上京と建白書の提出が命じられ、秋田藩でも藩主名義による建白書の作成が課題となる。

臣御名謹而奉申上候、私儀不肖之身分、殊ニ遠境ニ罷在、其上病身ニ而常々不奉伺　天気候段恐縮之至ニ奉存候、近来追々御国事御多端、不容易形勢ニ相成候に付、不肖之微臣迄奉蒙　御召問候段難有仕合奉存候、然は早々出足可仕、殊ニ江戸表迄罷出居候得共、持病之痔疾相勝不申上京延滞仕、重々奉恐入候ニ付、一応書取を以奉申上候、抑徳川家御復正之儀は御尤之御事ニ而、　御国体之御為至極之御儀ニ候間、速ニ　御復古之御基本御確定ニ相成候様奉存候、外夷之儀も難被為差置筋ニは御座候得共、　御国内人心一和、　皇国之万国ニ君上たる　御国体之御基本相立候上ニ而、如何様共御所置之道は可被為在御事と奉存候、微臣病気も追々快方ニ付、不日押而も上京仕、前条之次第委曲可奉申上処、近来徳川家御所置之儀ニ付、国内人心不穏、此侭差置候而は、変事相生不申とハ難申、甚心配仕候、依之一先罷下、篤と鎮撫を加ひ、国論一定せしめ候上、早々上京仕度奉存候、右等之趣重々延滞ニ相成候段奉恐入候ニ付、一応書取を以奉申上候、恐惶謹言[28]

建白書では、「御復古」の達成を肯定的に捉えた上で、採るべき方針として「皇国之万国ニ君上たる御国体」の確立を提言する。こうした国家のあり方は、篤胤以来の気吹舎における基本的な思潮であり、延胤が著述した『馭戎論』においても、諸外国との関係性を論じた際に、「我を知れば。皇国の万国に君上たる御国体を弁え。彼を知れば。万国の皇国に臣僕たる由縁を悟るべし」と、「皇国」の世界的位置について同様の主張を展開している[29]。

実は、この建白書に関して、延胤筆の草稿が存在する[30]。内容は右とほぼ同じであるが、後半部の「近来徳川家所置」以下の部分に異同が見られ、該当部分の訂正案と思われる書付も存在する[31]。これらの記録は、建白書の作成に際して延胤が関与した可能性を示唆する。藩主名義の建白書は、藩の公的な政治表明でもある。秋田藩はその表明に際して、延胤の政治関与を許容する方針を選択した。その背景に、『駁戎論』の献上・閲覧という藩側の気吹舎へのアプローチが想定されるが、これらを勘案すると、『駁戎論』の藩主献上・閲覧は、藩から気吹舎に対する政策意見聴取と捉えることができるだろう。「復古」という政治的局面において、秋田藩は気吹舎による対外論の参照を志向したといえる。時勢の変動にともない、秋田藩内における気吹舎の存在位置は、学事交流対象から国事に関する政策提言主体へと変容を遂げていく。

2　気吹舎の政治展望

秋田藩との間に政策意見をめぐる交流関係を形成した気吹舎は、藩側の求めに応じる過程で、自らの政治展望を披瀝していく。

慶応三年一〇月二二日、在府の秋田藩主佐竹義堯のもとに、大政奉還上表の急報が届けられる。同時に朝廷および在京幕閣からは、藩主義堯の上京が求められる[32]。これに対して秋田藩は、江戸詰家老真崎兵庫を京都に派遣することで、政情の把握を目指していくが、その一方で、気吹舎との繋がりを深めていく。一〇月二六日、平田銕胤は、「時事」の相談を目的として秋田藩用人飯塚伝也、平元貞治両人の許を訪れる[33]。時事相談を目的とした両者の関係はこの日に限らず、次第に会談の頻度を増していく。

当該期の秋田藩と銕胤の度重なる会談は、藩の政治方針をめぐる在府側方衆との意見交換が目的であった。

此間中家父事飯塚・平元・秋山之三家へ参り咄御座候之趣承り候処、皆大方同論とも可申、御側方ハ先ツ御議論御一定と相見得候へ共、表方ハまた相違ある御様子也、実ニ今更此時ニ至りて僅之江戸詰御人数中にてまち〳〵之御心にてハ、後世に人の笑ひを残し候次第ニは至る間敷哉と、及ハぬ事ニハ御座候へ共、深く心痛罷在候、一体是迄御家中の論どもを承り候処、詰りの処ハ二ツニ帰し、我々ハ当時御叱りを蒙るとも、御上を御明君と世間ニ褒させ奉らんとの論、又一ツハ御上が今日御無事なれば世間後世にて何といふとも構ハず、諸々が忠臣になる迄之論との二ツと奉存候、右之内、又其詰りハ御上を御明君になし奉るか、我か身が忠臣ニなるかの二ツニ御座候、此処能々御勘考、御教示奉願候(34)

延胤によると、銕胤を交えた会談では、藩主義堯を「御明君」として後世に名を残すための行動をとるか、または現状の安全を確保する、義堯の「忠臣」としての立場を目指すかという問題が争点となったという。ここでは会談の具体的な内容が明らかにされていないが、藩としての政治方針をめぐる意見対立が発生していたことがうかがえる。以下では、当該期の秋田藩で、どのような問題が発生していたのか、またその過程で気吹舎が如何に関与していたのかを見ていきたい。

この時期、藩からの求めに応じ、老年の銕胤に代わって延胤が作成した意見書が存在する。

今般御復古と相成候儀は、一朝一夕之御事ニ無之、数百年来之下情追々激発仕候儀ニ而、元弘之度之如く　叡慮より出候御事ニも無之、又諸侯之御心より起り候事ニも無之、全く草莽ニ充満して士大夫に及ひ、士大夫より追々上ニ相及候儀ニ御座候段は御承知被為在候通ニ御座候、就而ハ当時御尽力之諸藩ニ於而唱候議論は則草莽輩之持論ニ而、既ニ即今草莽ニ於而は頻ニ兵力を以取運候様周旋仕居候趣ニ御座候得共、大藩ニ於而は多勢之進退ニ拘り候儀ニ付、御手配等種々之儀ニ而彼是と及、延日候哉ニ相聞得申候、実ニ非常切迫危急とは此節ニ可有之、討幕論なども是迄は内密ニ唱居候得共、当時ハ公然と唱居候ニ而御推察も被為在候御事と奉存候(35)

延胤は、現出した「復古」的状況を、「草莽」を起点とした政治運動の帰結であると論じる。彼にとって大政奉還による「復古」の達成は、叡慮に発するものでも、有力諸藩が先導したものでもなかった。それは、長年にわたる「草莽」の周旋活動によって、彼等の理想的世界としての「復古」を達成させたのであった。そのため、延胤にとって、「草莽」の存在や政治的言説は極めて重要な位置を持つものであった。

その上で延胤は、「草莽輩之御当家之御上を評論」に強い懸念を示す。

一、京都御守衛ニは御直勤不被遊、江戸御警衛ニは御直勤被遊候御事

（略）

一、江戸御参勤割之儀幕府ニ於而は戌年以前ニ被復候得共、朝廷よりハ右之御不審も被仰出候趣之処、江戸之御趣意のミ御守被遊候様心得居候事

一、御家臣之面々他所正議家と唱候者へ出会之儀は御制禁ニ而、幕人ニ出会之儀は御構無之事、尤他之諸藩ニ於而ハ右と反体仕居候

（略）

一、今度京都より御召之儀、諸家様ニは多分御在国、稀ニは御在江之御方も有之候得共、　御両君様御揃御在江ニ而御上京御延引も御両端を計候ニは無之哉と疑念仕居候事

一、天下第一之名家、且御大藩ニ而、当今切迫危急ニ相成候而は勿論、其前も御傍観ニ而　皇国之御為御尽力不被為遊候様ニ御心得、外ニ思召も被為在候御事歟と疑惑仕居候、尤御勝手向御難渋之趣を以弁解仕候而も、御入用筋ニ拘ハらず御周旋之道は何程も有之候と申居候事也、

一、此上之御所置御勤王之御実行相見得不申候而は疑念ハ晴不申旨申居候事、

右之条々、大ニ相違之旨乍不及弁解仕候得共、此上御勤王之御実行無之候而は、右之疑念御氷解仕間敷哉ニ奉存候（略）

秋田藩は、文久三年の将軍上洛供奉以降、藩主が京都に上ることはなく、「草莽輩」から「勤王」と認められる活動をおこなうことがなかった。ここで主張される「勤王」とは、藩主以下がいち早く上京し、「正議家」と密接に交わりながら天皇・朝廷を輔翼することを示している。そうした「勤王」的表現を実行することがなかった秋田藩への疑惑は、全国各地の「草莽」を多く門人として抱える気吹舎や延胤にとって極めて深刻な事態であった。延胤は、「草莽輩」からの疑惑を氷解するための行動を秋田藩に求めていく。

一二月、京都より王政復古の布告が報知される。この報を在府の藩主以下に伝えた在京家老真崎兵庫は、「明春暫時たり共御上京被遊不申は相成間敷」と切迫した状況を伝える。[36]しかし、在府首脳部内では藩主上京に慎重な態度が続いた。特に、在府勘定奉行大縄織衛は、「暴逆なる御方々之御打寄ニ而事之被成候所江御上京被遊候」ことに強い懸念を表明し、藩主の一時帰国と次なる混乱に対する備えを進言する。[37]大縄の主

張は、延胤が求め続けた「勤王」と逆行する方針であった。

延胤の主張に反し事態を静観する秋田藩に、事件が発生する。一二月一九日未明、高瀬権平以下七名の在府藩士が「奸賊」大縄を襲撃し、彼の意見を採用して帰国を目指す藩の方針を強く批判する。(38)

襲撃に参加した藩士の多くは気吹舎門人であった。特に、高瀬は気吹舎当主銕胤の三女すずの婿にあたり、平田家とは血縁関係にあった。彼等は延胤と基本的な思潮を共有する同志的存在であった。高瀬等は、事件直前に藩へ提出した意見書で、これまで明確な「勤王」表明を怠ってきた秋田藩が、「幕吏御同腹」として「正義藩并草莽之大ニ恨ミ悪る」ことに対して強い危機感を表明していた。(39)「草莽」の活動を変革の端緒とする点など、彼等の政治認識は延胤と共通する部分が極めて多いが、彼等は強硬な手段をもって藩主上京を目指し、秋田藩の「勤王」に向けた政治要求をおこなう。

襲撃を受けた大縄は一命を取り留めたが、この事件は、秋田藩の政治方針に対する、藩内気吹舎周辺勢力からの強い不信感の表明でもあった。これまでも、いわゆる「天誅」の予告が藩上層部に向けられることはあったが、(40)必ずしも現実の政治表現として実行されることはなかった。王政復古にともなう情勢の変化は、文久期以来藩内で醸成された政治運動に転換を促し、停滞する藩の政治行動に対し、異論者の排除という実行力を含む政治要求へと展開していく。

一方、秋田藩にとっても、こうした変化にともなう対応が求められていた。同時期に延胤は、かつて「人気を動揺為致候との御叱りヲ蒙」ったような上申行為も、「時勢之御変革ニ寄り、前条之通り御叱りを奉蒙候御事ニハ無」くなったと感じていたようである。(41)秋田藩としても、王政復古という政治状況下、「復古」の達成を掲げる延胤等の活動は看過できない存在へと転化し、そうした正当性を根拠に強硬な政治行動を目論む藩内勢力への対応策が模索されることになる。

大縄襲撃事件による混乱状況のなか、秋田藩と気吹舎との関係は新たな局面を迎える。事件の同夜、平田銕胤・延胤父子は藩主佐竹義堯の面前に招集される。そこで彼等は、義堯の「御座と僅ニ六、七尺之処ニ問答申上」る機会を得、その直後に延胤は本学教授を拝命の上帰国する藩主への随伴、銕胤には上京して藩主名義の建白書を提出することが命じられる(42)。

延胤の登用は、彼の学事に対する藩からの注目を契機としたものでもあった。『馭戎論』の献上を端緒に、延胤に対する政策意見聴取の通路が開かれ、その知見は藩主名義の建白書作成に関与するほどの存在へと発展する。その建白書を託された銕胤は、藩の政治方針を表明する上で、彼の人脈を活かして京都における周旋的役割を期待されることになる。当該期の秋田藩にとって気吹舎の存在は、藩の政治方針を規定する上で看過できない存在となっていた。

二 「東北雄鎮」としての秋田藩

1 「内勅」降下とその背景

慶応四年一月三日に勃発した鳥羽伏見戦争と旧幕府軍の敗戦は、王政復古を掲げる新政府の「官軍」としての地位を明確化する事件であった。この結果を受け、徳川慶喜以下旧幕府勢力は、「朝敵」として新政府による国内統一事業の標的とされることになる。

王政復古から鳥羽伏見戦争期にかけて、在京秋田藩士は明確な政治行動をとることはなかった。当時京都には、長年京都留守居として在京秋田藩の交渉窓口となった長瀬兵部が配置されていた。しかし、この間長瀬は沈黙を保ち続けた。一二月一二日、長瀬は王政復古後の政治体制をめぐり、熊本藩から有力諸藩連名による建白書の提出を要請されるも、こうした動きに連なることはなかった(43)。また、年が明けた一月三日、長瀬は米沢藩士橋本主税・堀尾保助から秋田藩の「時勢見込」について尋問される。しかし長瀬は、「国論」を踏まえた藩主名義の建白書が到着するまでは定見がないという態度をとる(44)。秋田藩の政治表明は、建白書を持参した銕胤に委ねられていた。

一月六日、建白書を携えた平田銕胤が入京する。銕胤は、入京後の上京について、「此度之事我ら上京今三日後レたらバ大不都合なるべく」と、国許の延胤に伝えているが(45)、鳥羽伏見戦争後の京都において、極めて切迫した事態が銕胤を待ち受けていた。

一月七日、銕胤は新政府参与岩倉具視から呼び出しを受け、御所にて岩倉と面会する。岩倉の目的は、秋田藩の政治方針に対する尋問であった。銕胤は岩倉から、「御主人右京大夫殿も兼々勤王之御心」で、「家柄大藩」でもあるので、早急に上京を果たすことを要求される。さらに、岩倉は「抑奥羽ハ遠境之事、自然王化いかさる所より国論一和ニ及兼、彼是因循遅延ニ及」んでいることを指摘し、こうした事態に「早々鎮撫を加へ」、藩主義堯上京の実現に向けて周旋を尽くすよう、銕胤に強く求めていく。

銕胤入京時、鳥羽伏見戦争を経て新政府は、徳川慶喜を「始終奉欺朝廷候段大逆無道」な存在とし、「速ニ賊徒御平治、万民塗炭之苦ヲ被為救度叡慮」を布告する。さらに諸藩に対してもその協力を命じ、「賊徒ト謀ヲ通シ、或ハ潜居為致候ハ、朝敵同様、厳刑ニ可被処」と、その態度の明確化が迫られていた(46)。これに対して銕胤が持参した先述の建白書は、王政復古以後の政体を念頭におき、大政奉還に始まる徳川家の「復正」に一定の評価を与えるものであった。そのため、徳川家が「朝敵」として討伐対象となった状況下での建白書提出は、明らかに時機を失していた。銕胤は、建白書を岩倉へ内々に提示するも、岩倉より「当節」に対する意見としてであればともかく、「是ハ過去候事故、被仰立候は不及」と、建白書の提出を控えるよう進言される(47)。岩倉の指摘を受け、銕胤は秋田藩の政治表明の方策を、岩倉との交渉で模索することになる。

交渉の過程で岩倉が秋田藩に求めたものは、「勤王之御心」をもつ存在として、秋田藩が奥羽諸藩の魁としての行動を採ることであった。朝敵討伐に向けた軍事編成へと照準が移行する当該期の情勢下、諸藩は新政府に対する具体的な忠誠表現が要求されていた。特に、「遠境」で依然「王化」が行き届かず、「因循遅延ニ及」ぶ奥羽地方は、その帰趨を明らかにするための方策が急務であった。その意味で、京都に参上した銕胤に対しては、奥羽の情勢と秋田藩の政治方針の表明が求められることになる。

ところで、銕胤と岩倉との会談には仲介者が存在した。銕胤が京都を目指す一月五日、京都手前の草津において、公卿沢宣嘉の使者が銕胤一行を待ち受けていた。沢は、かつて平野国臣等浪士集団とともに、文久三年に生野の変を主導するなどの政治活動を推進していた。沢は京都を追われ、四国や長州藩に潜伏していたが、その過程で慶応二年に角田忠行の紹介により気吹舎に入門し、平田家との関係を構築していた(48)。沢の使者は、銕胤に対し、「参与御役岩倉中将様より急ニ御面会被致度事」を銕胤に伝え、岩倉との会談を仲介していた(49)。両者の会談には、こうした沢による周旋が背景にあったが、この沢の使者には、前年末に大縄襲撃を実行した高瀬権平等が加わっていた。

前年の一二月に大縄を襲撃した高瀬等は、脱走後薩摩藩江戸屋敷に潜伏していたが、一二月二六日に、庄内藩等によって薩摩藩屋敷が焼き討ちに遭い、薩摩藩の斡旋により京都へ逃げ延びていた(50)。その後、一二月晦日に入京を果たした高瀬等は、角田忠行の仲介により、沢宣嘉の家士として召し抱えられることになった。彼等は、草津において銕胤と再会し、「幽界之思ひにて歓ひ安堵」しているが、沢家の家士として探索活動に従事する一方で、外部から秋田藩に対する周旋を画策していた(51)。一連の会談に対する彼等の関与は定かではないが、少なくとも銕胤の上京を契機に、秋田藩の政治方針をめぐる気吹舎周辺勢力の動きが活発化し、銕胤や在京秋田藩士を通した秋田藩の明確な意思表明が、新政府より要求される事態へと発展していた。

一方、鳥羽伏見戦争を経た京都の情勢は、徳川慶喜以下の朝敵討伐に向けた軍事編成が課題として浮上していた。そのため、藩主即時上京の実行を確約できない銕胤に対し、岩倉より一つの代案が提示される。一月一一日、新政府は諸藩に対し国力相応の兵を率いて即時上京を命じるが、この命について岩倉は、秋田藩に対しては上京を求めないとする。岩倉は秋田藩に対し、率兵上京の代わりに、米沢藩や八戸藩等とともに、在国待機の上「何時ニ而も御沙汰次第御国許より打出、官軍と御一同江戸の巣窟を討亡ル」ことを命じる「極密之御内勅」を下すという方針を銕胤に伝える(52)。当時、徳川家とともに「朝敵」とされた会津藩の討伐について、「此方様と仙台との由専ラ風説」が流れていたこともあり、この「内勅」の背景に会津藩追討令の布告が想定されるが、上京の遅滞や建白書の提出回避など、政局への対応が後手に回り続ける秋田藩にとって、この内示は新政府に対する重要な意思表示の機会となるものであった。

この内示にあわせて、銕胤は岩倉から尋問を受ける。

昨十一日朝、岩倉様被仰聞候ニハ、此度之密事最初其許御一家之事ニ相定り候所、一手ニ而ハ迷惑之趣故、昨日之御評議ニ而其方・上杉・小南部と元の川越以上四家と相成候也、猶右ハ大事件故今日参　内之上御評決之筈也、又若くハ仙台・大南部皆々一同ニ而ハ如何、其許見込之所申べしと被仰候、

一己之所存即答ニハ甚困り申候、

愚案いたし候所、南部・仙台ハ勤　王か勤幕か相弁へ不申故、何共申上兼候、御上之思召次第ニ可被成下候、但し津軽ハ御加へ被下候而も可然哉ニ奉存候段申上候所、然らバ御評議次第と被仰、直ニ御参内也、

天下の御大事我等一言より如此し、畏るべし慎むべし

岩倉は、「内勅」降下の対象について錬胤に意見を求めた。「皆々一同」とあるのは、列挙される諸藩をみるかぎり、奥羽諸藩を指すものと考えられる。岩倉は、当初秋田藩単独を予定していた「内勅」の対象を、仙台藩や盛岡藩を含めた奥羽諸藩に拡大することについて、錬胤の見込みを尋ねたのである。錬胤は、自身の発言が政治問題化することを懸念し明言を避けたが、岩倉の計画は、秋田藩を起点とした奥羽糾合策として展開していく。

一月一五日、新政府は奥羽諸藩に対し、徳川慶喜追討を目指した東征軍の応援を命じる。征討令は、岩倉の予告通り奥羽諸藩を対象としたものであった。しかし翌一六日、錬胤は再び岩倉から呼び出しをうけ、秋田藩に対する別の「内勅」が降下される。

「内勅」の趣旨は、「君臣之分」を弁えない者が多数存在する奥羽諸藩に対し、「東北雄鎮」たる名家で、

「深知尊王之大義」存在である秋田藩がこれらを「鼓舞」することを命じたものであった(53)。「内勅」を通して、秋田藩は奥羽地域における復古事業の重要拠点として位置づけられることになる。対する銕胤等にとって「内勅」の降下は、新政府の復古事業における秋田藩の存在位置を確定する契機であった。彼等の次なる課題は、秋田藩の政治方針を確定するために、国許の藩主以下上層部との意識統一を目指していくことであった。

2 秋田藩の政治表明

京都で銕胤が岩倉との政治交渉を重ねるなか、国許では藩主上京をめぐる議論が紛糾する。慶応四年一月、延胤を同行して帰国した義堯は、家臣一同に対し、「一定之御国是」を確定するため、「見込形精々存慮を相尽、無伏臟聊不憚忌諱可申上」ことを命じる(54)。秋田藩としては、王政復古という未曾有の事態を正確に把握するために、藩内におけるあらゆる政治的見解の集約化を目指していく。

王政復古への対応策について、いち早く反応したのが砲術所役人たちであった。彼等の多くは、かつて延胤とともに藩主上京運動を展開した、延胤の同志的存在であった。彼等は義堯の諮問に先立ち上書を提出し、「御家ハ日域無比類王家之御旧臣に在なから、執事之臣事を誤り、三百年来旧套に拘泥いたし、因循勤王之御実跡不相顕、西藩之諸侯に相後れ、草莽之士をして王家遵奉の志なきにあらす、愚直にして時勢を不知と誅せしむる儀遺憾此事に奉存候」とこれまでの失策を糾弾し、早急な藩主上京を要求する(55)。

彼等の上京要求は、「王家之御旧臣」である佐竹家が率先して天皇を補佐することを目的に掲げられた主張であった。延胤の主張にも共通するが、彼等が目指したものは、天皇を中心とした階梯的秩序の正常化であり、そのためには清和源氏の直系という天皇家との密接な由緒を有する秋田藩佐竹家が、積極的にこうした支持を表明するべきと考えていた。[56] 彼等の主張には、佐竹家の由緒を根拠に秋田藩の積極的な京都進出を要求するという共通点をもつ。延胤やその周辺勢力が要求する藩主上京は、彼等の思想的背景を内包しつつ、佐竹家の由緒に大きく規定された強烈な藩屏意識の表明であった。

こうした主張を受け、総評では一連の政情や藩内状況に鑑み、「御上京被遊候ハ此節之御専務」と、藩主上京の不可避性が提示される。[57] 在国家老衆も同様に、「衆之怒不可犯之形勢ニ相迫」り、「御大権下ニ移、失機会不容易御手後ニ相成、御取戻も被成置兼」ことを危惧し、「御英断を以迅速」な対応を義堯に求めていく。[58] 藩内では、王政復古で幕府が消滅し、政権のあり方が変容する状況で秋田藩が存立するために、藩主上京により王政復古を指示する「衆之怒」を抑制する必要性を強く認識していく。

しかし義堯は、上京の保留と名代として家老小野岡右衛門の上京を布告した。[59] 藩主上京の必要性が藩内で共有されつつあるなかで、義堯の決断を聞いた延胤は失望を露わにする。当時の状況について延胤は、「一体因循ニ而兎角ニ日和見之模様あり、今更絶言語候、全く平元・金之両人相拒ミ候趣今日慥ニ相分り候」と、因循の根源を用人平元貞治・金大之進両人であると断定する。[60] 家老衆等表方の役人は、「辛労不容易御誠忠之程感入」と延胤を労うほど「先頃之不首尾とハ大ニ相変」った態度をみせ、延胤との密接な関係を形成しつつある一方で、用人たちの因循が藩主上京を妨げる要因と延胤は捉えていた。

こうした状況のなか、秋田藩内では、もはや藩主上京による意思表明自体が時機を失しているとの主張が起こり始めていた。これらの主張は、今更これまでの上京遅滞を詫びたとしても「容易之事ニ而は不埒明」ため、この上は藩主上京以上の実効を示す必要があるとする。すなわち、当時討伐対象と目された会津・庄内両藩の「巣窟を片付」けることで「実事」を示すという主張である。さらに、それでもなお、「此上因循ならば、先ツ斬奸より始り可申」と、江戸での大縄事件に続く、さらなる実力行使をほのめかす主張も存在したという。藩内では、藩主義堯の即時上京から、周辺の「朝敵」討伐による「勤王」表明へと、その方向性を旋回させつつあった。

その過程で、延胤の周辺から新たな主張が浮上する。それは、「勤王」の意思を表明するために、目付衆から延胤に伝えられた提起であった。

此方一件議論弥沸騰にて、今更ニ相成候ては、御上京被遊候ても御名目而已之御勤　王ニて御真実之御勤と申訳ニも不相成、就ては奥羽之諸藩協力同心勤　王尽力可仕旨之　勅命を御蒙被遊候様奉願度、左候へば御国論一定は勿論、東賊評定之御尽力被遊候御都合も宜敷候間、右之　御沙汰を奉願度旨御目付衆一同之存慮を以大嶋源治殿より談ニ付、昨日之書状ニ申上候処、猶又只今大嶋毅三郎殿参り、源治殿之伝言申聞候は、前文之次第昨日宇都宮鶴山殿え申上候処至極御同意にて、右御内意御用石井定之進殿急段御差登せ之事ニ相成候間、猶今日定之進殿へ一封差出候様被申候ニ付此段奉申上候、就ては宜敷御賢考被遊被下度奉存候、定之進殿よりも御内談ニ可相成哉とも奉存候、先は此段奉申上度如斯御座候(61)

延胤に伝えられたのは、「勤王尽力」のために奥羽諸藩を糾合する策であった。この提起は、中央政局に対する政治表明策としての藩主上京論が挫折するなかで、秋田藩が「真実之御勤」を果たすために提起された、奥羽鎮撫の魁としての政治意思である。藩主義堯や用人衆の因循により、藩の意思決定が停滞するなか、藩内では秋田藩がおこなうべき「勤王」表明策として、奥羽諸藩を糾合する地域連合構想が目指すべき政治意志として提起されていく。

二月二日、京都より村瀬清が帰還し、岩倉より下された内勅を秋田藩にもたらす[62]。村瀬が持参した内勅は、同時期に藩内で提起された連合構想を体現するものであった。これを受けて秋田藩は、藩内のみならず奥羽地域の「勤王」表明に向けた周旋活動を画策する。さらに、六日には藩内の人事改変がおこなわれ、井口正兵衛が学館詰役、中川健蔵が評定奉行、小野崎鉄蔵が本学教授として登用された。彼等は、いずれも「正議家」であるとして延胤が家老小野岡右衛門に推挙した人物であった[63]。延胤は、藩の政治方針を規定する上で、重要な意思決定を担う存在となっていた。

しかし、藩内における存在感が増大する一方で、平田延胤は国許を離れ、父銕胤の待つ京都へと向かうことを決する。幕府瓦解にともない、秋田藩では江戸屋敷の引き払いが議論され、江戸定府士である平田家も、これまでの江戸を拠点とした活動の転換が急務の課題となっていた[64]。活動拠点の移転問題が浮上するなか、国許への滞留を強く求める秋田藩に対して、延胤はそれを「アリガタ迷惑」と拒否し、推挙した小野崎等に後事を託し、上京を果たす[65]。この時期延胤は、「彼是嘆息之事多く、実ニ面白からぬ」と、秋田藩の因循な体制に対する不信感を増幅させていた[66]。

同じ頃、京都の銕胤からは、延胤に対し、「我等迚も江戸へハ帰られず候、必御当地ニ而何か御所向より御用必可有之様子」が伝えられる[67]。銕胤の予想通り、彼は直後に参与として新政府の一員に取り立てられ[68]、必然的に銕胤の活動拠点は京都に移行することになる。新政府が復古事業を推進に際して、それらを精神面で支える人材の枯渇状況は、銕胤を始め有力門人たちが新政府に進出する契機でもあった[69]。上京以後に銕胤は、高弟の一人矢野玄道とともに「皇国」の学問改革を目指して大学校設立運動に奔走するが、[70]こうした主張はかつて延胤が秋田藩に提言した大学校構想との関連が想起される。銕胤の新政府参与就任は、彼等の政治拠点を江戸から京都へと移行させるとともに、秋田藩という枠組みを超えた活動を彼等に求めることになったといえよう。

延胤の上京後、秋田藩は奥羽諸藩に対して自身の政治的態度を表明する。二月一七日、秋田藩は奥羽諸藩に使者を派遣し、各藩に対して「尊王之大義」を教諭する。その対象は、仙台・米沢・盛岡・弘前・庄内藩を始め、天童・新庄・山形・長瀞・上山・八嶋・米沢新田・八戸・出羽松山・本庄・亀田の全一六藩に及んだ。[71]気吹舎が展望した政治展望は、奥羽諸藩に対する教諭というかたちで秋田藩の政治意思として表明され、各藩にその共同を迫る周旋活動へと展開していく。

しかし同じ頃、奥羽諸藩では仙台・米沢両藩を中心に、会津藩救済を目指す周旋活動がおこなわれようとしていた。秋田藩の使者から「力を尽而討幕云々」の趣旨を伝えられた米沢藩は、秋田藩の奥羽教導策に「驚愕」[72]し、逆に使者に対して仙台藩との打ち合わせの趣旨を「具ニ申談」じ、奥羽諸藩共同による会津藩救済を依頼する。[73]また、仙台藩からも、内乱回避を念頭に置き、「皇国之御為御同心御協力被為有度」と、秋田藩の政治方針に対して再考を促す。[74]奥羽地域の政治方針をめぐり、秋田藩と仙台・米沢両藩とは相異なる奥羽連合策を構想し、その実現にむけた政治方針が衝突するのであった。

おわりに

本稿では、慶応期における秋田藩の政治動向について、気吹舎の政治関与とその展望を軸に検討を加えた。幕末期において秋田藩は、学事や情報などの要素を媒介に、それらを多く蓄積する気吹舎との関係を構築する。こうした関係は、時代の推移と連動して政治性を帯び、時には気吹舎からの政治要求として、また時には藩からの政策意見聴取としての通路が築かれていたといえよう。

幕末期に諸藩が政治行動を画策する際、各大名家の由緒が正当性の根拠に用いられることがある。例えば仙台藩では、藩内で醸成される鎮守府将軍という自己認識に基づく奥羽諸藩の主導的役割が強く意識されていたといわれるように[75]、大名家の由緒や自己認識は、藩の行動を規定する重要な指標であった。秋田藩の場合、こうした自己認識として、気吹舎周辺の藩士から清和源氏の直流という由緒に基づく天皇家との近親性が用いられる。藩内で噴出する藩主上京論は、佐竹家の由緒を根拠とした天皇補佐の必然性という論理が貫かれ、藩の政治方針との整合化を要求する政治論理へと発展する。本稿では、秋田藩の自己認識について踏み込んだ議論を避けたが、今後新羅三郎源義光に始まる佐竹家の由緒と政治主張について検討していく必要があるだろう。

延胤等が要求した藩主上京論が、藩内の抵抗により頓挫するなか、藩内では奥羽諸藩との関わりを意識した政治方針が構想されていく。藩主上京に代わる次善の策として提起された奥羽糾合策は、京都との繋がりを強く意識し、奥羽両国に「尊王之大義」を教諭・徹底させることで、「復古」の確立に向けた秋田藩の実効を示す政治表明策であった。もっとも、この構想が実行される過程で平田父子は秋田を離れ、京都に活動拠点を置く。その後、仙台・米沢両藩を中心とした奥羽連携構想に奥羽諸藩が賛意を示すなか、秋田藩の糾合策は孤立する。やがて、秋田藩も奥羽諸藩の動向に歩調を合わせ、内乱回避を掲げた奥羽列藩同盟へ加盟するに至る。結果的に、気吹舎が主導した方針は、極めて短期間のうちにその政治効力を失うことになる。しかし、そこで提起された一連の構想は、気吹舎が志向した「復古」の確立に向けた政治思潮の可視化であった。一時的にではあるが、こうした構想が藩の政治方針として表明されたことは、幕末期以来全国の門人や支持者たちから求められた「勤王」秋田藩の表明といえるだろう。

上京後も延胤は、脱走した高瀬権平等の秋田藩への復帰を画策するなど、藩内門人や支持者に対する支援・交流を継続していた[76]。やがて、奥羽地域が戦争状態に突入するなか、新政府側では奥羽鎮撫の重要拠点として再び秋田藩に注目が集まり、「奥羽之賊徒」を鎮撫するための協力を奥羽鎮撫総督府より求められることになる[77]。戊辰戦争期において秋田藩は、奥羽列藩同盟の一員として奥羽諸藩との共同体制を築いていくが、その一方で、平田父子の後を受けた藩内門人等を中心に、「勤王」秋田藩の達成に向けた政治潮流を醸成させていたといえよう。

〔註〕

（1）『復古記』一〈復刻〉東京大学出版会、二〇〇七年、六〇〇頁）。
（2）佐々木克『戊辰戦争』（中公新書、一九七七年、六八頁）。
（3）工藤威『奥羽列藩同盟の基礎的研究』（岩田書院、二〇〇二年、九三頁）。

（4）例えば、同盟結成以前の慶応四年三月、京都において米沢藩士宮島誠一郎は、仙台藩士菅原竜吉と情報交流のあり方について会合し、その過程で、秋田藩は「気風異ナル国体」であるので、「密事ハ容易ニ談ジ不相成」ことを確認している（宮島誠一郎『戊辰日記』〈米沢市史編さん委員会、一九九八年、一〇一頁〉）。

（5）「御内勅御書付」（「佐竹（宗家）文庫」AS―212.1―4―1、秋田県公文書館蔵）。

（6）宮地正人「幕末平田国学と政治情報」（同著『幕末維新期における社会的政治史研究』岩波書店、一九九九年）。

（7）天野真志「幕末平田国学と秋田藩―文久期における平田延太郎（延胤）の活動を中心に―」（『東北文化研究室紀要』五〇、二〇〇九年）。

（8）古くは、橋本宗彦編『秋田沿革史大成』〈復刻〉加賀屋書店、初版は一八九六年）など。近年でも、国安寛等編『近世の秋田』（秋田魁新報社、一九九一年）などがある。

（9）松本三之介『国学政治思想の研究』（未来社、一九七二年）など。近年の成果として、三ツ松誠「「みよさし」論の再検討」（藤田覚編『十八世紀日本の政治と外交』山川出版社、二〇一〇年）、同「嘉永期の気吹舎―平田銕胤と「幽界物語」―」（『日本史研究』五九六、二〇一一年）がある。

（10）宇都宮孟綱「御用略日記」一〇三、元治元年一〇月二日条（『宇都宮孟綱日記』七、秋田県公文書館、一九九四頁）。

（11）天野真志「国事周旋と言路―幕末期秋田藩の政治方針をめぐる対立から―」（『歴史』一一六、二〇一一年）。

（12）前掲（10）「御用略日記」一〇三、元治元年一一月二三日条、八二九頁。

（13）慶応三年六月一日付片山貫一郎・阿部卯吉・世良孫槌宛平田延胤書状控（「平田篤胤関係資料」書翰―19―3―20、国立歴史民俗博物館蔵）。

(14) 「気吹舎日記」慶応二年六月二一日条(『国立歴史民俗博物館研究報告一二八　平田国学の再検討(二)』二〇〇六年、三四六頁)。
(15) 平元謹斎「献芹録」礼(「混架資料」7―401―3、秋田県公文書館蔵)。
(16) 前掲(14)。
(17) 文久三年一一月一六日付戸村十太夫宛宇都宮帯刀書状(「戸村文庫」AT―312―80―1、秋田県公文書館蔵)。
(18) 「御用略日記」九、天保一三年九月一六日条(『宇都宮孟綱日記』一、秋田県公文書館、二〇〇六年、三三二頁)、前掲(14)「気吹舎日記」天保一三年九月二八日条、一七二頁。
(19) 吉田麻子「秋田の平田門人と書物・出版」(同『知の共鳴　平田篤胤をめぐる書物の社会史』ぺりかん社、二〇一二年、初出は二〇〇七年)
(20) 熊澤恵理子「明治初年の大学校問題と国学」(同『幕末維新期における教育の近代化に関する研究』風間書房、二〇〇七年、四七三~四七四頁)。
(21) 文久三年六月平田延太郎「口上之覚」(羽生氏熟編「風雲秘密探偵録(抄)」利、維新史料引継本Ⅱ―ほ―252―3、東京大学史料編纂所蔵)。本文中の〈 〉は割注を示す。
(22) 天野真志「平田延胤著『馭戎論』の成立状況」(『書物・出版と社会変容』一二、二〇一二年)。
(23) 日本史籍協会編『続再夢紀事』六(〈復刻〉東京大学出版会、一九七四年、一二九~一三〇頁)。兵庫開港をめぐる経緯については、石井孝『増訂　明治維新の国際的環境』分冊二(吉川弘文館、一九七三年)参照。
(24) 「向来控」(「佐竹(宗家)文庫」AS―312―73、秋田県公文書館蔵)。
(25) 前掲(14)「気吹舎日記」慶応三年六月一四日条、三六二頁。

(26)前掲(14)「気吹舎日記」慶応三年一〇月一〇日条、三六七頁。
(27)「丁卯日記」(日本史籍協会編『再夢紀事・丁卯日記』〈復刻〉東京大学出版会、一九七四年、二六八頁)。
(28)「佐竹(宗家)文庫」AS—310—102(秋田県公文書館蔵)。
(29)前掲(22)天野論文、一九三頁。
(30)「平田篤胤関係資料」書翰—12—9。
(31)「平田篤胤関係資料」書翰—12—10。
(32)「御用略日記」一二四、慶応三年一一月五日条(『宇都宮孟綱日記』八、秋田県公文書館、二〇一三年、六七六〜六八〇頁)。
(33)前掲(14)「気吹舎日記」慶応三年一〇月二六日条、三六八頁。
(34)慶応三年一一月七日付村瀬清宛平田延胤書翰扣(「平田篤胤関係資料」書翰—16—74)。
(35)「平田篤胤関係資料」書翰—17—4—8。以下、特に断らない限り、引用は同史料による。
(36)慶応三年一二月一二日付戸村十太夫宛真崎兵庫書翰(「戸村文庫」AT—312—994)。
(37)戸村十太夫「江戸御用日記」慶応三年一二月一七日条(「戸村文庫」AT—312—652)。
(38)『秋田県史』資料編明治上(秋田県、一九六四年、六〇頁)。
(39)慶応三年一二月付小人連名上書(「平田篤胤関係資料」書翰—8—50—16)。
(40)例えば、慶応元年一一月、国許の佐竹東家門前において、家老宇都宮帯刀、勘定奉行大縄織衛、用人金大之進、武藤縫殿、飯塚伝也に対し、「此人数逆賊姦妄、迷夷砲求国家之禍者也、可誅々々」との張札が掲げられる(戸村十太夫「慶応元年乙丑年十一月御用留書」〈「戸村文庫」AT—312—646〉)。元治期以降、藩上層部に対するこうした匿名による意思表示は常態化していたと考えられる。
(41)「平田篤胤関係資料」冊子—185—6。

(42) 前掲(14)「気吹舎日記」慶応三年一二月一九日条、三七一頁。

(43) 大井寅之助「覚」(「戸村文庫」AT―312―544)。肥後藩による建白書提出の動きについては、難波信雄「大藩の選択―仙台藩の明治維新―」(『東北学院大学東北文化研究所紀要』三七、二〇〇五年)等参照。

(44) 「京都留守居橋本主税日記」慶応三年一月三日条(『上杉文書』六三四、米沢市立上杉博物館蔵、本稿では雄松堂リール107を用いた)。

(45) 慶応四年一月一二日付平田延胤宛平田銕胤書翰(「平田篤胤関係資料」書翰―17―2―4)。

(46) 『復古記』一(〈復刻〉東京大学出版会、二〇〇七年、四七七~四七八頁)。

(47) 慶応四年一月一四日付戸村十太夫宛真崎兵庫書翰(「戸村文庫」AT―312―1005)。

(48) 「門人姓名録」(『新修平田篤胤全集』別巻、名著出版、一九八一年、三四六頁)。

(49) 平田銕胤「参与御役所へ罷出、岩倉様御目見被仰付候次第書取大略覚」(「平田篤胤関係資料」書翰―17―2―5)。

(50) 慶応四年一月一日付蓑田伝兵衛宛西郷吉之助書状(『大西郷全集』二、一九二七年、一四一頁)。

(51) 慶応四年一月一四日付平田延胤宛高瀬権平・高橋民之助等書状(「平田篤胤関係資料」書翰―17―2―7)。

(52) 前掲(45)。以下、特に断らない限り、岩倉との会談に関する引用は同史料による。

(53) 前掲(1)。

(54) 「慶応四辰正月上京ニ付総評申付候達之書付」(「佐竹(宗家)文庫」AS―310―104)。

(55) 慶応四年一月七日付砲術教授・同並・砲術所詰役・同並上書(「平田篤胤関係資料」書翰―11―65)。

(56) 佐竹家は新羅三郎源義光を家祖とする武家の名門であった。こうした佐竹家の由緒を根拠とした政治要求は、文久期以来藩内における上京要求論に共通するものであった(前掲(11)天野論文、七一頁)。

(57) 慶応四年一月付勘定奉行・郡奉行・評定奉行等上書（「佐竹（宗家）文庫」AS―212.1―6）。
(58) 慶応四年一月二三日付宇都宮鶴山・小野岡右衛門・戸村十太夫・岡本又太郎・石塚源一郎・小鷹狩源太上書（「佐竹（宗家）文庫」AS―310―105―1）。
(59) 慶応四年一月二四日付被仰渡（「佐竹（宗家）文庫」AS―310―105―2）。
(60) 慶応四年一月二三日付平田銕胤宛平田延胤書状（「平田篤胤関係資料」書翰―7―2―33）。以下、特に断らない限り、引用は同史料による。
(61) 慶応四年一月二五日付平田銕胤宛平田延胤書状（「平田篤胤関係資料」書翰―3―12―1）。
(62) 前掲(14)「気吹舎日記」慶応四年二月二日条、三七二頁。
(63) 慶応四年二月五日付平田銕胤宛平田延胤書状（「平田篤胤関係資料」書翰―7―2―28）。
(64) 特に、気吹舎で蓄積してきた板木や書物などの移動は大きな問題であり、それらは銕胤妻等の判断により一旦秋田への移動を決したという（前掲(60)）。
(65) 前掲(61)。
(66) 同右。
(67) 前掲(45)。
(68) 前掲(1)『復古記』一、四七七～四七八頁。
(69) 羽賀祥二「神祇官制の出発と神祇・皇霊の祭祀」（同『明治維新と宗教』筑摩書房、一九九四年、三九頁）。
(70) 大久保利謙「京都における皇学所創設の事情」（『大久保利利謙歴史著作集4 明治維新と教育』吉川弘文館、一九八七年）、阪本是丸「矢野玄道と学校問題」（同著『明治維新と国学者』大明堂、一九九三年）、前掲(20)熊澤論文。

(71) 岡忠昌「公私日記」慶応四年二月一七日条(「岡文庫」岡―422―1、秋田県公文書館蔵)。
(72)「木滑政愿日記」慶応四年二月二六日条(『上杉文書』一四八二、米沢市立上杉博物館蔵、本稿では雄松堂マイクロフィルム、リール番号209を用いた)。
(73) 同右、慶応四年二月二七日条。
(74)「御用略日記」一二五、慶応四年三月一六日条(前掲(32)、七三七~七三八頁)。
(75) 栗原伸一郎「幕末仙台藩の自己認識―「奥羽」意識を中心に―」(本書第二部第二章)。
(76) 慶応四年四月付平田延胤「口上覚」(「平田篤胤関係資料」書翰―9―4―4)。
(77) 井口糺「日記」慶応四年七月三日条(「混架資料」25―59、秋田県公文書館蔵)。

幕末仙台藩の自己認識と政治動向
奥羽地域に対する意識を中心に

栗原　伸一郎

はじめに

慶応四年（一八六八）三月四日、戊辰戦争のさなか、京都において仙台藩周旋方の菅原龍吉は米沢藩士に面会し、次のように語った[1]。

（前略）弊藩等ハ従来大藩、且、徳川氏ハ昔の鴻恩モアリ、是非皇国ノ為ト云ヒ徳川氏ノ為ト云ヒ尽力スベキ家柄（中略）、徒ニ西国ノ指揮ニ随ヒ左右仕候事残念ノ事ニ候得バ、別ニ東国ヨリ一変シ候程ノ議論相立度者ニ候（後略）

徳川慶喜追討令が出され、仙台藩も会津への出兵が命じられていた。国内戦争が深まりつつある状況のなかで、仙台藩は東国の大藩であるにもかかわらず、国事問題での議論を主導していないことに、周旋方は忸怩たる思いを抱いていた。幕末政局において、西国諸藩に比べて仙台藩は寡黙であった。

近年の幕末維新政治史研究は、「西南雄藩」偏重から一転し、個別の藩を含めて様々な勢力に注目し、政治動向を多面的に把握するようになった。(2) だが現在でも、仙台藩のように、京都政局に関与しようとする姿勢に乏しい藩の政治動向については、十分に分析が進んでいるとは言いがたい。そのため仙台藩は、藩内の対立や財政難の影響を受けて、「日和見」「中立政策」「消極的」や「保守」「佐幕」であり、それが戊辰戦争での敗北につながったとする旧来の研究(3)の枠組みに沿って理解されているように思われる。

こうしたなかで近年では、様々な意識に注目することで、「日和見」などと捉えられる幕末仙台藩の行動が再検討されている。大藩意識や王臣意識を中心に仙台藩の政治的選択に考察を加えた難波信雄氏(4)は、地理的・歴史的背景から、仙台藩は東方の大藩として、奥羽諸藩を指揮する鎮守府将軍の後継者としての意識を持っていたことや、奥羽諸藩の亀鑑となるという責務の意識を有していたこと、それが戊辰戦争期に奥羽諸藩への働きかけや、奥羽列藩同盟結成の背景になったことなどを指摘する。こうした意識は、時代錯誤的な領土拡大の野心とは次元の異なるものであり、仙台藩の政治行動を規制しているという指摘は、仙台藩の行動論理を読み解く上で重要である。また、奈良勝司氏は、仙台藩をはじめとした東国諸藩の国政参加への消極性を、近世来の「持分」意識に合致しなかった点に求めている。(5) 政局に関与しなかったこと自体から否定的な評価を下すこれまでの研究を相対化する上で示唆に富む指摘である。

そのほか、一八世紀後半から一九世紀の諸藩の傾向として、対外問題が認識されるようになると、対外関係と接する地域において、日本を守る「藩」としての自己認識が生まれたという指摘(6)や、国持大名をはじめとした大名家は将軍家の家臣から天皇の藩屏に立場を変化させていったという指摘(7)、復古の潮流のなかで諸藩の藩祖・祖先の神格化がなされ自己像が形成されていったという指摘(8)は、仙台藩の行動の背景を考える上でも興味深い。幕末期の仙台藩を考える上で、自己をどのような存在と認識し、何を意識しながら政治判断を行ったのかという問題は、政治行動を表層的な動静ではなく、深部で捉えるために重要な観点である。

これらを念頭に置いて、本稿では幕末から戊辰戦争にかけての仙台藩の自己認識について、奥羽地域を重視する意識を中心に検討する。具体的には、意見書などに見られる言説や、そうした意識に基づいて進められたと想定される政治行動について考察を加える。以上を通して、当該期の仙台藩の政治動向を把握するための一助とする。

一　動かない大藩と奥羽

1　幕末期以前の伊達家の自己認識

まず、幕末期以前の伊達家（氏）と奥州あるいは奥羽の関係、および自己認識について概観する。伊達氏は、源頼朝が奥州藤原氏を滅ぼした奥州合戦の際に戦功を挙げて陸奥国伊達郡を与えられ、南奥羽の地で領地を拡大した。七代伊達行朝は、陸奥守として多賀国府に派遣された北畠顕家を支えた。

一六世紀に入ると、一四代稙宗は室町幕府から陸奥国守護に補任され、出羽国米沢に本拠を移した一五代晴宗は奥州探題に補任された(9)。奥州探題であるとの自意識は、実際には補任されなかった一六代輝宗、そして一七代政宗へと受け継がれた。輝宗は血縁関係や奥州（奥羽）に所領を有するという地縁的関係を媒介として、伊達氏主導の奥羽諸大名連合を構想したが、政宗は伊達氏を頂点とする奥州秩序の形成を構想し、周辺諸大名を制圧した[10]。豊臣秀吉の惣無事令に対して、政宗は奥州探題の権限によるものと主張したが、屈服し、豊臣政権下で所領は奥州のみとなった。

政宗が本拠地としたのは、国府が設置されて以来、一時期を除いて奥州の政治文化の中心であった仙台地域であった。政宗は「奥州王」意識を背景に、奥州の主な寺社を再興するとともに、関ヶ原合戦前後を通して奥羽の戦国大名を家臣に召し抱えた。近世期において、仙台藩伊達家は領知高六二万石の外様国持大名として、代々の藩主は陸奥守となるのを慣例とした。

また、少なくとも慶長年間までは、由緒を奥州藤原氏に結びつけ、奥州藤原氏の奥州支配の後継者と主張していた。伊達と平泉の関係を結びつける言説は、政宗による慶長遣欧使節の外交交渉の際にも見られた。ただし、近世期においては、四代藩主の伊達綱村が行った伊達家の正史編纂事業によって、公的には奥州藤原氏との関係は影を潜めた。しかし、伊達家と奥州との関係は繰り返し意識された。伊達騒動によって藩主権威が揺らいだ状況に対応するため、綱村は天和三年（一六八三）に、伊達家初代を奥州との関連性の深さによって再定義し、将軍発給知行宛行状を模倣した知行宛行状を発給するなど、自らを奥州の「小幕府」の長と位置づけた。綱村の関心は全国ではなく、「あくまで奥州という土地に限定されたもの」であった[11]。

こうした意識は危機に際して表面化する。天保四年（一八三三）、飢饉が奥羽地方を襲った際、仙台藩は、米沢藩・盛岡藩・弘前藩・上山藩・新庄藩・山形藩・天童藩・長瀞藩からの救助依頼に応じて、翌五年（一八三四）五月に米を援助した。この動向について新庄藩領の大庄屋は、「慥成る噺」として、重臣の片倉《かたくら》小《こ》十郎《じゅうろう》宗景《むねかげ》が一二代藩主伊達斉邦に対して「奥羽の旗頭として、御無心米一向御申訳被成候儀は残念の至」と説得した結果と認識している[12]。先に紹介した事例では「奥州」に対する意識が顕著であったが、この事例の場合は出羽国の諸藩からの要請があったことから、周囲には「奥羽」に対する強い意識を有していると認識されている。他者からの要請や眼差しは、自画像を形成することにもつながる。実際に片倉が「奥羽の旗頭」と発言したか否かは不明であるが、そうした自己認識が仙台藩の行動の根底にあったとしても不思議はない。

なお、この飢饉に際して、下級官僚の荒井《あらい》東吾《とうご》宣昭《のぶあき》は義倉の設置を建言した。その論理の一つは、「百年後之兵乱」に臨んでも、兵糧米が確保されていれば「御大国之静なる事大山之安きが如く、其時に臨ミ候ハヽ、御隣国ハ不及申、御諸家、旗下ニ族し御旗色を可奉恃」というものであった(13)。変事に際して「大国」として「隣国」などを指揮するという主張が、義倉設置を藩首脳部に納得させるための有効な論理であると認識されていることがわかる。地域のなかでの振る舞い方が、大藩意識を有する仙台藩にとって大きな関心事であった状況がうかがえる。

2　「鎮守府将軍」としての仙台藩主

幕末期は対外的な危機感が高まり、海防問題が焦眉の急となる。そうした状況下での仙台藩の自己認識に関する言説を確認してみよう。嘉永二年（一八四九）一二月、幕府は海防強化令を出し、警備を厳重にして、万が一の際には隣領と相互に援助しながら対応するよう指示を出した。こうした非常時相互援兵令は、近世後期に幕府が内憂外患に対処するため、諸藩に繰り返し命じてきたものだった(14)。仙台藩でも対応を進め、嘉永四年（一八五一）四月には海岸警備に加えて隣領に援兵を派遣する際の人員や兵備を決定している(15)。

こうしたなか、先に触れたように「奥羽の旗頭」論を主張したとされる片倉小十郎は、同年一〇月に居城である白石の近郊で、家中一五〇〇人を動員して練兵行軍を実施した。片倉家の家臣であった日野愛憙が、後にまとめた「練兵行軍之図」によれば、「奥州仙台之大守鎮守府将軍兼従四位上中将松平陸奥守藤原慶邦朝臣」の代に「刈田郡白石城主片倉小十郎藤原宗景君」が「祖先以来国家老伊達家の先鋒」であるが故に武芸に励み、練兵を行ったとしている[16]。興味深いのは、一三代藩主伊達慶邦のことを中将や陸奥守であると同時に鎮守府将軍であるとしている点である。鎮守府将軍とは「蝦夷」に対処するために古代陸奥国に置かれた軍政府の長官のことで、藤原秀衡が補任されて以降は、北畠顕家などを除き補任されてはいない。

同時代の仙台藩内で、軍事行為に関わる記述のなかに鎮守府の言葉が登場する事例は他にも見られる。仙台藩の重臣である上遠野《かどの》伊豆《いず》秀宣《ひでのぶ》が、嘉永三年（一八五〇）に筆写したと思われる仙台藩の軍役帳の表紙には「鎮守府御軍用次第記」と記されている[17]。日野のような陪臣だけではなく、上遠野のような直臣、しかも重臣クラスにも伊達家と鎮守府将軍を結びつけるような意識があったことがうかがえる。

自己を鎮守府将軍と位置づけるのであれば、仙台藩は自藩領だけではなく、より広範囲の地域を対象として行動しなければならない。先に触れた飢饉時の意見書のように、鎮守府の表現がなくても、幕末仙台藩には、自藩が地域において主導的立場にあるとする主張が様々な場面でなされている。薩摩藩や長州藩の国事周旋活動が活発になっていた文久二年（一八六二）、仙台藩では「尊攘派」の遠藤文七郎《えんどうぶんしちろう》允信《さねのぶ》が、慶邦に対して朝廷に「忠節」を表明するよう建言した。これを契機に京都に派遣された遠藤は、八月に伊達家の姻戚である関白近衛忠熙に面会し、伊達家は左近衛権中将として職責を果たすことや、攘夷の詔が下れば「封内ハ勿論縦令隣領ナリトモ其ノ機変ニ従ヒ応援ノ兵ヲモ差遣」わすこと、国内で「奸賊」が蜂起した際には

「東奥境内ハ勿論他ノ州郡ナリトモ兵力ノ及ビ候限リハ征討ヲ加」えることなどを表明した(18)。攘夷戦争や国内での反乱が発生した際は、藩領の内外を問わず仙台藩が積極的な役割を果たすことを表明した内容である。遠藤の行動は、自藩が天皇の藩屏であるという意識に裏打ちされたものであった。

文久三年（一八六三）二月、将軍徳川家茂が攘夷の策略を言上するため京都に上った。前年に朝廷と幕府の双方から上京を命じられていた仙台藩では政争が発生し、その結果、幕府との関係悪化を避けようとする奉行（家老）の但木《ただき》土佐《とさ》成行《なりゆき》によって遠藤は排斥されて、将軍に供奉して上京することに決定した(19)。この動きに対して、大番頭の石田《いしだ》正親《おうぎ》廉直《やすなお》と石母田《いしもだ》但馬《たじま》頼至《よりむね》は、攘夷戦争の可能性が高まりつつある状況を踏まえ、従前の体制では不測の事態に対応できないとして、次のような意見書を提出した(20)。

（前略）乍恐御領内之儀ハ、天下ニ稀成御大国之御儀、本朝之藩鎮、殊更　鎮守府将軍も被為兼候　御大任、唯今ニも事出来候得者、奥羽二州之列侯者　御旗下ニ被相属、御指揮被相受候事ハ勿論之儀、実ニ於　皇国一二之御大任与奉存候、（中略）然ニ　御留守中与乍申、海岸始夫々御備無之事ニ罷成候而ハ、御手薄之事ハ勿論、如前書之、被為対　御任職ニ候而も、難被為済御筋与奉存候間、是非厳密ニ海陸之御手当御全備相成、被遊　御上京候方と奉存候、（後略）

意見書によれば、大国である伊達家は「藩鎮」である上に、鎮守府将軍を兼ねており、変事が起きれば奥羽の諸大名を従えて指揮する立場であるとする。この「御任職」があるため、「外夷」を防ぐために警備を強化することが必要であるという。仙台藩の場合、藩屏としての自覚が、奥羽諸藩を指揮する鎮守府将軍としての役割との関係で論じられている。意見書自体は、仙台藩内の警衛強化を目的としたものであるが、鎮守府将軍の任職を主張していることを考えれば、攘夷戦争が発生した場合、警備するのは自藩領だけではなく、少なくとも奥羽二州を念頭に置いていると見なければならないだろう。藩屏として奥羽地域の警衛や治安維持を見据えていることがうかがえる。

以上のように、対外危機が意識され、国内の政治秩序が動揺するなかで、軍事に関わる自己の立場を位置づける言説として登場するのが、伊達家が一度も任じられたことがない鎮守府将軍であった。こうした自己認識が登場する背景について、前述の石田らの意見書に注目した難波信雄氏は、「多賀城や、かつて鎮守府将軍藤原秀衡の拠点であった平泉の地を自らの領域に置く自負」の影響を想定している[21]。これに付け加えるならば、鎮守府将軍の本来的な職掌が朝廷に従わない人々を鎮圧するものであることは無視できない。推測の域を出ないが、「夷狄」を攘うことが意識された際に、かつて奥羽において「蝦夷」に対処した存在が浮上したことが考えられる。また、兼ねるという表現からは、伊達家当主が陸奥守に補任されていることを強く意識し、陸奥守である者が鎮守府将軍であると認識している可能性が考えられる。古代中世の陸奥守は必ずしも鎮守府将軍ではなかったが、兼任する者も多数おり、かつて由緒を結びつけた藤原秀衡や、伊達行朝が従った北畠顕家は、鎮守府将軍であり陸奥守であった。

ただし、鎮守府将軍に関わる記述は軍事以外でも見られる。文久三年三月、慶邦は総勢二二〇〇人を引き連れて京都に到着した。このとき京都に上った大番士の日記[22]には、慶邦の行動について「六日参内、鎮守府将軍ヲ兼ラル、ニ付、昇殿ヲ被許、天顔ヲ拝セラレ、天盃御頂戴、其外加茂行幸供奉并同社警衛仰付ラル」という記述がある。慶邦と同時期に、京都に上って孝明天皇から天盃を授けられた大名や、加茂行幸に加わった大名は他にも大勢いる。だが藩内には、藩主が鎮守府将軍であるが故に、天皇に近い関係性を有することができると認識する者がいたのである。鎮守府将軍が朝廷から任じられることを考えれば、藩主を鎮守府将軍と位置づける言説は、伊達家を征夷大将軍徳川家ではなく、天皇家と結びつける意識を含意している可能性が高いと考えられる。

3　政局不干渉

大藩である仙台藩は国政での活躍を期待される存在でもあった。文久二年五月、大藩の国政参加を目指す薩摩藩は朝廷と結びつき、幕府の改革を要求した。改革構想には、沿海の五大藩（薩摩・長州・土佐・仙台・加賀）の藩主を豊臣秀吉時代にならって「五大老」に任じることも含まれていた。[23]しかし、この段階で仙台藩が期待に沿うような行動をとることは無かった。文久三年、京都に上った諸大名のなかには国事周旋活動を展開する者もいたが、仙台藩は攘夷問題で政局が混乱する様子を目撃しながら、この動向に距離をとった。三月二日に京都に到着した仙台藩主伊達慶邦は、内願によって「早々帰国海防厳密可有守衛、且蝦夷地ノ防衛等可行届」との勅を得ると、同月二五日には京都を出発した。[24]奥州の藩領に加えて蝦夷地の警備を行わなければならない仙台藩にとって、攘夷戦争の可能性が高まるなかで、慶邦を含む藩首脳部が京都に長期滞在することは避けるべきことでもあった。

帰藩後、慶邦は藩内に、海岸防禦や「変事」の際に国力を尽くすよう布令を出した。[25]ここで言う変事とは、国内問題によって惹起される事態を含むものと考えられる。仙台藩は自らの役割を国事周旋ではなく、攘夷戦争などに対応するために自藩領や地域の警衛に求めたのである。それは、大藩としての責任意識であると同時に、存在意義を地域の警衛や治安維持に見出すことで京都政局から距離を保ち、国事周旋を行わないことを正当化する論理でもあった。

元治元年（一八六四）に入ると、攘夷問題に端を発した内乱が全国的に発生し、仙台藩でも危機意識が更に高まっていた。三月、北関東では水戸藩のいわゆる「天狗党」が挙兵し、七月には前年に破約攘夷を唱えて京都政界から追放された長州藩が京都に進軍して禁門の変が発生。続けて西国では「朝敵」長州藩征討のため西国諸藩に出兵が命じられた。そうしたなか、仙台藩に対する幕府の取り込み工作は激しくなり、四月には慶邦が参議に推任され、七月には政事総裁職への就任を打診された[26]。

長州藩が「朝敵」となると、江戸警衛から国許に戻ったばかりの伊達慶邦に対して、再び江戸出府が命じられた。九月、石田正親は蟄居中の遠藤文七郎に対して、藩内には出府は重要問題であると捉えて慶邦に尽力を願う「有志之者」がいたことや、「将軍家御留守居御勤ニ而ハ、天下之御外聞ハ勿論、御任職不被為立由」との意見が浮上していたことを伝えている[27]。ここでいう「任職」とは、変事の際に奥羽諸藩を指揮し、奥羽地域を警衛する鎮守府将軍としての任職と解すべきであろう。藩主が国許を離れて江戸警衛を勤め、このことで長州征討に協力しては、他藩に顔向けができず、鎮守府将軍としての役割が全うできないとして、幕府への協力を批判する勢力が藩内に存在していた。

前述のような問題で全国的に危機意識が高まる一方で、南奥羽でも大きな問題が浮上していた。幕府直轄領から米沢藩の預地となり私領同様の取り扱いが実施されることになった出羽国屋代郷の郷民が、幕府領への復帰を訴えるために、前年三月以降、数百人から千人の規模で、繰り返し仙台藩領に押し寄せていた[28]。郷民の願書によれば、仙台藩に頼った理由として、仙台藩が「奥羽両国之御大覇」である点などを挙げている[29]。このような歎願は、奥羽の主導者であるという仙台藩の自己認識を増幅させたものと推測される。

屋代郷の郷民に対して仙台藩は、「教諭」を重視した。後に仙台藩が幕府に提出するために作成したと思われる意見書では、その理由として、先祖以来の国法であることを挙げ、南部や伊達郡茂庭の百姓が訴え出た際にも厳重の処置はしていないとしている。また、当時の状況について、次のように述べている[30]。

（前略）残党等弥々騒立、万々一浮浪之徒等其隙を伺、立加り煽動仕候儀等御座候而ハ、自然奥羽之騒端を開き候段ニも至り可申、当節西国及ひ関東筋等不穏之折柄、奥羽迄騒擾を醸し候様ニ而ハ、弥更御事多ニも可相成、実ニ藩屏之任も不相立、至極恐入候儀、彼是何様ニ而、穏に取静申度心得故、（後略）

仙台藩は奥羽での騒乱を回避し、安定化を図ることが藩屏としての責任であることを強調する。仙台藩としては、奥羽の主導者を自任する以上、地域で問題が発生すれば、しかも他者から頼りにされるのであれば、これを収束させなければならなかった。

幕府は役人を派遣して屋代郷民に対する取調べを行うが、一時期、仙台藩はこの問題を幕府の公裁で解決することに懐疑的であった。仙台・米沢両藩と藩境を接する出羽国上山藩は、仙台藩には「奥羽之政」を「裁判」しようとする「大国之弊風」があるため、態度が硬化するものと考え、両藩の関係悪化が奥羽の騒乱に発展すると感じるようになっていた。元治元年八月、上山藩は両藩に対して、奥羽の安定こそが日本の安定につながり、朝廷や幕府のためになると訴え、早期解決を求めた[31]。

この交渉に仙台藩代表として参加し、奥羽の重要性を指摘する上山藩の主張に同意したのが、玉蟲《たまむし》左太夫《さだゆう》誼茂《やすしげ》である。日米修好通商条約批准の幕府使節の随員として世界一周を経験し、対外的な危機意識を深めた玉蟲は、帰国後に日本各地で情報収集活動を行い、混乱する国内情勢に危機感を抱いていた(32)。

玉蟲は慶邦の出府に当たり意見書を提出し、外患が迫るなかで国内戦争となれば「皇国四分五裂」になるとして、長州問題の解決に向けて、仙台藩が周旋すべきだと主張した。そして、長州藩には寛大な処置をとるよう仙台藩が幕府に建白し、採用されない場合はすぐに国許に戻り、「皇国之土地」である「東奥之僻地」を「夷賊」から守るしかないと訴えた(33)。国事周旋の重要性を認識しつつも、一方では、日本の独立を維持するために、地域を警衛することを重視していた仙台藩内の意見の一端がわかる。

こうした意見も影響を与えてか、出府した慶邦は、外交問題での幕府側の落ち度を理由に、長州藩が京都で戦闘に及んだことは「朝敵叛逆の所為」ではないとして、征長戦争反対の建白書を提出した(34)。しかし建白は受け入れられず、慶邦は国許へと戻った。慶邦が奉行に宛てた書状で幕府の衰亡を予見したのは、一一月のことである。

以上のような経過によって、仙台藩は政局への不干渉の姿勢を強めていった。当該期における仙台藩の国政への関わりについては実証的研究が少ないことから、個々の藩士の主張や行動に関しては検討の余地が大いに残るが、それでも元治・慶応期に慶邦が京都に上り、積極的に周旋活動を行うことはなかった。そこには、これまで指摘されているような財政難や大政委任論を重視する慶邦の政治理念(35)などのほかに、自己認識も影響を与えたように推測される。この点に関して、後述するように戊辰戦争において新政府への建白書提出問題が浮上した際、ある藩士は慶邦に次のように述べたという(36)。

一昨年春中ヨリ御上京被遊置候テ、天下ノ御諸侯方、御尊君ニテ御指揮被遊候ニ宜敷義ニ御座候間、先達時ハ人ヲ制スト申ス縦令ヒニモ有之、前度ヨリ御上京被遊置候テ、御守護被成置候ヘハ、実ニ将軍ニモ被仰付置事ニ罷成候間、其節ハ少モ将軍等御好不被遊候様御心懸可被遊候、還テ奥羽之鎮守府将軍御位ニテ宜敷御座候間、仙台ヲ御専務御守可被遊候テ御沢山ニ御座候処、貞山様《(伊達政宗)》ヨリモ不被遊御難義候テ、天下ノ御政体ヲ御指揮被遊候様相致候間、左候得ハ、御前之御仁政ノ御名ヲ御明君ト天下ニテ称上候様相成候ヘハ、自然将軍御同様罷成候間、乍去前書中上候通、徳川公ヲ何方被相立置候ヘハ、後世ノ難ヲ御遁レ被遊候、勿論御先祖様ヘ対シ被遊候テモ、御勤モ宜敷御座候間、此場合ニ付テモ、御上京被遊置候テ御守護被遊候方御専一之御事奉存候、

この藩士は、前々から慶邦が上京して京都を守護し、「天下ノ御諸侯方」を指揮していれば、「将軍」に任じられたにもかかわらず、当時はそれを好まず、「奥羽之鎮守府将軍」として仙台を警衛することで満足していたと指摘する。そして、「天下ノ御政体」を指揮すれば、明君の名声を得て「将軍」同様になるとして、この事態でも慶邦は上京して京都を守護すべきだというのである。「将軍」と「奥羽之鎮守府将軍」を対比したこの藩士の言には、幕末期に自らの役割を、京都政局での国事周旋活動ではなく、奥羽の鎮めとして地域の警衛や治安維持を図り、安寧秩序を保つことと考え、またそれを理由に政局不干渉の自己正当化を図った仙台藩の足跡が明示されている。「奥羽之鎮守府将軍」は、藩主慶邦が国家規模の政治変動に関わりを有しなかったことを象徴する言葉としても使われたのである。

二　動き出す大藩と奥羽

1　大政奉還

仙台藩は鎮守府将軍の言葉に象徴される意識の影響もあって、国事周旋活動には積極的ではなかった。しかし、大政奉還による政治秩序の激変と動乱への予感は、仙台藩を奥羽の地に安住させてはおかなかった。

慶応三年（一八六七）一〇月一五日、大政奉還を許可した朝廷は、大事件や外交問題について衆議を尽くすとし、諸侯に上京を命令した。当時、京都で情報収集や周旋活動に当っていた沼辺愛之輔直恒《ぬまべあいのすけなおつね》と後藤正左衛門《ごとうしょうざえもん》之猷は、仙台藩は「東方雄藩」であるとの強烈な自意識のもと、早期に慶邦が上京して新体制構築をめぐる議論を主導し、薩摩藩に対抗すべきだと訴えた。こうした意識のもと、京都詰藩士は、奥羽の一〇万石以上の有力藩の代表と会議を開き、上京問題での連携を模索した(37)。攘夷戦争において奥羽諸藩を指揮するとの意識を有していた仙台藩は、国事周旋活動でも奥羽諸藩との協力関係を築こうとしていた。

しかし、上京命令が伝えられても、慶邦はすぐに京都に向けて出発したわけではなかった。上京する際には軍艦等を手配するとともに、仙台藩として表明する藩論を決定しなければならない。これについて藩内では議論が百出し、一致しなかったとされる。そのなかには、仙台藩は「奥羽ノ大藩東北ノ重鎮」として慶邦の上京そのものを自重すべしとの論もあったようだ(38)。以前から論じられているような、政局に介入せずに、奥羽の鎮めとして自藩領に待機するという議論に沿った内容である。

また、藩校養賢堂の学頭である新井義右衛門諠道《あらいぎえもんよしみち》は、慶邦が上京して幕府への再委任を求めた後、すぐに帰藩するよう主張した。新井は帰藩後について「第一民力を御養ひ、隣国不平事有之節は、為に是を御靖被遊候は丶、斉桓晋文の業唾手可期奉存候」と述べている(39)。上京は前提とされているが、ここでも国政には参与せず、地域の安定化を図ることに主眼が置かれている。理想とされるのは、中国の周王朝の下で「尊王攘夷」を行い、諸侯の盟主となって覇者と称された斉の桓公や晋の文公であった。

一方、京都探索の経験を有し、養賢堂諸生主立を務めたこともある若生文十郎景祐《わこうぶんじゅうろうかげすけ》は、京都詰藩士と同じように、積極的な国事周旋を主張した。若生はその意見書(40)において、「王政復古之説」は「天下之公論」ではなく、「中国諸侯」が権勢を争うための「奸策」であるとし、「王政ハ天下之大事」であり「幕権ハ天下之大任」であると主張した。そして、朝廷・幕府・諸藩の動向に拘泥して機会をうかがうことは「小国之志」であり「大藩之顔なさゝる義」であるとして、慶邦が速やかに上京して周旋するよう求めた。

詳しく意見を述べるよう指示を受けた若生は、再び意見書を提出した(41)。そして、幕府の盛衰ではなく「天朝之御安危、天下之治乱、人心叛服」の観点から検討すべきであり、「討幕」の「奸策」を受け入れては、日本国内が乱れ、外国の干渉をうけるとして、慶邦は上京し、近衛家・鷹司家に周旋して「衆議壓倒」することで「盟主之大権」を執り、薩長両藩などを除くべきだと訴えた。また「正義」の「御公議」で奏聞すれば、「皇国之御忠勤」であるとも述べる。若生は周旋方法と周旋内容について、次のように主張した。

①精兵百騎を率いて上京して「天下之意表」をつく。
②権勢による「術策」を防ぐため、諸侯が大軍で上京することを勅命で禁じる。

③長州処分では徳川家を含めた諸藩の融和に努める。
④徳川将軍は「恭順之礼」によって諸侯とともに天皇に仕える。将軍と諸侯は定期的に上京して職務の結果を報告し、将軍が国政改革を行う場合は勅許を得る。職務の成否に応じて朝廷が官職を与える。
⑤朝廷が「奸徒」の計略を受けないように、将軍は大坂城か二条城に滞在し、関白を兼任して関東には戻らない。

この意見書で注目されるのは、国事周旋などを行う過程で「盟主」となることを、仙台藩として果たすべき役割と位置づけている点である。内乱の可能性が高いと判断された時、若生は大藩であるが故に地域を守るのではなく、大藩であるが故に内乱を回避するため国事周旋を行うべきと主張した。「盟主」という表現には、仙台藩がひとたび国事周旋に動けば、その他多くの諸藩のなかに埋没せず、議論を主導しなければならないという大藩としての矜持が見え隠れする。

仙台藩が「盟主」となるための周旋方法を述べたのが①②であり、周旋内容を述べたのが③④⑤である。④⑤では、朝廷と幕府の一体化を進めて、政策決定権や指揮命令系統を集約しようと考えている。若生の意見書では、「衆議」や「公議」を踏まえて新体制を決定するよう述べているものの、「衆議」や「公議」を構造化する視点、すなわち諸藩の国政参加を求める構想は見て取れない。したがって、仙台藩の恒常的な国政参加にも消極的である。(42)

しかし、若生は仙台藩が大藩として果たすべき役割を念頭に置いていた。それは、藩領域を越えた地域レベルでの政治への参加である。若生は⑤の将軍の畿内滞在論に関して、関東について、「民部卿様ニ而も被相立置、何分江戸衰微不仕様致度奉存候、御国許ニ而ハ、相応御補佐被成置度奉存候、此義ハ徳川家之盛衰ニ管係不仕、奥羽二州ハ勿論、関八州まで御掌握申と被為　思召度奉存候」と主張した。若生は奥羽のみならず関東も見据えた。そして、「民部卿」への補佐、すなわち民政に関与するという構想を示したのである。政治体制の変容が避けられないと意識された際、仙台藩のなかには地域における自藩の役割を再定義しようとする動きもあった。

若生の意見書は藩内の意見の一例であり、当時の藩論については慎重な検討が必要になる。ただし、若生は慶邦から指示を受けて二度目の意見書を作成している。こうした経緯からは、若生の意見書が慶邦を含む藩首脳部の目に留まり、議論された可能性が指摘できる。いずれにせよ、仙台藩内では、地域を守る従前の「奥羽之鎮守府将軍」からの脱皮が議論されていたのである。

2　王政復古政変

藩主慶邦の上京は現実味を帯びていた。近習目付の書状によれば、慶応四年一月に慶邦が上京することとなっていたようだ[43]。だが、仙台に王政復古政変の情報が届き、上京をめぐる議論は振り出しに戻った。慶邦が意見を示すべき政体論については、王政復古政府が成立し、幕府制度や摂関制度が廃止されたことで、藩内で展開された議論の前提が消滅してしまったのである。

慶応四年一月、この事態を受けて、仙台藩士で最も家格が高い一門九名が、連名で意見書を提出した[44]。一門は政局への対応策について次のように主張する。

①「御国是一定、御建白之御趣意相立候」
②「勤王」の兵を率いた「総督」を上京させ「藩鎮之御任」を全うし、「勤王の御趣意」を建白する。徳川家にも重臣を派遣して「勤王之御趣意柄」を説明する。
③建白の内容を「御封内へ御布告罷成、士気一新仕候様被為在度」
④「御隣封之諸藩」に使節を派遣し、「御国論をも御諭、各藩之議論をも被為聞、御隣交之情を厚くし、奥羽之間大義を御唱に被遊候はゞ、各藩之正奸をも相知れ、守封の御策も相決可申、是則鎮守府の御職掌、京師は不及申、徳川家へ之御勤不過之奉存候」
⑤藩主は「御国元に自若と御踏へ、先々御臣下を以御指揮被遊、天下の動静一挙して可成之機を御認め、隣国の諸藩迄も御率ひ、大山の動くが如く」上京する。

仙台藩は藩論を確定して新政府に建白する一方で、近隣諸藩に使者を派遣して藩論を説き、協力関係を強化した上で、近隣諸藩を含めた相応の大軍を率いて慶邦が上京すべきであるとしている。ここでいう近隣諸藩は、「鎮守府」として「奥羽之間」で大義を唱えるとしているように、奥羽諸藩であると見てよい。

この意見書に関して石井孝氏は、奥羽諸藩を指導して「鎮守府」になろうとする仙台藩の狙いを「保守的な東北モンロー主義」と評価し、この構想が奥羽列藩同盟の形成につながるとする。そして、仙台藩は幕藩体制の枠内で勢力を拡大しようとする野心はあったが、国政変革の理念はなかったとしている(45)。しかし、この意見書では、鎮守府将軍として奥羽地域の安定化を図るとともに、奥羽諸藩の議論を主導し、奥羽諸藩を指揮した上での京都政局へ参入、すなわち国家的政治問題への関与を見据えていることが確認できる。しかも、意見書の別の部分では、「天下之正議諸藩」、すなわち「奥羽」にとどまらない全国の諸藩と共に、「奸」に対抗することを主張している(46)。したがって一門の意見は、政体構想については議論の余地があるが、少なくとも「東北」の殻に閉じこもり、その内側における安定のみを志向していたものとは言い切れない。一門は、これまでのように仙台藩が奥羽地域の問題だけではなく、奥羽諸藩の力量を結集して、地域利害を越えた国事問題にも対処するよう訴えたのである。一門がどの程度意識しているかは定かではないが、かつての鎮守府将軍北畠顕家は、奥州の武将を率いて西上し、足利尊氏に一時勝利するという実績をあげている。

幕府の消滅や新政府の成立といった政治秩序の混乱が続くなかで、近隣諸藩は仙台藩に対する期待を強めていった。例えば、一月に会津藩は、「天下之大勢切迫致候ニ付、為皇国尽力致度」として仙台藩に「御内教」を求めた(47)。それに対して仙台藩は、派遣された会津藩の使節に、「皇国之御為御尽力」とともに、「奥羽辺異変も候ハヽ、御相互御一致御一和鎮静之御所置被為在度」と返答している(48)。ここからも仙台藩が、奥羽地域の鎮静の役目を負うと自己を位置づけるとともに、国事問題への関与を念頭に置いていることがうかがえる。

3　征討問題

ここにおいて、仙台藩が意識してきた奥羽地域の安寧秩序が破られる事態が発生した。戊辰戦争の発生である。鳥羽・伏見での開戦が国許に伝わると、一門と意見を異にする重臣も意見書を次々と作成した。前述した「鎮守府御軍用次第記」を記した上遠野伊豆は、徳川家を離れて、楠木正成や北畠顕家のように朝廷の忠臣となって上京し、「奥羽両州御管領」となる機会に備えるよう主張した(49)。「鎮守府」から「管領」へと表現は変化しているが、奥羽地域における仙台藩の立場を重視した上での表現であることに変わりはない。

また、後藤孫兵衛充康《ごとうまごべえみつやす》は「関以東鎮守府将軍ニても被相設、新王宮御方之内、東下御所置之上、奥州大藩之諸候ヲ以管領被仰付補翼」して東国を鎮撫する案を主張した[50]。ここでの鎮守府将軍は皇族であるが、東国鎮撫で大きな役割を果たす管領には、仙台藩を想定していると見て良いだろう。ちなみに、後藤は別の意見書において、仙台藩が米沢藩の後塵を拝すことを危惧し、米沢藩上杉家は管領であるため油断できないと主張している[51]。この場合の管領とは、上杉家が任じられていた「関東管領」のことである。各大名家の行動を、その由緒から推測するという当時の雰囲気がうかがえる。

一方、鳥羽・伏見の戦いで勝利を得た新政府は、徳川慶喜追討令を出し、慶喜や松平容保を「朝敵」として、奥羽諸藩に出兵を命令した。二月には有栖川宮熾仁親王が東征大総督となり、三月になると、公卿九条道孝を総督として奥羽地方の鎮撫を職掌とした奥羽鎮撫使を派遣した。そして、仙台藩領に奥羽鎮撫総督府を設けて、奥羽諸藩に次々に出兵を命じていった。また、京都では新政府が仙台藩に対して、「奥羽之大鎮」であり、政宗の「勤王之偉功」がある「名家」であることを指摘しつつ、近隣諸藩を鼓舞して会津藩を攻撃するよう命令した[52]。

こうした事態は、仙台藩のみならず、奥羽地域全体が戦争に巻き込まれることを意味していた。奥羽での戦乱が目前に迫るなかで、奥羽の大藩としてどのように振る舞うのか。選択を迫られた仙台藩は、征討戦争の阻止を狙って、政府方針を批判した建白書の提出を企図し、二月に京都新政府に向けて、奉行の大條孫三郎道徳《おおえだまごさぶろうみちのり》を派遣した。また同時に、征討問題を協議するために、奥羽の外様有力藩に使節を派遣した[53]。しかし、藩兵を率いて京都に上っていた若年寄の三好監物清房《みよしけんもつきよふさ》が、三月九日に仙台に戻り、建白書が提出できなかった旨を報告した。これを受けて一三日に藩政府は、再び建白書を提出しようと一門の伊達《だて》将監《しょうげん》邦寧《くにやす》らを使節として東征大総督に派遣することを決定した(54)。

先に紹介した「将軍」と「奥羽之鎮守府将軍」との対比を論じた仙台藩士は、建白書の提出失敗と再建白の経緯について、次のように記している(55)。この藩士は、建白書の提出を取り止めたとの噂を耳にし、三月一二日の夜に三好に面会した。そして、奥羽諸藩と相談の上で建白書の提出を試み、奥羽諸藩や藩内が指示を待っているにもかかわらず、すぐに建白書を持ち帰っては、「奥羽ノ旗頭」として弁明できないと三好を批判した。それに対して、三好は建白書の効果を疑問視するとともに、藩主慶邦などを痛烈に批判した。そこで、彼は翌一三日朝に慶邦に面会して、「朝帝」や「奥羽之御諸侯方」に弁明できないと述べて、一門や奉行を使節として再度建白を試みるよう訴えたという。「天下ノ御政体」を指揮するため慶邦に上京を促したのは、この時である。自藩が「奥羽ノ旗頭」であると認識し、朝廷とともに奥羽諸藩に対して強い責任感を抱いている様子がうかがえる。

そうしたなかで、仙台藩では会津藩との直接交渉によって戦争の収束を探る動きが浮上した。三月、前年に慶邦の積極的な国事周旋を訴えた若生文十郎は、薩長両藩が唱える「勤王之大義」に賛意を示し、徳川家や会津藩の敗亡を哀れむ場合ではないとしつつも、民衆が「薩長の恩義」ではなく「天朝之御仁政」を仰望するよう尽力しなければならないと主張した。そこで仙台藩の取るべき道は、速やかに会津に出兵した後に上京し、「天下実に薩長の手に相落不申様」することであると訴える。ただし、「東奥第一耳ならず、天下鼎足之最雄藩」である仙台藩は、武力を用いずに会津を開城させるのが上策であり、それができれば「御英明之御徳望」が「天下」に広まり、これまで「因循弱国等相唱居候輩まで初て肝胆相冷伏首」するだろうと論じている。なお、以上が記される若生の意見書草稿には、討会出兵論を記した部分に、「奥羽二州御掌握之御深慮乍恐如何と奉存上候」という一節があり、周囲が削除を勧めたようだ[56]。

若生の考えは、王政復古による新政府の成立や「朝敵」追討という現実を踏まえて、大藩である仙台藩が実力を示して功績をあげることで発言力を増し、新政府内で薩長両藩の権勢が拡大することに歯止めをかけようとするものであった。「奥羽二州御掌握」の具体的内容は不明だが、奥羽の主導者であることは仙台藩のアイデンティティであり、繰り返し論じられていることが確認される。また、意見書に登場する「天下鼎足」とは、加賀藩・薩摩藩・仙台藩のことである[57]。その一角である薩摩藩は、王政復古に主体的な役割を果たした。若生が唱える国事周旋は、単に征討戦争の是非といった問題だけではなく、奥羽二州の力量を背景とした「天下」の「最雄藩」らしい振る舞い方の問題としても提起されていた。

会津藩説得を柱とした若生の意見は、藩政府に受け入れられた[58]。この後、若生は会津藩や米沢藩などに派遣され交渉を重ねた。この動きは奥羽列藩同盟の結成につながることになる。

おわりに

本稿では、幕末から戊辰戦争にかけての仙台藩の自己認識について、奥羽地域を重視する意識を中心に考察を加え、同藩の政治動向の背景を検討した。

幕末期の仙台藩内には、陸奥守であるという事実や、「夷」や天皇家との関係が影響を与えてか、藩主が鎮守府将軍であるとの言説や認識がみられる[59]。それは、自藩が奥羽諸藩を主導し、奥羽地域を警衛する立場にあると位置づけるものであった。攘夷戦争の危機が意識され、奥羽地域も不穏になるなかで、仙台藩は自らの役割を、地域の警衛や治安維持を図り、安寧秩序を保つこととして、それを理由に京都政局に干渉しないことを正当化した。仙台藩が京都政局での国事周旋に積極的ではなかった背景には、鎮守府将軍の言葉に象徴されるような自己認識も少なからず影響を与えたように推測される。

しかし、政治秩序の激変と動乱への予感のなかで、仙台藩内では、地域を守る従来の意味での「奥羽之鎮守府将軍」から脱皮を図ろうとする議論も展開された。大政奉還後には、奥羽の鎮めとして自藩領に待機しようとする意見の一方で、大藩として新体制構築をめぐる議論を主導し、地域レベルの政治にも関与しようとする意見も主張された。また、王政復古政変後には、仙台藩が鎮守府将軍として奥羽諸藩を主導し、地域利害を越えた国事問題に関与しようとする意見も登場した。そして戊辰戦争の勃発によって、奥羽地域の安寧秩序が破られる事態が発生すると、仙台藩は「奥羽ノ旗頭」としての意識から、征討戦争を阻止するため、国事周旋に乗り出していった。また、仙台藩は奥羽地域だけではなく「天下」の「最雄藩」であるとの意識から、時局を収拾することで実力を示し、発言力を得ようとする議論が展開された。

本稿で指摘したように、戊辰戦争が奥羽地域に波及する以前から、仙台藩は奥羽地域の警衛や治安維持を自らの役目と考え、奥羽諸藩との連携による国事周旋を意識するようになっていた。先行研究では、奥羽諸藩の亀鑑となり指揮しなければならないという仙台藩の責務の意識が、奥羽列藩同盟の結成につながると指摘される。本稿では、様々な意見書などに目を通すことによって、奥羽列藩同盟に帰結していく意識や動きについて、より詳細な背景や前提を明らかにした。もちろん、秩序の崩壊や戦争の危機のなかで、奥羽地域や国政において大藩として相応しい振る舞い方を模索した仙台藩の姿勢は、「変革」ではなく「保守」であったとする「東北モンロー主義」という評価だけで捉えられるものではない。

本稿で取り上げた個々の意見は、全てが藩論と一致していたわけではない。また、個別の政治選択の背景には、自己認識だけではなく様々な要因が想定される。しかし、前述のような言説が登場し、意見が藩内で議論されていることの意味は決して軽いものではない。意見の具体的な内容は藩士によって異なっていたとしても、奥羽諸藩を主導しながら、地域的、あるいは国家的問題に向き合おうとする意識は、多くの仙台藩士が共有し、藩内の議論の前提となっていたのではないだろうか。

慶応四年閏四月一八日、白石において仙台藩奉行の但木土佐と坂英力時秀《さかえいりきときひで》は、養賢堂の新井義右衛門と玉蟲左太夫に対して、奥羽に派遣された「西軍」参謀の問題点を指摘し、征討問題をめぐる藩の方針を表明したとされる(60)。

> 此度国論一変之積りに候、（中略）、世良修蔵等、徒に奥羽諸侯を凌轢侮蔑するのみならす、九条殿も慢罵の所為、実況に見聞致候得ば、実に名のみ官軍にて、全く　宸旨より出候事に無之偽官軍には相違無之、仍て此度謀を改め、東方より真勤　王の旗を揚げ、偽官軍を討払、王政復古を東方諸侯より致し上候（後略）

この直後に結成された奥羽列藩同盟は、避戦や止戦を求めながらも、次第に新政府内の薩摩藩や長州藩を痛烈に批判するようになり、西国の大藩が加わった新政府軍に激しく抵抗していく。幕末維新期における仙台藩や奥羽地域の分岐点を象徴するものとして、研究史上たびたび引用されるこの発言にも、東国の大藩や奥羽の主導者としての強い自信と自尊心が潜んでいる。
ただし、現実の政治のなかでは、奥羽諸藩の主導者であるという仙台藩の自己認識を、必ずしも他者が許容するとは限らない。奥羽列藩同盟結成前後を通して、仙台藩は他の同盟諸藩と激しくぶつかり、新たな問題を生み出していくことになる。(61)

〔註〕

(1) 「戊辰日記（清写本）」二（『宮島誠一郎文書』A一八、早稲田大学図書館蔵）の三月一六日条。
(2) 近年の動向については、家近良樹「明治維新史研究の過去と現在―対幕府研究を軸にして―」（徳永光俊編『二〇世紀の経済と文化』思文閣出版、二〇〇〇年）、高木不二「幕末政治史の研究史から―私的総括と見えてくる課題―」（明治維新史学会編『明治維新研究の今を問う―新たな歴史像を求めて』有志舎、二〇一一年）など。
(3) 平重道『伊達政宗・戊辰戦争』（宝文堂、一九六九年）の第二編、高橋富雄『宮城県の歴史』（山川出版社、一九六九年）の二〇〇〜二〇四頁。
(4) 難波信雄「大藩の選択―仙台藩の明治維新―」（『東北学院大学東北文化研究所紀要』三七、二〇〇五年）。
(5) 奈良勝司「幕末政治と〈決断〉の制度化―江戸幕閣の動向からみる―」（『ヒストリア』二二三、二〇一〇年）。
(6) 吉村雅美『近世日本の対外関係と地域意識』（清文堂出版、二〇一二年）の第五章と終章。
(7) 青山忠正『明治維新の言語と史料』（清文堂出版、二〇〇六年）の序章。
(8) 岸本覚「長州藩藩祖廟の形成」（『日本史研究』四三八、一九九九年）、同「長州藩の藩祖顕彰と藩政改革」

（『日本史研究』四六四、二〇〇一年）、大友真一「幕末期における結城氏由緒の復興―川越藩松平大和守家と結城氏旧臣町人の動向―」（『日本史研究』四八九、二〇〇三年）など。

（9）一五世紀から一七世紀初頭までは、小林清治「伊達氏と奥州探題職」（『福大史学』一八、一九七四年）、同『伊達政宗の研究』（吉川弘文館、二〇〇八年）のⅡによる。

（10）齋藤潤『伊達氏、仙台への道』大崎八幡宮、二〇一〇年）の一一～一八頁。

（11）髙橋修「仙台藩知行宛行状の文書学的研究（上）（下）」（『文化』六〇―三・四、六一―一・二、一九九七年）の二七七～二八二頁。

（12）菊池勇夫「天保四年の奥羽飢饉聞書について」（『キリスト教文化研究所研究年報』三六、二〇〇二年）の一三〇～一三二頁。

（13）『翻刻荒井宣昭選集』（今野印刷株式会社、二〇〇二年）の五一頁。

（14）針谷武志「「内憂外患」への領主的対応の挫折と変容―弘化三年の海防動員の検証を通じて―」（横浜開港資料館・横浜近世史研究会編『19世紀の世界と横浜』山川出版社、一九九三年）。

（15）「桜田良佐日記」（『大日本維新史料綱本』嘉永四年四月七日条、東京大学史料編纂所データベース）。

（16）「練兵行軍之図　完」（『片倉家資料』二〇八、仙台市博物館蔵）。成立年代は不明であるが、日野は幕末期の情勢を体感した人物である。

（17）「鎮守府御軍用次第記」（『仙台市関係資料』一九八、宮城教育大学蔵）。

（18）『仙台戊辰史』（続日本史籍協会叢書、東京大学出版会、復刻一九八〇年・一九八一年）の一三八～一五〇頁。

（19）以下、文久・元治期の仙台藩については、特に注記しない場合、『仙台市史　通史編5近世3』二〇〇四年）の第七章第二節の三（難波信雄氏執筆）を参照。

(20)『大日本古文書　伊達家文書之九』（東京大学出版会、復刻一九八二年）の三〇五四「石母田頼至石田正親連署意見書」。前掲註(4)難波論文では意見書が文久三年時のものであることを明らかにする。
(21)前掲註(4)難波論文の二一二頁。
(22)「自他為要録（真柳辰広日記）三」（『維新史料引継本』ほ八四八、東京大学史料編纂所蔵）。
(23)前掲註(3)高橋書の二〇〇頁など。
(24)前掲註(18)『仙台戊辰史』の二〇二～二〇五頁。
(25)前掲註(20)『大日本古文書　伊達家文書之九』の三一二二「伊達慶邦武備申渡書控」。
(26)前掲註(5)奈良論文では、徳川政権が東国大名を糾合した「東国公議論」を志向していたとする。
(27)遠藤文七郎宛石田正親書状（『遠藤家文書』E一―二―七七―五、白石市教育委員会）。
(28)『米沢市史　通史編近世編2』（一九九三年）の第四章第一節の2。
(29)針生武巳編『屋代郷文久騒動　歎願真秘録』（私家版、一九七七年）の六五頁・九七頁。
(30)御届御趣意書取（『松倉家文書』三二、仙台市博物館市史編さん室調査史料）。元治元年一二月から翌年一月にかけて作成されている。
(31)拙稿「幕末期の上山藩と奥羽諸藩―上山藩士金子与三郎の思想と行動を中心に―」（『東北文化研究室紀要』四五、二〇〇四年）。
(32)判沢弘「非幕・非薩長派のめざしたもの」（市井三郎編『明治の群像1　開国の苦しみ』三一書房、一九六九年）、難波信雄「玉虫左太夫」（『仙台市史　通史編5近世3』）。
(33)前掲註(20)『大日本古文書　伊達家文書之九』の三二五〇「玉虫誼茂意見書」。
(34)「戊辰始末」（『仙台叢書第十二巻』宝文堂、復刻一九七二年）の五二一・五三一頁。
(35)前掲註(4)難波論文の二二一～二一七頁。

(36)「葦名靫負戊辰記事　巻六」所収の「慶応四年三月十三日御前へ左二申上候品柄」。明治初年に仙台藩に提出された履歴書上の類と思われる。なお、前掲註(18)『仙台戊辰史』の三四八～三五〇頁では、この部分を省略した書上を紹介し、これを沼沢与三郎の意見とする。同史料については、拙稿「「葦名靫負戊辰記事」に関する一考察」(『仙台市博物館調査研究報告』三三一・三三二、二〇一三年)を参照。

(37)拙稿「王政復古政変前後における仙台藩と米沢藩―京都政局との関連で―」(『日本歴史』七六八、二〇一二年)。

(38)前掲註(18)『仙台戊辰史』の二三五・二三六頁。

(39)新井雨窓意見書(『戸板家文書』三八、東北歴史博物館蔵)。

(40)若生文十郎意見書(『十文字家文書』B四四―一一九七、北海道立文書館蔵)。

(41)若生文十郎意見書(『十文字家文書』B四四―一九二)。

(42)公議については、原口清『王政復古への道』(岩田書院、二〇〇七年)、青山忠正『明治維新と国家形成』(吉川弘文館、二〇〇〇年)など。

(43)十文字龍介宛安田竹之輔書状(『十文字家文書』B四四―一六四九)。

(44)前掲註(34)「戊辰始末」の五五～五八頁。

(45)『維新の内乱』(至誠堂、一九六八年)の一三〇・一三一頁。

(46)京都詰仙台藩士も奥羽諸藩および全国諸藩との連携を模索していた(前掲註(37)拙稿)。

(47)松平喜徳書状(『伊達家寄贈文化財(古文書)』一七三六、仙台市博物館蔵)。

(48)「御国日記」(『伊達家寄贈文化財(古記録)』三三一七)の一月一六日条。

(49)前掲註(4)難波論文の二二一・三五頁。

(50)『小牛田町史上巻』(一九七〇年)の六一六頁。

（51）同右、六一八頁。
（52）前掲註（34）「戊辰始末」の一一九頁。
（53）前掲註（4）難波論文では、この行動を鎮守府将軍としての自意識を背景とするものとし、奥羽列藩同盟への第一歩と評価する。
（54）「近習目付御用日誌」（『伊達家寄贈文化財（古記録）』三二八）の慶応四年三月九日条・三月一三日条。
（55）前掲註（36）「慶応四年三月十三日御前へ左二申上候品柄」。
（56）志賀潔編『戊辰記事』（私家版、一九三五年）の後編四九〜五二頁。
（57）前掲註（4）難波論文の二〇頁。
（58）前掲註（18）『仙台戊辰史』の三〇〇・三〇〇頁には、本論で触れた若生意見書を略記したものが掲載される。
（59）仙台藩主が鎮守府将軍であるとの認識は、藩内だけにとどまらず、庶民にも広がっており、この点からも考察する必要がある。戊辰戦争を風刺したチョボクレのなかには、仙台藩主を奥羽の「親方」「兄公」と評して、「鎮守府将軍兼帯なさるる御方ちやないかへ　奮激なさへな」と仙台藩の奮起を求めるものがある（相原陽三「ちょぼくれ」『仙台郷土研究』通巻二四三、一九九一年）。
（60）前掲註（34）「戊辰始末」の一七六・一七七頁。
（61）この点については、本書所収の太田秀春「奥羽越列藩同盟における公議府と軍事」を参照のこと。

奥羽越列藩同盟における公議府と軍事

太田 秀春

はじめに

明治維新史の大きなエポックである戊辰戦争と、その過程で東北と北越諸藩によって結成された奥羽越列藩同盟については、多くの研究蓄積がある。その大きな流れを整理すると、「公議政体論＝大政奉還コースの現実化」した「たんに東北地方で政府に抵抗するという消極的なもの」ではなく「積極的に中央の政治を刷新」しようとした諸藩連合政権とする原口清氏の見解と、列藩同盟を「遅れた封建領主のルースな連合体」とする石井孝氏による著名な論争があった。この原口氏の見解を発展させるかたちで佐々木克氏が、同盟が目指したものは徳川慶喜が目指した大政奉還や土佐藩などの公議政体論と同じで、薩長政権にかわる政権を構想していたと評価した。近年では工藤威氏が、同盟には政権の核となる機関も綱領もなく「圧力団体」的なもので、事態の平和解決を目指した連合体であったとの見解を示している(1)。

本稿では、これらの先行研究を踏まえたうえで、同盟の性格を考える際に重要な論点となってくる軍事の問題を中心に考察していきたい。戊辰戦争を軍事の面からとらえる研究はすでになされており(2)、近年においてもいくつかの研究成果が出されているが、結果として同盟側が新政府軍に敗退しているという動かし難い史実が厳然としてあることから、おおむね批判的に述べられることが多い(3)。

しかしながら、開戦になることも視野に入れて同盟が締結され、実際に戦争状態に突入していったことからわかるように、決して軍事的な意識が欠落していたわけではない。現に同盟側の盟約には軍事に関する項目も設けられており、それを担当する部局も設置されていた。そして、それらを統括するために置かれたのが公議府である。公議府は、同盟側が輪王寺宮を戴いて以後に設置されたもので、いわゆる「東北政権」などと称された機関である。

公議府の成立によって形式的には政権としての様相を呈していた同盟であったが、問題はそれらがいかに機能していたのか、ということである。そしてこれは、同盟の成立意義や東北諸藩の意識とも関連してくる大きな課題でもある。本稿では、同盟の成立過程を再検討し、さらに前線での具体的な軍の動きをみていくことで、この問題について考察していきたい。

一　列藩同盟の成立と「盟約書」の内容

列藩同盟の性格については先行研究の蓄積がある。近年の研究では、列藩同盟が成立し、その後にいわゆる「東北政権」と称される輪王寺宮公現法親王を戴く公議府が設立されたのちも、その軍事指揮系統が同盟諸藩に及んでいなかったとの見解が出されている(4)。そもそも同盟成立の時点で、軍事指揮権の問題はどのように考えられていたのであろうか。まず、この点について整理しておきたい(5)。

同盟軍の指揮権については、当初から問題となっていた。よく取り上げられる著名な史料であるが、いわゆる「白石盟約書」と「仙台盟約書」について、この点から改めて検討したい。

慶応四年（一八六八）閏四月二二日、会津・庄内藩を朝敵として追討しようとする新政府に対して、仙台・米沢藩を中心とした東北諸藩は観点を求める嘆願のため、白石で会議を開いた。この白石会議に出席していた奥羽諸藩の代表が調印したのが「白石盟約書」である。この中で軍事行動に関しては、「大事件ハ列藩尽衆議、可帰公平之旨、軍事之機会、細微之節目等ニ至候テハ、不及衆議、可随大国号令事」と、「大事件」は同盟諸藩の「衆議」を尽くすとしたものの、「軍事之機会」と「細微之節目」については諸藩の「衆議」によらず、「大国」すなわち仙台藩の「号令」に従うべしと明記され、仙台藩の強い指導性が明確に打ち出されていた(6)。こうした仙台藩の突出は、朝廷権威を帯び会津征討の督戦のため奥羽に派遣されてきた総督九条道孝等奥羽鎮撫総督府を仙台城下に確保し、そのもとで指導性を発揮するというもので、総督府の存在を前提としたものであった(7)。これについては会津藩なども「仙台ヲ以テ盟主ト為ス」と、仙台藩が同盟を主導していると認識していた(8)。

このような仙台藩の動きは、近世を通して形成されてきた「奥州探題」としての認識に加えて(9)、幕末期に台頭してきた「鎮守府将軍」として自らを位置づける仙台藩自身の自己認識が大きかった(10)。また、近隣のいわゆる小藩も仙台藩や秋田藩などの大藩に依拠して存続を図ろうとする意識が存在していた(11)。したがって、仙台藩は京都政局に進出して国事周旋をおこなうよりも、地域の安定を担うことを最優先の責務と考えたのである。

その後、同盟諸藩の代表は仙台城下に移り、五月三日、先の「白石盟約書」を改定した「仙台盟約書」が作成され調印がなされた。「白石盟約書」の段階では「大国」たる仙台藩の指導性が明文化されていたが、米沢藩が「小国可随大国ノ文辞、是亦暴慢ノ至」であるとの強く反発し、この段階で削除された[12]。その結果、軍事については「大事件列藩集議可帰公平之旨、細微則可随其宜事」と、「大事件」は「列藩集議」をもって公平を期し細微についても同様に対応することと、大幅な変更がなされた[13]。この時点で「大国」として同盟諸藩のなかで優位に立ち主導権を発揮しようとする仙台藩の企図は完全に否定され、総督府のもと同盟諸藩の衆議によって軍事行動がなされることとされたのである。そして、この「仙台盟約書」で定めたとおり、例えば福島近郊の旧幕府領取り締まり問題などの「細微」に関しては、実際に諸藩の衆議をもとに決定されているのである[14]。

また、盟約書の性格自体は、「白石盟約書」が会津藩と庄内藩の救済を目的とした嘆願同盟であったのに対して、「仙台盟約書」は軍事的な行動をともなう攻守同盟となり、この二つの段階で同盟の性格は大きく変わっていた[15]。「仙台盟約書」では、「若有不虞危急之事、比隣各藩速援救、可報告総督府事」「通謀他国或出兵隣境皆可報同盟事」など、同盟参加諸藩の近隣への援兵や報告などの義務も明確化されており、軍事同盟としての性格が強まっていた。それにもかかわらず、仙台藩の主導性が否定され、同盟諸藩の「衆議」に変更されたことは、その後の戦局にも多大な影響を及ぼすこととなった。

一例を挙げると、「仙台盟約書」の中では「不虞危急之事」として想定されていた薩長との衝突が起きた場合、近隣の諸藩が速やかに救援し、総督府に知らせることとされた。そこでは、薩長との全面戦争に至った場合でも、具体的な指揮命令系統は明記されておらず、基本的には総督府のもとで諸藩の「衆議」によって軍事行動が決定されるというものであった。そして、その軍事行動は朝廷権威たる総督府のもとでおこなわれることによって、正当性と合法性を保っていたのである。[16]

同盟側の作戦計画書としてよく知られたものに「奥羽列藩同盟軍議書」がある。この計画書は仙台藩によって作成されたとみられており、同盟諸藩の合意を得たものではない。[17]しかし、その後の展開は、おおむねこの計画に沿って進められていることから、[18]この計画書をもとに同盟の作戦計画を検討しておきたい。

この計画書における白河方面の軍事的な処置については、侵入しようとする薩長軍を「総督府より厳命を以て「官軍打入之義、堅く差留」ること、もし戦端が開かれた場合は、「会藩決死防戦」して機をみて進取すること、仙台藩は白河城を根拠とし「四方之諸藩」へ指示を出すこと、同盟諸藩は「各出兵応援尽力」すること、傍観する藩には「厳重之処置」を加えること、米沢藩も「応援、一手之人数、繰出」すこと、などが取り決められた。[19]

この計画書は、閏四月二〇日前後に作成されたとみられており、[20]同月二二日に調印された「白石盟約書」の仙台藩の「号令」に従うという条項に呼応するように、仙台藩が白河城を根拠とし諸藩に指示を出すことが計画されている。計画書の中で同盟諸藩は「連合之諸藩」と記されていることから、仙台藩が指示を発する対象の「四方之諸藩」は、同盟以外の諸藩ということになる。実際に計画書では、下野や常陸、房総まで連携し、上野、甲斐、信濃まで視野に入れた軍事展開を構想し、実際にそのような動きがなされていた。[21]しかしながら前述のとおり、このような仙台藩の主導性は「仙台盟約書」の段階で否定されることになった。

二　同盟軍の軍事指揮権

1　開戦と指揮権問題の顕在化

　軍事に関する弊害は、同盟軍と新政府軍との最初の大規模な戦闘である白河城の攻防戦で顕著に表れた。奥羽の関門である白河城は、会津藩家老西郷頼母近悳が指揮する会津藩兵を中心に、仙台、棚倉などの諸藩兵と、旧幕府の新選組や純義隊など約二五〇〇～三〇〇〇名が守備していたが、慶応四年五月一日、薩摩・長州・大垣藩兵を中心とする新政府軍約七〇〇名の攻撃を受けて、白河城は一日で新政府軍の手に落ちた。新政府軍の戦死者がわずか一〇名だったのに対し、同盟軍は七〇〇名近い戦死者を出す大敗である。その後、五月二六日から七月一五日にかけて、同盟軍は、二本松、相馬、福島藩兵や水戸脱走兵なども加えて七度にわたって奪還作戦を試みた。しかし、会津藩副総督横山主税常守や仙台藩参謀坂本大炊隆中らの隊長クラスが多数戦死するなど新政府軍に惨敗し、ついに白河城奪還はならなかった。

　新政府軍は、朝廷から任命された皇族や公卿出身の総督や副総督のもとに、西郷隆盛など薩長土肥を中心とした雄藩出身の軍事に精通した参謀が任命され、この参謀が実質的に軍を統率した。新政府が要求した武装や服装などの規定にしたがって諸藩から差し出された兵力は、実戦経験豊富な参謀たちによって統一的な指揮・命令系統のもとで軍事行動がなされていた。このような動員は近世の大名軍役動員方式を踏襲したものであったが、総督府の軍事力はその性格が大きく異なり、旧幕府がなしえなかった大名兵力の洋式化を有

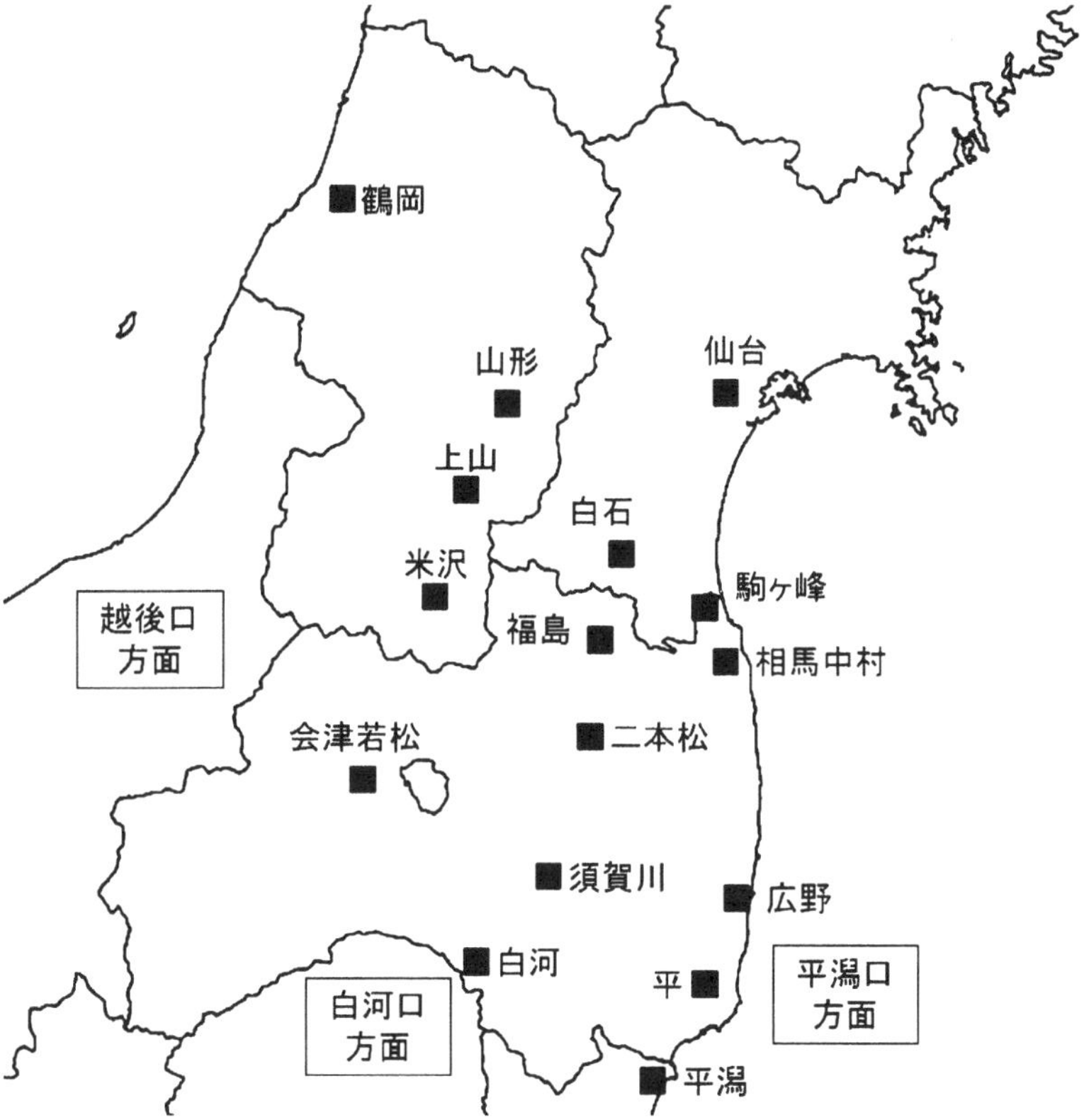

図1　奥羽越列藩同盟関係図

無を言わさず一挙に断行した。それらは銃隊や砲隊のみに限定され、薩長出身の参謀の指揮下に入った。その戦争指揮は天皇権威の超越性に由来するものであると同時に、組織された軍事力そのものの強力さとあいまって、諸大名に反論を許さないものとなっていた[22]。

これに対して、指揮系統のあいまいな同盟諸藩は相互の連携が有効になされておらず、新政府軍から各個撃破されるという事態が続いたのである[23]。この問題は、同盟を主導した仙台藩でも同様であった。盟主として振舞おうとしていた仙台藩は、実際に戦争がはじまると予想外の弱兵ぶりが露呈し、同盟諸藩から批判や反発を受けることとなった。幕末期の仙台藩は、大番士を中心とする約一万名の藩直轄兵がいたが、これ以外に一門や一家、一族などの大身の家臣が抱える陪臣が約二万四〇〇〇名で、藩が直接指揮できない兵力が藩直轄軍の約二倍も存在していた(24)。したがって、仙台藩の直轄軍と大身家臣の陪臣たちの軍は、服装の洋式化こそ進んでいたものの、装備や軍制はそれぞれ別個のものであり、新政府軍のように統一のとれた軍隊ではなかったのである(25)。

2　指揮権問題解決の模索

白河方面での敗戦が続くと、仙台藩でもこの問題が強く認識されるようになった。白河城攻防戦に参加した仙台藩士自身が、「如此烏合ノ兵ニテ、抗敵スルコト難ク」と嘆かざるを得ない状況であった。その結果、白河出陣中の藩兵からは、「迅速両君公ノ内、福島表カ或ハ郡山辺迄モ出旗有テ、我全軍ヲ指揮」することがなければ、「白河表ノ敵日増多勢ニ相成へク、一日モ攻撃延引アリテハ、国家ノ大事安危存亡ノ途此挙ニアリ」と、藩主伊達慶邦・世子宗敦が直接指揮するよう意見が出される事態となった(26)。

白河での敗戦が続く中、七月一日、この問題が仙台城で議論された。慶邦が戦局打開に向けての対応を問うと、家臣からは「我軍ノ利アラザルハ、全ク大将其ノ器ニアラザルガ為ナリ、適才ヲ選ビテ任ゼラレズバ、寔ニ一大事ナラン」との意見が出された。そこで慶邦は奉行（他藩の家老に相当）の坂英力時秀を藩主の名代として任命し、「此度御名代被仰付、出陣惣軍指揮賞罰悉被相任候」と、仙台藩全軍の指揮・賞罰権を委任した(27)。

このような指揮権の問題は米沢藩でも同様であった。米沢藩では指揮系統の問題を統一するために、従来の藩の執行部である「本政府」とは別に、軍事に関する権限と機能を集中した「軍政府」を設立し、総督の千坂太郎左衛門高雅に藩主から賞罰の権限が委任された。この軍政府の成立によって、米沢藩では主戦派が本政府の意向に縛られずに行動することができるようになった。

そして、北越方面に派遣された総督の千坂と参謀の甘粕備後継成は、後に会津藩家老佐川官兵衛直清、長岡藩家老河井継之助秋義などに請われて、越後方面軍の同盟軍の総督、参謀へと就任し、この方面の同盟軍全体の指揮権を掌握している。すでに五月末の段階で、会津藩の梶原平馬景武から指揮命令系統を一本化するために、北越の同盟軍を統括する越後口総督に就任するように要請がなされていた。その後、六月一三日に、再び佐川や河井からの要請があり総督に就任したのである[28]。同盟軍のような諸藩の連合軍であれば、軍事の問題を解決する手段の一つとして指揮権の統一が図られることになるのは、ある意味で当然の成り行きであった。

先述の「仙台盟約書」の段階では、同盟側はこのような軍事的な問題を、総督府の権威のもとで解決を図ろうとしていた。しかし、実際に戦闘状態に入ると、実情にそぐわないものであることが顕著になってきたのである。さらに、仙台城下で事実上の軟禁状態に置いていた九条総督が、仙台藩の失態で佐賀藩の前山清一郎らによって救出され、五月一八日に仙台を発って秋田へと脱出したのは同盟側にとって痛恨事であった。当初、同盟側が企図していた総督府の権威による行動の正当性や合法性、同盟の求心力が失われかねない事態に陥ったのである。

3　輪王寺宮の擁立

この段階で構想されたのが、上野寛永寺の輪王寺宮公現法親王を擁立するというものであった。輪王寺宮は江戸時代の門跡の一つで、後水尾天皇の皇子守澄親王が天台座主につき日光輪王寺の門主を兼ねつつ寛永寺に居住した。当時の輪王寺宮公現法親王は、伏見宮邦家親王の子で後に仁孝天皇の猶子となり、慶応三年（一八六七）に寛永寺に入った。

輪王寺宮は徳川慶喜の救済に動き、東征大総督として江戸に進軍中であった有栖川宮熾仁親王に嘆願したが、参謀西郷隆盛らに一蹴され新政府側に対する反感を抱いていた。やがて、江戸を無血開城した新政府軍は、五月一五日、上野に立て籠もり新政府に抵抗していた旧幕臣らの彰義隊に対し総攻撃をおこない一日で壊滅させた（図2）。

この時、輪王寺宮は上野を脱出し、二六日に品川から榎本武揚らの旧幕府艦隊に乗船し、常陸平潟に上陸して会津へと向かった。同盟成立の前後から、すでに会津藩などから輪王寺宮周辺に接触が図られており、この頃に仙台藩の一部では宮を擁立する計画があったとされる[29]。平潟上陸後、輪王寺宮が会津、米沢を経て仙台へ移ったのも、このような宮自身や周辺の強い意向によるものであった[30]。それはまた、総督府の委任を前提に主導権を確立しようとしていた仙台藩や、行動の正当性を主張しようとしていた同盟諸藩にとっても、九条総督という朝廷権威を失った今、宮を擁立して新たな権威のもとで同盟の求心力を回復することは、まさに焦眉の急であった。

従来、同盟の軍事行動は総督府の威光が前提であったことから、「諸藩会議之上、先般九条殿仙台ニ罷在

図２　寛永寺総門と彰義隊の墓

上野に立て籠もった彰義隊は、新政府軍の攻撃で瓦解した。輪王寺宮は上野戦争の最中に寛永寺を脱出し奥羽へと向かったが、彰義隊の一部も宮に同行し同盟軍に加わった。宮の存在が、同盟の性格を変えていくこととなる（上：上野寛永寺。東京都台東区。下：上野公園内）。

候ニ付、軍務局取建、諸藩ヨリ出張有之候処」というように、総督府が滞在していた仙台に「軍務局」を置き、諸藩から出張の藩士らが協議するかたちでおこなわれていた。しかし、六月七日に米沢藩から宮方に対し、「九条殿秋田江引移ニ付、白川江遠隔不便之次第モ有之、白川辺江相進メ候所存之処」と、五月一八日に九条総督が秋田に転陣したことで軍務局を仙台に置く必要性がなくなったことから、新政府軍との戦いが始まっていた白河方面に移してはどうか、という意見が出されていることが伝えられた。軍務局の移転については、「仙台侯不満ニ付、別ニ軍局之出張所取建候議論」というように、同盟の主導権を握ろうとする仙台藩が難色を示していたが、同盟諸藩は「仙藩盟主之儀、諸藩物議之次第モ有之」と、仙台藩の主導性に対して疑問を持ち始め反発を強めていた[31]。

先述のように同盟側のいわゆる中小藩は、大藩に積極的に依拠することで自らの保全を図ってきた経緯もあった[32]。しかし、ここにきてそのような従来の性格を脱し、大藩に依拠せずに自らの主張をおこなう、衆議を重視する方向へと変化をみせ始めていた。ただし、そのような衆議を重視し公論を前提として成立した同盟は、専制が向いている軍事組織としては矛盾を抱えることとなったのである。

このような問題を解決するために同盟側は六月九日、二三日と二度にわたって、輪王寺宮に対し「盟主」として「列藩之会盟御管轄」と「軍事御指図」を要請していたものの、宮は「法中」の身であることを理由に固辞した[33]。六月一九日頃には、当時、奥羽に身を寄せていた旧幕閣の備中松山藩主板倉伊賀守勝静《かつきよ》と唐津藩世子小笠原壱岐守長行《ながみち》が輪王寺宮のもとで「凡而管括」し、各藩から「参謀」を出すことも構想された[34]。また、七月四日には会津藩から宮方に対して、今後の同盟について「米仙江総督之任当分御委任」「板倉小笠原二公之事、仙米ヲ主トシ内参謀之積」とする要請も出された[35]。

図3　白石城の復元天守

白石は伊達氏の重臣片倉氏1万8000石の居城である。ここで「白石盟約」が締結され、列藩同盟成立へと向かった。後に同盟側が盟主と仰いだ輪王寺宮が滞在し、公議府が設置され同盟諸藩の重臣たちが詰め、戦略や政策を議論した（宮城県白石市）。

その後、輪王寺宮は薩摩追討の令旨を発したが、その副書において、「諸事列藩会議之上取計候儀ニハ可有之候得共、自然管轄之任無之候テハ行届兼候儀モ可有之哉ト思召候間、当分之内仙台中将殿、米沢中将殿両所ニテ、利鈍斟酌施行被有之可然トノ御事ニ候」と、列藩会議による運営を原則とするものの、「管轄之任」がなければ支障が出るので、それについては「当分之内」という条件で仙台・米沢両藩主に委任するとした[36]。

七月一三日、輪王寺宮が仙台から白石に入ると、新たな政権構想が本格化した（図3）。白石に置かれた同盟諸藩の会議所は「公議府」と改称され、「軍務局」は戦地に近い福島に置かれることになった。公議府では、「同盟列藩士、日々公議府ニ会シテ軍略ヲ始メ、治民会計、及ヒ諸事ヲ議ス」

という体制が整えられた(37)。軍事に関しては、老中や外国奉行を勤めた前白河藩主阿部正外《まさと》（当時は棚倉へ移封）が福島の軍務局で指揮し、同盟諸藩は戦闘をはじめとする軍事の詳細を軍務局へ報告することとなった(38)。そして、一九日には、公議府から軍事に関する布告が出された。

この布告では、輪王寺宮に対し「奥羽列藩評議之上」で「阿部葆真老公（阿部正外―引用者註）」を「白川岩城等御指揮」にと「強テ奉願上」たところ、宮が「御許容」になった。そこで、「早速福島表ノ御出張御指揮被成下候間、両地出兵之隊頭初以下、屹度相守違背有之間敷事」と同地の諸隊はその指示に従うこと、「御指揮違背之輩ハ隊頭隊頭ニテ厳重処置可有之事」と指揮違反に対して厳罰で臨むこと、連絡のために「両口出兵之列藩ヨリ福島表へ一人ツ、罷出」るようにとの指示が出された(39)。

このような経緯から、阿部正外の軍事指揮については、同盟諸藩の側からの依頼によるものであったことが確認できる。そして、それは宮の「御許可」を得て成立したものであった。しかし、これは宮の権威を以って指揮権を正当化する必要があったからだけではない。列藩同盟自体が「衆議」を建前として成立し、また、仙台藩の突出についても同盟諸藩から強い反発が出ていたことからわかるように、諸藩兵に対して指揮権を行使するためには、同盟諸藩より上位の存在である必要があった。それは、旧幕閣とはいえ基本的には同盟諸藩の藩主と同位にある阿部ではなく、その上位の朝廷権威である輪王寺宮でなければならなかった。この権威を以ってこそ、諸藩兵や旧幕府軍を指揮したり、諸大名の上位権力である将軍（幕府）によって任命された代官を指図したりすることが可能になったのである(40)。

三　列藩同盟と旧幕府軍

白河・平潟（磐城）方面については、公議府のもとに設けられた軍務局で阿部正外が指揮をとることとなったが、この方面には多くの旧幕府軍が存在していた。

輪王寺宮周辺には、上野滞在時から警護を担当していた彰義隊の一部が、引き続きその役割を担っており、他にも大鳥圭介の伝習隊、土方歳三・山口一の新選組、古屋作左衛門の衝鋒隊、人見勝太郎の遊撃隊、春日左衛門の陸軍隊など、多くの旧幕府軍が同盟側として参戦していたのである。

このような旧幕府軍の扱いについては、若年寄並陸軍奉行として鳥羽・伏見の戦いで幕府軍を指揮した竹中丹後守重固《しげかた》が、七月一二日、輪王寺宮に次のような上申をおこなっていた(41)。竹中は会津や米沢など奥羽に身を寄せたり江戸に潜伏したりしている旧幕府軍や「白河諸藩之士」について、「将帥」がいないために「烏合衆」となっていることから、将を定めて訓練を施す必要があるとし、その資金に福島近辺の旧幕府領八万石を充てることを建議した(42)。竹中が旧幕府領の扱いを云々できるのも、輪王寺宮の権威を背景としていたからである。

ここで注目されるのは、「将帥」がいないために「烏合衆」となっているのは、「白河諸藩之士」も同様だと竹中が述べている点である。同盟軍を「烏合衆」とした竹中の認識は、先述の同盟側が抱いていたそれと合致するものである。白河城の攻防戦以後、戦局が同盟軍に不利になってくるのにともない、同盟軍のみならず、同盟側に参戦した旧幕府軍も共通の課題を抱えていたことがわかる。

この竹中の建議について、宮側近の覚王院義観らは板倉や小笠原に相談し「至極宜敷旨」となったことから、宮に奏上して「取極」となった(43)。その結果、翌一三日、竹中は輪王寺宮から、「有志之輩統領軍事総裁」に任命されたのである(44)。竹中は七月一七日付で、「麾下之士総括取締リ、今般竹中丹後守入道春山へ申付候処、猶又　宮様ヨリ別紙ノ通リ仰付ラレ候ニ付テハ、何レモ憤発勉励致ス可クハ勿論ニ候得共、戦争永々ニ相成自然惰気ヲ生シ、素心ニ悖リ候様ノ儀出来候テハ相済マサル儀ニ付、近々規律法則モ相建申ス可ク候間、此段厚ク相心得昼夜戮力同心丹誠ヲ抽ゼラレ可事(45)」という書状を、指揮下に入った各地の旧幕府軍に発して、宮の「申付」による自身の軍事総裁就任を通知し、奮戦するよう檄を飛ばした。

こうして、白石の公議府には軍事に関する指示系統として、宮のもとに「内参謀」として板倉勝静と小笠原長行、福島の軍務局には白河・磐城（平潟口）方面の諸藩兵の「総括」として阿部正外、同盟側に参戦していた「有志之輩」である旧幕府諸隊を「統領」する「軍事総裁」として竹中重固が、それぞれ就任した。これによって、開戦以降、懸案となっていた軍事指揮の問題の解決を図ったのである。

四　同盟軍と旧幕府軍の「新展開」

輪王寺宮を中心とした公議府の体制が整ったものの、その実効性については従来から否定的にみられており、負の面ばかりが強調されてきた。近年の研究でも実際には公議府や軍務局が機能することなく同盟が崩壊し、旧幕府軍も同盟側に抱合されることはなく、公議府が旧幕府軍を掌握していなかった、といった指摘がなされている(46)。しかし、同盟諸藩側でも軍事に不向きな組織体制を変革しようとしていたとする見方があることは重要であろう(47)。

この点について、実際に戦局の推移にともない八月半ば以降に、「旧幕兵、神青龍隊四百人、隊長友成将監、衝鋒隊百人、隊長古屋作左衛門、純義隊五百人、隊長渡辺孝之助、桑名兵二百七十人、隊長服部半蔵、岩崎五太夫、山脇十左衛門、立見鑑三郎等、会地ニ流離シ、或ハ二本松嶽口、或ハ猪苗代、或ハ土湯ヨリ、陸続信達ニ逃入ス、声言ス、総軍三千、仙台ニ至リ。竹中丹州ニ属ス」というように、会津などから仙台領に流入した旧幕府軍は、竹中の指揮下に入っていたことが確認できる(48)。公議府の軍事指揮系統のもとに旧幕府軍が編入されたことで、拠り所を失って根無し草的な存在となっていた旧幕府軍は一応の拠点を得ることになり、公議府としても直轄軍的な兵力を持つことになった。公議府と旧幕府軍とは、相互依存的な関係を構築したといえよう。

1　公議府の軍事指揮

輪王寺宮を戴く公議府の成立によって、同盟側の軍事指揮に変化が生じた。このことがよくうかがえるのは、白河・平潟口方面での旧幕府軍との関係である。例えば、七月二一日、会津に駐屯していた古屋作左衛門の衝鋒隊や土方歳三の新選組などの旧幕府軍に対して、竹中重固は自身が旧幕府軍を指揮する軍事総裁に就任したことを通告し、あわせて輪王寺宮からの「古谷《ママ》作左エ門、土方歳三ハ、麾下脱兵ヲ引卒シ、越後地ニ発兵シ奮励」すべしという指示を伝えていた(49)。

また、相馬藩の富田久介や仙台藩の入生田三右衛門から公議府に対して、春日左衛門の陸軍隊を平潟口に援軍に回してほしいと申し入れがなされた。これを受けて輪王寺宮は七月二八日付けで春日左衛門に書状を出し、陸軍隊は「庄内表江罷越御約定之処」と当初は庄内藩の援軍に向かう約束であったが、「列藩より於岩城表尽力有之候様致度」と同盟より平潟口方面への援軍依頼が宮になされ、宮も「尤之次第」と思し召されたので、「乍大義於其表勉励進撃平城者不及申、江戸城等迄回復成功可有之候」と、平潟口で平城を奪還し江戸城まで回復するよう命じたのである。[50]あわせて、江戸などに潜伏している「彰義隊其外有志之輩」を、同盟側の援軍として呼び寄せるようにとの指示も出された。

その後、陸軍隊は実際に庄内（鶴岡）に向かわず平潟口で同盟軍とともに戦い、八月三日に隊長の春日が白石で輪王寺宮に拝謁し、公議府において「中村並仙台境守攻目的決候事」「春日左衛門江兵隊付属」「斥候厳重ニ致度事」「江戸表潜伏之兵士呼寄之儀、左衛門之見込ハ庄内ニ而金作船ニ而、相迎候積之事」などを話し合った。八月五日、春日は再び一大隊を率いて相馬方面へ向い、駒ヶ嶺周辺で仙台藩兵とともに新政府軍と戦っている。[51]

同盟諸藩が直接指揮することのできない存在である旧幕府軍に対して、輪王寺宮や公議府が同盟軍との間で調整を図りながら旧幕府軍に指示を出し、同盟側の軍事組織に組み込む役割を果たしていたことが確認できる。

また、当初は軍事指揮を仙台・米沢両藩主に「当分之内」という条件付きで委任していた輪王寺宮であったが、この時期になると積極的に軍事に関与する姿勢を示していた（図4）。新政府軍によって二本松城が落城し同盟の軍務局が福島から撤退するとの報告を受けると、八月一日、仙台藩主伊達慶邦に対して、新政府軍が間近に迫る「至急ノ場合」となり「此方ニモ甚ダ心細ク存候」という戦況に陥ったことから、「御苦労乍ラ速ニ御出陣、諸隊勉励目出度成功候様致シ度、此旨極内々御頼申シ入レ候」と、慶邦自身が出馬して

図４　輪王寺宮（北白川宮能久親王）銅像

奥羽鎮撫軍総督の九条道孝を失った同盟側は輪王寺宮を擁立し、公議府や軍務局を整備し新たな体制を模索した。宮も積極的に軍事に関与し、その権威のもとで同盟軍と旧幕府軍の「混成軍」が実現していた。宮は戊辰戦争後に赦免されて北白川宮を継ぎ、近衛師団長、陸軍大将等を歴任し、明治28年（1895）台湾征討中に病没した（東京都千代田区北の丸公園）。

兵を督戦することを輪王寺宮が直接要請したのである[52]。

この要請を受けた直後、実際に慶邦は六日に仙台を発って七日に公議府の置かれた白石に到着した。慶邦は宮に拝謁し、公議府で阿部正外、小笠原長行らとの軍議に臨み、伊達筑前、塩森主税、細谷十太夫らの仙台藩兵を相馬方面へ、上山藩兵や棚倉藩兵を福島方面へ派遣することを決議した[53]。実際に宮の依頼を受けて仙台藩主が出陣し、公議府で会議が開かれ、その結果、仙台藩主が直接指揮できる仙台藩兵だけではなく、諸藩兵に対しても指示が出された。

これは、仙台藩主としての慶邦の個人的な指示で成し得るものではなく、公議府としての命令だからこそ可能なことであった。

この他にも、八月一九日、輪王寺宮は慶邦に対し、「偖片倉氏事ハ旧来ノ名家ニテ別シテ当小十郎並ニ家来共迄大奮発之由承候」と、伊達家重臣の片倉氏は名家で当主の小十郎邦憲や家臣が奮戦していると聞き、「就テハ福島辺へ其藩ヨリ出張ノ兵隊ハ同人へ総括指揮等ノ儀、委任被有之候テハ如何之アルベクヤ」と、福島方面の仙台藩兵の「総括指揮」を片倉邦憲に任せてはどうかと提案しているのである。[54] これなどは、同盟諸藩の藩主や旧幕閣には成し得ない、明らかに宮の権威を以てのみ可能な藩主レベルの権限を凌駕する「越権」ともいえる行為であった。

また、公議府の「内参謀」である小笠原長行は、八月七日、戦局の報告や弾薬の製造などについて、軍務局に次のような指示を出していた。すなわち「事ノ有無ニ拘ハラズ日々一度ズ、必ズ報告アルベキ事」「事件之アル時ハ一日ニ二度モ三度モ報告之アルベキ事」「宮様モ御座ナサレ候故、斥候ハ最モ厳密ニ致スベキ事」「弾薬ハ仙台城下ニテ一日ニ七八万ズ、出来致スベキ事」「白石其外軍議所〻ハ弾薬絶ヘズ備ヘ置キ急場ノ用ニ備フベキ事」といういずれも具体的な内容の指示である。[55] 小笠原が直接諸藩に指示するのではなく、公議府のもとにある軍務局を通して指示を出していることがわかる。

さらに、八月五日には、「米沢藩片山甚一郎立寄、山形・上ノ山両隊者、福島城下迄繰込可申旨、白石会議所ニおいて相極り候段申聞、其内白石会議所よりも同様申来候間、同十五日、右福島駅江繰入申候」と、仙台領の峠田駅にいた山形藩兵が実際に公議府の指示によって動いている。山形藩兵は白石で二本松奪還作戦を聞き、一六日に二本松方面に出陣、一七日には新政府軍と戦闘となり福島方面に後退した。[56]

この二本松奪還作戦については、「小笠原壱岐福島エ隊長ニ出張致シ居候処[57]」、「散乱之人数相纏メ引取候途中、山中静翁（小笠原壱岐候之由）馬上ニ而福島より馳来、清水町寺院ニ諸勢引留、是より守返し候様被申候[58]」と、公議府の「内参謀」である小笠原長行が軍務局の置かれた福島に出張し、戦闘を指揮・督戦していたことも確認できる。

そして、この戦闘に際しては、「又此日（十八日—引用者註）午後十時軍事総裁竹中丹州ヨリ触達有之ハ、明十九日白川口須賀川宿へ援兵致ス可キ旨、（中略）但シ加藤平内儀ハ伝習仕込方トシテ当地ニ在留致ス可シ、尤モ伝習熟練ノ者十五人ヲ残シ、自今天野電四郎朝比奈虎之助指揮致スヘシトノ達シ有リ、（中略）依テ諸隊へ其趣ヲ報達ス」と、軍事総裁の竹中から伝習隊など会津方面の旧幕府軍に対して、二本松奪還作戦への援兵とそれにともなう指示が出されていた。その指示は、隊の編成にまで及ぶ詳細なものであった。その後、これらの隊は実際に会津若松から猪苗代湖畔の原宿まで出陣し須賀川方面へ向かった。二一日には「総裁竹中丹後守殿ヨリ兵士へ撤兵勤方申渡サル、午前七時出発、赤津宿、福良宿ヲ過テ三代宿へ宿陣ス」と、竹中から転陣を命じられ、それに従って猪苗代南岸から須賀川方面に移動している[59]。

また、九月初旬にも大規模な二本松奪還作戦が計画された。奥羽戦線も終局を迎えつつある九月五日、小笠原、竹中、旧幕府軍の伝習隊を率いる大鳥圭介らが福島で協議し、会津若松から逃れてきた前京都所司代の桑名藩主松平越中守定敬《さだあき》を「総督」とし、二本松を奪還して会津若松を救うことに決した。先鋒は二本松藩兵二小隊、旧幕府歩兵三小隊、仙台藩兵三小隊、中軍は庄内藩兵四小隊、棚倉藩兵三小隊、後軍は平藩兵二小隊、山形藩兵一小隊、上山藩兵一小隊という編成で、「羸兵」を除いて「精兵」を選び一小隊は三二人とし、各隊ごとに「一両人」を総督に付かせることとした。「雪ト問ハ霜ト答ヨ、霜ト問ハ雪ト答ヨ」と、具体的な合言葉まで決まり、六日には全軍が福島に集結した(60)。

まさに、諸藩の連合軍であるが、その全軍の指揮については、「全軍ノ進退ハ、総督ノ指揮ニ任セ」ることとなった。つまり、諸藩兵の指揮を総督に推された松平定敬に委任するというのである。その後、定敬は二本松への出兵を試みようとしたが、すでに九月四日に新政府軍に降伏した米沢藩が諸藩の周旋に動き、九日に至って諸藩兵は進軍を中止し解兵した。福島近辺にいた山形藩兵などは、九月九日に米沢藩から降伏を勧告されると、「会議所江断置」いた上で、九月一一日に福島を出立し山形に引き揚げている(61)。この段階に至ってもなお、公議府への報告をおこなっていることは注目に値する。

このような多数の事例から、輪王寺宮を戴く公議府と、同所に設置された軍務局の決議や指示によって、実際に同盟軍が軍事行動を起こしていることが確認できる。特に小笠原長行や松平定敬が総督として同盟諸藩を指揮するような事態は、白石盟約や仙台盟約の段階とは明かに異なる新たな局面に到達していたことがうかがえる。公議府は同盟軍の軍事指揮において、一定の役割を果たしていたのである。

2　同盟軍と旧幕府軍との「混成軍」

先述の通り、春日らの陸軍隊が公議府からの指示によって平潟方面に留まって同盟側として参戦することとなったが、この方面では陸軍隊を中心とする旧幕府軍と同盟軍との注目すべき連携がみられた。この事実については、従来、ほとんど言及されることがなかったことから、やや冗長で煩瑣になるが、実際の戦闘現場で起こっていた事象について、具体的に検証していきたい(62)。

六月一三日、軍艦で品川を発った長州藩の奥羽鎮撫総督参謀木梨精一郎等に率いられた薩摩・大村・佐土

図５　新選組隊士の野村利三郎と相馬主計

野村と相馬は旧幕府の陸軍隊に合流して奥羽戦線に身を投じた。野村（左）は平潟口の戦闘では同盟軍の「軍法進退」を担う「軍律」に就き、「日の丸」を振りながら同盟軍に「下知」して新政府軍と戦った。相馬（右）も同様に同盟諸藩の隊を率いて戦っている。輪王寺宮を戴く公議府のもとで旧幕府軍と同盟軍とが連携し、「混成軍」が誕生するような意識と体制の変革が生じていた（左：市立函館博物館蔵、右：『旧幕府』、右は『土方歳三の35年』新人物往来社より）。

原藩らの新政府軍は、一六日に平潟に上陸した。当時、平潟には古田山三郎を総督とする仙台藩兵を始め同盟諸藩の兵が配備されていたが、相互に連携しての防衛は全くなされず戦わずに傍観し、新政府軍の上陸を許していた。七月三日、新政府側は公卿の四条隆謌を仙台追討総督（八月一三日に奥羽追討平潟口総督と改称）に任命すると、一三日には平潟方面の要衝であった平城を攻略し北上を開始した。新政府軍を阻止しようとする同盟側は仙台藩を中心に、米沢、相馬、盛岡、平などの諸藩兵、春日左衛門の陸軍隊、人見勝太郎の遊撃隊などの旧幕府軍、遊撃隊に合流した上総国請西藩主林忠崇らの軍などが存在しており、白河口の同盟軍と同じ連合軍的な状況であった。

二二日、平城の北方にある久ノ浜まで進撃してきた新政府軍に対し広野に布陣していた同盟軍は、援軍に来ていた陸軍隊の春日左衛門や新選組の野村利三郎らの提案により夜襲を決行した（図５）[63]。同盟軍は、「先陣仙藩二小隊惣隊頭中村権十郎なり、二陣陸軍隊小西熊次郎一小隊、三陣相藩木村庄次郎隊、四陣新選隊真田勇次郎隊、五陣相藩西内善右衛門一小隊」という五陣編成とし、「軍法進退野村理《ママ》三郎より『大隊進め』と云ふ時は諸隊進の事、『小隊進め』と申す時は諸隊引き候事、合言葉は『山』云は『水』と答候事、一人切に云へ申渡し久ノ浜へと急ぎ進み候」と、「軍法進退」は「新選隊」の野村利三郎が指示することとなり、「大隊進」「小隊進」の指図でそれぞれ前進と後退をするように定められた。久の浜へ進軍した同盟軍は新政府軍と遭遇戦となり、「早速野村理《ママ》三郎より大隊進めの下知あり、左右縄目を備へ、炮戦夥敷く一時程打合、其後、陸軍隊相藩一同手詰め勝負と切込候所、官軍散乱致し四方へ逃げ散候へ共、夜中行方知れず余儀なく敵方宿陣に火を掛け残らず焼き払ふ、小隊進めの下知にて引退し夜八ツ半時、広野へ帰陣す」と、野村利三郎の「大隊進め」の指図で全軍が一斉に発砲して戦闘状態となり、新政府軍の野営所を焼き払った同盟軍は、野村の「小隊進」の下知によって広野に帰陣した[64]。

　新政府軍は、二三日の夕方、再び北上を始めた。これに対し同盟軍は、「西一番陸軍隊石瓶末吉一小隊、二番仙藩田中兵七郎一小隊、三番相藩西内善右衛門一小隊、四番五番本道相藩今村吉右衛門、新選隊野村理吉《ママ》、真田勇次郎二小隊、大炮三挺、指図訳は小西熊次郎なり、六番に仙藩加藤益蔵一小隊、七番に相藩木村庄次郎一小隊、陸軍隊、八番に仙藩中村権十郎分隊」の八陣編成で迎撃した。「合言葉は『山』と問は『雲』と答候事、軍律は植村常吉、野村理《ママ》三郎、其他陸軍隊頭春日左衛門助なり」と、「軍律」は「新選隊」の植村常吉と野村利三郎、そして、「陸軍隊頭」の春日左衛門がおこなった[65]。

　戦闘が始まると、「植村常吉、大音に大隊章を付、進と白地に日の丸の振旗を揚け候へ共、兼ねて合図、大砲本道町切より打出す、続て諸隊一度に時の声を揚け我も我もと打出す」と、「軍律」である「新選隊」

の植村の号令と合図で諸隊が一斉に進撃を開始した。同じく「軍律」の「新選隊」野村利三郎も、諸隊を指揮していた。「野村理《ママ》三郎、吃度後を見、日の丸の振旗を振揚げ、本道の三隊進や打やと下知にて、一度に三隊とも進み出れば、諸隊頭、打や打やの下知にて、玉切なく打ち出せば、官軍遂に阿座見川迄引揚る、透間なく、野村、真田は、四方に走廻り下知をなし、大炮功者打方打や打てやと打掛け、夜五ツ時頃、阿座見川をも追払ふ」と、野村は日の丸の旗を振りながら諸隊に「下知」してまわり、新政府軍を押し返した(66)。

その後、広野は新政府軍が占領したが、二六日、同盟側は広野の奪還を目指し、仙台、相馬、米沢の三藩と、新選組隊士で当時陸軍隊に所属していた相馬主計らが進撃を開始した。西側の本道を仙台藩兵、東側を相馬藩、東の海側を米沢藩の砲兵とし、「明六ツ時陣揃にて弁天坂より三方へ手分仕打懸り申し候、此砌は徳川の臣相馬主計殿、手付にては米藩、相藩、御組と三小隊にて広野宿海手へ裏切の手に被相定候」と、東側の仙台藩兵の一部（御組）、相馬藩兵、米沢藩兵の計三小隊は、相馬主計の「手付」とされた。新政府軍は高台に布陣して胸壁を築いており、さらに同盟軍の背後に回り込んだ。このため同盟軍は総崩れとなり、「本道にて、討死　参謀　中村権十郎殿、討死　相馬一門　相馬将監殿、胴被打抜、徳川の臣手負　野村利三郎殿、対死《（討死カ）》　隊長　太田新六郎殿、同　同　平田伝右衛門殿」というように、仙台藩隊長の中村権十郎や太田新六郎、相馬藩一門の相馬将監などが戦死し、野村利三郎も胴を打ち抜かれ深手を負うなど、大きな被害を出して撤退した(67)。

その後、新政府軍は北上を続け、二九日には、相馬中村城下から仙台や平、陸軍隊などの軍勢は仙台領内へと引き上げ、米沢藩兵も本国へと撤収し、八月四日に相馬藩が新政府軍に降伏した。これ以降、平潟口の同盟軍は仙台藩ほぼ単独の勢力となり、降伏した相馬藩を含む新政府軍と戦うことになった。八月一一日には、新政府軍が仙台領南境の拠点駒ヶ嶺を攻略し、九月一〇日には仙台藩の旗巻峠の防衛線を突破して、仙台領内に新政府軍がなだれ込む事態になり、一五日に仙台藩が降伏し平潟口方面での戦闘が終結した[68]。

この平潟口における一連の戦いで注目されるのは、同盟軍の軍勢に対し、その進退を指揮しているのが野村利三郎など、援軍として来ていた旧幕府軍であったということである。旧幕府軍と同盟諸藩とのかかわりについては、遊撃隊に合流していた上総国請西藩主林忠崇が、七月上旬に相馬藩からの要請を受け、中村城下で相馬藩兵に洋式銃隊の操練をおこなっている事例も確認できる[69]。

また、平潟口における同盟側の最後の組織的な合同作戦となった七月二六日の戦いでも、同盟諸藩の兵が相馬主計の「手付」となっただけではなく、これ以前の戦闘で「軍律」として指揮していた野村利三郎が、やはり同様に指揮をしていたことが次の記録からうかがえる。仙台藩兵は、「先鋒太田新六郎、村上謙八郎、江馬斉之進等」が本道に、「武田安之輔、野村利三郎（原註、春日左衛門ノ手）」が浜手へと向かった。浜手の新政府軍は「民屋ヨリ畳ヲ取出シ、楯ニ取、其陰ニ潜ミ待受タル」という様子であったが、「隊長野村（原註、春日ノ手）、無謀ニ暴撃シ、楯ノ陰ヨリ狙撃セラレ、手負討死夥シ」という状況となり、同盟軍は後退することとなった[70]。

「隊長」である野村利三郎が「無謀ニ暴撃シ」、その結果、味方は「手負討死夥シ」という惨状になり、野村自身も胴を打ち抜かれ負傷している[71]。史料冒頭の隊を分けた際の記述で、先鋒で記されている太田、村上、江馬の三人のうち隊長は太田のみであり村上と江馬はその付属である[72]。武田安之輔と野村利三郎も一つの隊として記されていることから、隊長の武田と「軍律」とみられる野村との役割分担をうかがわせる。先に相馬藩の部隊を「軍律」として指揮していた野村は、今度は仙台藩の武田の隊の中に加わっていることがわかる。その時々の状況や各部隊からの要請などによって、一種の「御雇い指揮官」のようなかたちで固定の部隊にとどまることなく、戦闘の指揮をおこなっていた様子が確認できる。

3　平潟口での「混成軍」成立の要因と限界

これまでみてきたように、平潟口では七月二一日の戦闘から、同盟諸藩の兵を旧幕府軍幹部が「軍律」として指揮するような、一種の「混成軍」のような状況が出現していた。旧幕府軍の幹部が同盟軍の中に入って「軍法進退」をおこなうようなことは、同盟の従来の意識や体制ではありえないことであり、この時期以前にはこのような事実はみられない。では、なぜこの時期にこのような連携が可能となったのであろうか。

その理由としては、戦局の悪化によって新たな体制確立の必要に迫られていたという現実的な問題と、輪王寺宮を戴く体制が成立したことが大きかったとみられる。白河での敗戦が続き、平潟口で平城が落城した七月一三日、公議府のもとに軍務局が設置され、竹中重固が旧幕府軍を統括する「軍事総裁」に任命された。そして、一五日には阿部正外が同盟諸藩の要請で白河・平潟口の諸藩兵の「総括」に就任した。「白石盟約書」から「仙台盟約書」への過程で仙台藩の主導性が否定され、公議府が仙台ではなく白石に置かれたことからもわかるように、同盟諸藩は特定の藩が突出して主導権や指揮権を行使することを拒否し、「衆議」による決定を建前としていた。したがって、諸藩の上位に存在する輪王寺宮という権威を得て、その指示によって軍の連携をおこなうという体制を整えたことは、藩主の指揮命令権等、従来の枠組みを超えることについての合意形成を得るのに好都合であったろう。

戦局の悪化という現実的な問題と、宮の権威による新体制という二つの要因が相俟って、旧幕府軍の陸軍隊や新選組の幹部が、同盟軍の「軍法進退」を指揮する「軍律」に就き、同盟軍もまた軍部隊の中にそれを受け入れ、指揮に従うことが可能になったものと考えられる。これらの旧幕府軍幹部たちは鳥羽・伏見の戦い以来の実戦経験が豊富であったことも、同盟側の受け入れを後押しした理由の一つとなったであろう。共同作戦の段階を超えた、さらに深いレベルでの「混成軍」とも言える連携が実現していたのである。

同盟側は、諸藩の連合という本来は軍事に不向きな組織を、輪王寺宮を推戴する段階で新政府軍と全面的に戦える体制へと「質的な転換」を遂げていた(73)。平潟口での同盟軍と旧幕府軍との関係は、まさにこのような同盟の意識変革が、現実のものとしてあらわれていた事例ととらえておきたい。

ただし、七月二八日の戦闘以降は、このような連携がみられなくなる。その理由としては、史料上の制約もあるが、これ以降の戦闘は平潟口方面の同盟藩が降伏したり、派遣されていた援兵が帰藩したりするなどして、ほぼ仙台藩だけで戦うことになるという同盟軍の状況の変化が大きかったことが考えられる。八月二〇日の駒ヶ嶺の攻防戦に陸軍隊も参加していたが、七月末以降、継続的に連携していたというわけではないようである(74)。

従来、同盟諸藩の旧態依然とした体質を示すものとして、よく土方歳三の総督就任の逸話が挙げられてきた。九月三日、榎本武揚が列藩会議の席で必勝の策として土方を同盟軍の総督に推薦し、土方が生殺与奪の権限を与えられるなら引き受けると述べたところ、二本松藩の阿部井磐根が生殺与奪の権限は藩主の許可がないと了解できないと反対し、土方総督案は消滅したという話である（図6）。

しかしながら、土方が「苟も三軍を指揮せんには軍令を厳にせねばならん。若し是れを厳にするに於て背命のものがある時は御大藩の宿老衆と雖も此の歳三が三尺の剣に掛けて斬って仕舞わねばならぬ。去れば生

図６　仙台城大手門の古写真と新選組の土方歳三

仙台城での軍議の席で、榎本武揚が土方を同盟軍の総督に推薦した話は広く知られている。従来は、土方の総督就任を拒否する同盟側の言動から、その旧態依然とした体質を示すものとされてきた。しかし、軍議の席で土方の総督就任はいったん合意を得ており、生殺与奪の権も一任されていた。平潟口における元新選組の野村利三郎や相馬主計による同盟軍の指揮が実現していたことを考えると、この土方の逸話も別なとらえ方が可能である（左：筆者蔵。右：『図説戊辰戦争』河出書房新社より）。

殺与奪の権を惣督の二字に御依頼とならば受けますが其辺は如何なものでありましょうか」と、生殺与奪の権限を要求したのに対し諸藩の代表たちは、「各藩口を揃えて曰く、云うにや及ぶ。生殺与奪の権のごときは従来惣督の二字に附着したるものであります。それゆえ惣督を御依頼申さん以上は無論、生殺与奪の権をも与え申すのでござる」と、総督となる土方が生殺与奪の権限を持つことを当然のこととして認めていた。しかも、この直後に阿部井が反対すると、諸藩の代表たちは一斉に「怪しからん」と阿部井の発言に否定的な反応を示しているのである[75]。

これは阿部井自身の回顧談であるが、同盟諸藩の代表たちは土方が総督として指揮すること、そして生殺与奪の権を行使することに賛同していた事実は注目される。この阿部井の証言は、同盟諸藩の旧体質的な面を強調するというよりも、むしろ戦局が切迫してきて必要に迫られるなかで、同盟諸藩の意識や体質が新たな段階に移行していたことを示すものと言えよう。

ただし、公議府の軍事指揮が必ずしも順調だったわけではない[76]。特に戦局が悪化し、同盟諸藩から降伏が相次ぐ八月半ば以降は、その傾向が顕著に表れた。例えば、八月一日付の輪王寺宮の指示によって、仙台から白石に出陣して督戦をおこなった仙台藩主伊達慶邦であったが、八月一九日に、輪王寺宮から提案された片倉邦憲の福島方面統括に関しては明確な動きを示していなかった。この宮の提案について、慶邦は二二日付書状で片倉邦憲に内容を伝えている。慶邦は「御文面ニ其方者有名ノ家ト申、殊ニ此度茂其方主従尽力不浅歓喜思召之旨蒙仰」と、宮の片倉氏への称賛を慶邦自身も喜んでいることを伝え、さらに、「尚又、鬼子ト世ニ被称候、武門之家筋光輝候而、国家之柱石大臣ノ職掌相立候様無他事希処ニ候」と、武門の誉れでありますます職務に励むように述べ、「尚以此趣子息豊七郎エ茂宜敷可申存候」と息子の豊七郎景範へも伝えるように述べているだけで、肝心の福島方面の統括については何ら言及がなされていない[77]。

じつはこの時期、仙台藩内では和平論が台頭しており、すでに慶邦に対しても新政府軍への降伏謝罪の働きかけがなされていた。八月一九日には相馬方面へ向かう予定であった仙台藩の援軍が領内待機を命じられており[78]、慶邦が片倉邦憲に宮の称賛を書状で伝えたのと同じ八月二二日には、福島方面の仙台藩兵を率いていた布施備前定徳に対し新政府軍との戦闘を避けるようにとの内命が下っていた。このため布施の率いる仙台藩兵は、庄内藩からの援兵要請にも応じることがなかった[79]。戦局の悪化にともない藩が存亡の危機に瀕すると、公議府の権威や同盟の拘束力よりも[80]、自家の存続や藩領の維持という命題が最優先となった[81]。その結果、多くの同盟諸藩は徹底抗戦することなく、新政府軍への降服を選択していったのである。

おわりに

戊辰戦争や奥羽越列藩同盟については、従来、新体制と旧体制の大きな枠組みの二項対立を中心に語られることが多かったが、本稿では軍事に着目して考察をおこなった。同盟が成立した当初は、会津・庄内の救済を目指す嘆願同盟であったが、やがて攻守同盟へと体質が変化していった。その過程で重視されていたのは衆議による公論である。そのため、仙台藩が意図していた自藩による主導性は完全に否定された。「白石盟約書」の段階で「軍事」や「細微之節目」は衆議に及ばず大国の号令に従うとされていた点が、「仙台盟約書」では総督府のもとで「列藩集議」によって公平を期すこととされたのである。その結果、戦争を視野に入れた攻守同盟としては、大きな問題を内包することとなった。

同盟軍が新政府軍と戦争状態に入ると、この問題が顕在化した。白河の攻防戦において、同盟軍は指揮系統があいまいで相互の連携が機能せず、自ら「烏合ノ兵」と認めざるを得ない程であった。仙台藩でも藩主名代を任命するなどの対策をおこなったが、抜本的な解決には至らなかった。さらに九条総督を失ったことで、同盟そのものの正当性や求心性も喪失しかねない状況に陥ったのである。

このような中で構想されたのが、輪王寺宮を戴く新体制であった。公議府や軍務局が設置される過程で、同盟側に参戦していた旧幕府軍の同盟への内包も図られた。公議府や軍務局には旧幕閣も参画していたが、旧幕閣が指導するという性格は希薄で、むしろ仙台や米沢などを中心とした諸藩の衆議の結果を、輪王寺宮の権威を以て正当化していくものであった。

特に白河城陥落以降の敗戦が続く同盟側にとっては、その体制改革は焦眉の急であり、従来の意識とは全く異なる変革が生じていた。その一例が、平潟口における同盟軍と旧幕府軍が一体となったかのような軍の再編であった。新政府軍と同様に、旧来の藩の命令系統の枠組みを超えて諸軍を指揮する体制が、現実のものとして表れつつあったのである。

また、仙台藩の事例をみると、輪王寺宮の要請に従って藩主伊達慶邦自らが出陣していることからわかるように、同盟の正当性と求心性の維持のために自らが推戴した輪王寺宮や公議府の存在が、同盟の盟約とあいまって、藩の動きを規定あるいは制約していたのである[82]。その一方で、戦局が悪化し自藩の存亡にかかわる状況になると、慶邦は宮から直々に提案された片倉邦憲の総括就任をもうやむやにしていた。これはまた同盟の限界であったともいえよう。

列藩同盟自体が、一貫して「公儀輿論、公論、衆論による国家意思の決定」を要求しており、その決定過程では衆議が重視されることになった。そしてそのような体制は、軍事に最も相応しくない不幸な環境でもあったが、そのような環境においても、同盟側は新たな体制を模索していた[83]。平潟口での状況は、その萌芽ともみなすことができよう。軍事に不向きな衆議による体制であっても、新政府軍と同様の軍事組織の構築実現の可能性があったのである。

ただし、そのような変革の意識が、実際に同盟諸藩でどこまで共有され広がりを持っていたのか、という点については、検討の余地が残されている。そもそも同盟参加の諸藩が奥羽越地域になったことも含めて、その成立は複線的な構造の結果であり、また同盟の性格自体もいまだ議論の過程にある[84]。本稿は、単に一つの事例を紹介した試論に過ぎず、これを先行研究で提議された課題と関連させたり、明治維新史のなかにどのように位置づけていくか、といった大きな論点にはほとんど踏み込めなかった。これらの問題については、後日を期したい。

〔註〕

（1）原口清『戊辰戦争』（塙書房、一九六三年）。石井孝『維新の内乱』（至誠堂、一九六八年）、同『戊辰戦争論』（吉川弘文館、一九八四年）、佐々木克『戊辰戦争―敗者の明治維新』（中央公論新社、一九七七年）、工藤威『奥羽越列藩同盟の基礎的研究』（岩田書院、二〇〇二年）。

（2）代表的なものとして、大山柏『補訂　戊辰戦役史』上・下巻（時事通信社、一九八八年）、保谷徹『戊辰戦争（戦争の日本史一八）』（吉川弘文館、二〇〇七年）。

（3）近年の主な研究として、星亮一『奥羽越列藩同盟―東日本政府樹立の夢』（中央公論新社、一九九五年）、久住真也「奥羽列藩同盟と北越「防衛」の展開」（『地方史研究』第四七巻第一号〈二六五号〉、一九九七年）、近藤靖之「戊辰戦争期旧幕府軍の一考察」（『駒澤大学史学論集』第三〇号、二〇〇〇年）、上松俊弘「奥羽越列藩同盟の成立と米沢藩」（『歴史評論』通巻六三二号、二〇〇二年）、難波信雄「戊辰戦争と奥羽越列藩同盟」（京都造形芸術大学編『東北学への招待』、角川学芸出版、二〇〇四年）、中武敏彦「奥羽越列藩同盟と「公儀」理念」（『アジア文化史研究』第四号、二〇〇四年）、難波信雄「大藩の選択―仙台藩の明治維新」（『東北学院大学東北文化研究所紀要』第三七号、二〇〇五年）、栗原伸一郎「米沢藩の諸藩連携構想と「奥羽越」列藩同盟」（『歴史』第一〇七輯、二〇〇六年）。

（4）工藤前掲書、四六一～四七一頁。

（5）本章の記述については、特に断らない限り前掲の先行研究を参考にしている。

頁。
（6）「仙台藩記」『復古記』第一二巻、明治元年閏四月一七日条、三八三頁。佐々木前掲書、一一一～一一六頁。
（7）星前掲書、三五頁。
（8）「南摩綱紀筆記略」『復古記』第一二巻、明治元年閏四月一七日条、三八五～三八六頁。
（9）このような意識は仙台藩のなかでも共通認識とされており、その意識は城郭に懸造りのような特殊な施設を設けるというかたちであらわれていた。太田秀春「仙台藩の城郭にみる格式意識」（『地方史研究』第二九六号、二〇〇二年）。
（10）栗原伸一郎「幕末仙台藩の自己認識と政治動向―奥羽地域に対する意識を中心に―」（本巻第二部、清文堂出版、二〇一五年）。
（11）青木俊郎「戊辰戦争における小藩の行動論理―出羽国亀田藩を中心に―」（『早稲田大学大学院文学研究科紀要』第四分冊、二〇〇六年）。
（12）宮島誠一郎『戊辰日記』慶応四年四月二九日条（米沢史編纂委員会、一九九八年）一六七頁。
（13）「奥羽諸藩盟約書」『復古記』一二冊、明治元年閏四月一七日条、三八一～八三頁。
（14）中武前掲論文、三一～三五頁。
（15）工藤前掲書、二六九～二九五頁。
（16）佐々木前掲書、一一一～一二三頁。中武前掲論文、三四～三五頁。
（17）佐々木前掲書、一二七～一三〇頁。
（18）栗原前掲論文（二〇〇六年）。栗原氏が指摘するように、従来の研究では等閑視されてきた西国諸藩との連携構想なども、実際に仙台藩内で実現に向けての動きが存在しており、その意味で、この「軍議書」の内容は基本的な同盟側、特に主導者たる仙台藩の方針として重視してよいであろう。

(19)「奥羽列藩同盟軍議書」『米沢藩戊辰文書』(東京大学出版会、一九六七年、復刻版)二五~三〇頁。
(20)佐々木前掲書、一二七~一三〇頁。
(21)栗原前掲論文(二〇〇六年)。
(22)保谷前掲書、一一四~一二七頁。高橋典幸他著『日本軍事史』(吉川弘文館、二〇〇六年)二九一~二九二頁。
(23)大山前掲書、上巻、三八八~四七二頁。
(24)『仙台市史』通史編三、近世一(仙台市、二〇〇一年)一五六頁、一五四頁。
(25)仙台藩においても、服装については統一するように指示が出されており、直臣も陪臣も洋式化が図られていた。一方で、装備については不統一であり、例えば仙台藩の戊辰戦争では最末期の戦闘となる慶応四年八月から九月にかけての駒ヶ峰・旗巻峠の戦いにおいてさえも、仙台藩の上級家臣の軍勢の中には弓隊や槍隊が存在していた。太田秀春「ある仙台藩兵の書簡に見る戊辰戦争」(『歴史研究』四六二号、一九九九年)。
(26)「大槻安広履歴」(『伊達政宗・戊辰戦争』宝文堂、一九八八年、第七版所収)三三二頁。
(27)『貞吉様御出陣日記』(丸森町教育委員会、一九九二年)。
(28)上松俊弘「奥羽越列藩同盟の成立と米沢藩」(『歴史評論』第六三一号、二〇〇二年)二七頁。星前掲書、四七~五五頁。この北越戦線での米沢藩の総督就任は同盟締結以前であるが、これらは上松氏が指摘するように、米沢藩が北越諸藩を強引に巻き込むようなかたちで実現したものであった。本稿で扱っている白河・平潟戦線とは時期も性格も異なるが、このような現象が起きていた点は留意しておきたい。
(29)藤井徳行「明治元年・所謂「東北朝廷」成立に関する一考察─輪王寺宮公現法親王をめぐって─」(手塚豊編著『近代日本史の新研究』北村出版、一九八一年)二九四~二九七頁。
(30)佐々木克「奥羽越列藩同盟の形成と性格」(『史苑』第三二巻二号、一九七二年)。

(31)「覚王院義観戊辰日記」(『維新日条算輯』第五輯、東京大学出版会、一九六九年)三九四頁。
(32)青木前掲論文。
(33)前掲「覚王院義観戊辰日記」、三九六頁、四一七~四一八頁。
(34)前掲「覚王院義観戊辰日記」、四一〇~四一一頁。
(35)前掲「覚王院義観戊辰日記」、四三五~四三七頁。
(36)「戊辰事情概旨」「仙台藩記」『復古記』第六巻、明治元年七月二日条、五五七~五六四頁。工藤前掲書、四三一~四四〇頁。
(37)「南摩綱紀筆記略」『復古記』第六巻、明治元年七月二日条、五六〇頁。
(38)工藤前掲書、四三七~四四〇頁。
(39)「南摩綱紀筆記略」『復古記』第六巻、明治元年七月二日条、五五八頁
(40)保谷前掲書、二四三~二四五頁。
(41)竹中の陸軍奉行としての能力について、近年の評価としては、野口武彦『鳥羽伏見の戦い』(中央公論新社、二〇一〇年)。
(42)前掲「覚王院義観戊辰日記」慶応四年七月一二日条、四五〇頁。
(43)前掲「覚王院義観戊辰日記」慶応四年七月一三日条、四五一~四五二頁。
(44)前掲「覚王院義観戊辰日記」慶応四年七月一二日条、四五二頁。
(45)塩谷敏郎「戊辰ノ変夢之桟奥羽日記」(樋口雄彦「脱走旧幕府軍兵士の戊辰戦記―塩谷敏郎「戊辰ノ変夢之桟奥羽日記」の翻刻―」『国立歴史民俗博物館研究報告』第一五集、二〇〇九年所収)二三八頁。
(46)工藤前掲書、四六五~四六八頁。中武前掲論文、一〇三~一〇四頁。近藤前掲論文、一〇〇~一〇四頁。
(47)中武前掲論文。

(48) 「戊辰事情概旨」『復古記』第一三巻、明治元年九月一五日条、二五一頁。
(49) 前掲「戊辰ノ変夢之桟奥羽日記」、一三八頁。
(50) 前掲「覚王院義観戊辰日記」七月二八日条、四七〇～四七一頁。この指示が出された日時について、同史料では「七月八日」と記しているが、前後の関係から七月二八日とみるのが妥当であろう。
(51) 藤原相之助『仙台戊辰史』(荒井活版製造所、一九一一年)六五七～六六〇頁。
(52) 藤原前掲書、六四二頁。
(53) 藤原前掲書、六四二～六四五頁。
(54) 藤原前掲書、六五〇頁。
(55) 藤原前掲書、六四五頁。
(56) 川瀬同「山形水野藩戊辰の役―資料で確かめる―」(『山形県立博物館研究報告』第二一号、二〇〇〇年)一九～二〇頁。「水野忠弘家記」『復古記』第一三巻、明治元年八月一七日条、一一七頁、および明治元年九月一五日条、二五二頁。
(57) 前掲「戊辰日記」九月一一日条、二七二頁。
(58) 「水野忠弘家記」『復古記』第一三巻、明治元年八月一七日条、一一七頁。
(59) 前掲「戊辰ノ変夢之桟奥羽日記」、一四〇頁。
(60) 「戊辰事情概旨」『復古記』第一三巻、明治元年九月一五日条、二五〇頁。
(61) 川瀬同「山形水野藩戊辰の役―資料で確かめる―」(『山形県立博物館研究報告』第二一号、二〇〇〇年)一九～二〇頁。「水野忠弘家記」『復古記』第一三巻、明治元年八月一七日条、一一七頁、および明治元年九月一五日条、二五二頁。
(62) 以下の平潟口での記述は特に断らない限り、戦局は大山柏前掲書、引用史料は志賀与祖右衛門由隆「慶応

四辰年　戦争其外万事連年御改正覚書」（『鹿島町史』第四巻、福島県鹿島町、一九九三年所収）による。後者は、二七歳の時に組頭として戊辰戦争に従軍した相馬藩士志賀由隆の陣中日誌で、内容は非常に詳細であり具体的な現場での動きがわかる好史料である。現在、原本は行方不明となっており、史料の閲覧については相馬市教育委員会のお手を煩わし、複写によって確認することができた。記して感謝の意を表したい。

(63) 野村利三郎や相馬主計の奥羽戦線での行動については、結城しはや「野村利三郎―散華の時は今、宮古湾海戦にあり」（『新選組銘々伝』第三巻、新人物往来社、二〇〇三年）、横田淳「相馬主計―新選組最後の隊長」（同）に詳しい。奥羽戦線において野村や相馬らは陸軍隊の幹部になっていたとされているが、志賀は陣中日誌の中で「新選隊」と明記している。したがって、志賀は野村らを「新選組」と認識していることがわかる。このことから、野村らが陸軍隊と行動を共にしながらも、依然として「新選組」を名乗っていた、あるいはそのような隊を率いていた可能性が考えられる。なお、野村や相馬、新選組については横田淳氏にご教示を賜った。記して感謝の意を表したい。

(64) 前掲「慶応四辰年　戦争其外万事連年御改正覚書」一四八頁。

(65) 「軍律」の本来の意味は軍隊の規律や軍法である。管見の限り同盟側の軍制には「軍律」という役職はみあたらないが、この志賀の「慶応四辰年　戦争其外万事連年御改正覚書」においては、野村利三郎らに対するもののほかに何ヶ所か記述がみられる。例えば、閏四月に会津追討のために相馬藩が出陣した際には「侍大将岡田監物殿并戦士軍律方」、五月一四日の出陣に際しては「御当藩ヨリ御組頭岡和田忠左衛門、軍律方物頭松本五郎太夫」がみえ、七月二日の戦闘でも「軍律方戦士」の記述がある。ここで、「軍律方物頭」とされている「松本五郎大夫」は、同じ日の出兵を記した相馬藩の他の史料では「小隊長　松木五郎大夫」と記されている（「戊辰戦争記」乾『相馬市史』第六巻資料編三、相馬市、一九七六年、六一三頁）。同日の出陣でみられる役は、岡和田を「番頭」とし、松木、西、佐々木、羽根田ら「小隊長」が四名でそれぞれ「銃士一小隊」を率いていた。これに付随して「炮隊長」一名、「戦士」一〇名、「軍司」一名、「軍目」一名、「軍使」一名、「輜重」一名、「同（輜重）附局」一六名、「器械附局」五名、「軍目附局」三名、「書記」一名、「相図」一名、「鼓手」一名、「医師」一名、「夫卒」一二五名という編成であった。したがって、「軍律」は「炮隊長」以下の役とは異なる役割を担ったものであることがわかる。おそらく、志賀の陣中日誌の野村の働きにみられるような、「軍法進退」を担ったものと考えられる。

(66) 前掲「慶応四辰年　戦争其外万事連年御改正覚書」一四九頁。同盟側の旗としては宮坂考古館所蔵の五芒星をかたどったものが著名であるが、ここでは日の丸が用いられている。

(67) 大森忠五郎「軍事日記控」（『仙台郷土研究』第七巻第一一号、一九三七年）一一頁。大森は戊辰戦争当時四二歳で、足軽五十人町銃隊として、伊達家世子宗敦の警護で平潟口に出陣した。

(68) 仙台藩の終戦時の戦況とその後の戦闘地域の混乱については、太田秀春「仙台戊辰戦争最後の戦い―筆甫防衛戦の全貌とその意義について―」（『仙台郷土研究』第二三巻第二号〈通巻二五七号〉、一九九八年）、同「ある仙台藩農兵の戊辰戦争」（『東北戊辰戦争懇話会報』第二号、二〇〇四年）、同「磐城国谷地小屋城の払い下げにみる明治初年の地域社会」（『東北中世史の研究』上巻、高志書院、二〇〇五年）。

(69) 中村彰彦『脱藩大名の戊辰戦争―上総請西藩主・林忠崇の生涯―』（中央公論新社、二〇〇〇年）一一四頁。

(70) 「仙台藩記」『復古記』第一三巻、明治元年七月二六日条、四〇八頁。

(71) 前掲「従軍日記（仮題）」一一頁。

(72) 藤原前掲書、六二七～六三〇頁。

(73) 佐々木前掲書、一三四頁。中武前掲論文、四二頁。

(74) 藤原前掲書、六五八頁。

(75)「阿部井磐根」(『史談会速記録』第一輯、合本一、塙書房、二〇〇四年)七〇~七四頁。
(76)例えば、小笠原長行が伊達慶邦に対して、仙台藩内に滞在している旧幕府軍を福島方面へ出陣させるように懇願していたことや、平潟口の盛岡藩兵が藩からの指示を優先して同盟諸藩に加勢せず動かなかったことなどが指摘されている。中武前掲論文、四四頁。工藤前掲書、四六五~四六八頁。
(77)「奥羽盛衰見聞誌」(『白石市史』四、史料編(上)、白石市、一九七一年所収)五七二頁。
(78)志賀潔『戊辰紀事』(著者発行、一九三五年)一一四頁。
(79)藤原前掲書、六五〇~六五一頁。
(80)同盟の拘束力は、代表が署名したという道義的なものと、離脱した場合の仙台藩などの軍事的制裁に限られていた。工藤前掲書、四七二~四七四頁。
(81)佐々木前掲論文。
(82)たとえば、工藤威氏は津軽藩を例に、同盟参加が藩の行動に一定の拘束力を有していた点を指摘している。工藤前掲書、四七二~四七四頁。
(83)難波前掲論文(二〇〇四年)、一八六~一八七頁。同(二〇〇五年)三一~三二頁。
(84)久住前掲論文、三二~三三頁。難波前掲論文(二〇〇四年)一八七頁。栗原前掲論文、七五~七七頁。

あとがき

私が常に意識してきたのは、セオリーから出発するのではなく、史料に書かれている事柄から出発すること、そして先入観を捨てて虚心坦懐に史料に向き合うことである。この実証主義の精神こそが、オリジナリティのある解釈と、新しいセオリーを作り出す基礎となる。

これは二〇一四年二月二十一日、東北大学工学部中央講堂で開催された平川新先生の最終講義「歴史研究から災害研究へ」の一節である。同年三月末をもって、東北大学を退職された先生は、自らの歴史研究を振り返るなかで、史料に即して歴史をみる視点や姿勢の重要性をわれわれに語りかけられた。

平川先生は一九八五年、東北大学教養部に助教授として赴任されて以降、東北アジア研究センター教授、同センター長、災害科学国際研究所教授、同所長などを歴任された。その間、歴史研究においては世論政治・公共権力論、近世日本帝国論、庶民剣士論など従来の歴史像を覆す画期的成果を公にされた。さらに二〇〇三年七月の宮城県北部地震の後、宮城歴史資料保全ネットワークを設立し、その後、宮城県における歴史資料保全活動の中心的役割を果たしてこられたことは周知の通りである。先生は大学における研究・教育の場だけではなく、学会や研究会、そして資料保全活動においても、その気さくなお人柄で多くの学生と積極的に関わられた。

二〇〇九年、東北大学着任後に先生の教えを受けた方々を主なメンバーとして、新たな研究会が発足することになった。通称「平川塾」。もう一度、先生を中心にした自由で前向きな議論をしたいというメンバーたちの強い思い、そしてその成果を本にまとめ、先生の還暦記念論集として謹呈したいという願いが、そこにはあった。二〇〇九年一二月、第一回「平川塾」が東北大学の川内キャンパスで開催され、現在（二〇一五年三月）までに六回を数える。以下、その概要を掲げておく。

第一回　二〇〇九年一二月一三日
佐藤大介「天保期の仙台藩政―藩主と人事の動向から見た」
高橋美貴「近世における回遊資源の動態と生業の変動―豆州内浦地域を事例として」

第二回　二〇一〇年四月三日
青柳周一「移動する商人―南東北地方における日野商人・中井源左衛門光熙の店廻りについて」
天野真志「幕末期の京都警衛と言路―秋田藩佐竹義尭上京問題を中心に」

第三回　二〇一〇年一〇月二三日
籠橋俊光「兵部と安芸―伊達騒動における両者の書状様式と政治状況」
小関悠一郎「明君録の伝播・受容と教諭運動―高松藩「処士」菊池高洲の情報収集と実践活動」

第四回　二〇一一年二月四日

佐藤大介「天保飢饉下の仙台藩主―伊達斉邦書状を読む」
小林文雄「南奥羽の博奕と芸能―最上川流域を中心として」
髙橋修「甲州博徒論の構想」

第五回　二〇一二年八月五日
中川学「一八世紀における神社争論と裁判」
青柳周一「小津久足『陸奥日記』にみる浜街道の旅」
栗原伸一郎「幕末仙台藩の「奥羽」意識と地域連合―慶応三年・四年の政局変動への対応を中心に」
高橋陽一「天保飢饉時の年貢負担と村社会―仙台藩領村落を事例に」

第六回　二〇一二年一二月二二日
坂田（菅原）美咲「近世後期の犯罪・紛争処理と治安―入組支配地域等を中心に」
竹原万雄「仙台藩における安政期のコレラ流行」
高橋美貴「一九世紀・仙台藩における流域の意識化とサケ漁―鮭と川と山林」

本書はこの「平川塾」による研究成果の一部である。当初は先生の還暦（二〇一〇年）にあわせての刊行を目指していたが、東日本大震災による会の中断などもあり、刊行は大幅にずれ込むこととなった。二〇一二年の夏には寄稿の呼びかけが行われ、本書の編集が本格的にスタートした。

本書は記念論集という性格を持ってはいるものの、寄稿された論文をテーマ別に並べて掲載するという編集方針を取らなかった。事前に執筆者には、論集の完成度を高めるため、取りまとめ人（佐藤大介、高橋美貴、中川学）が査読を行い、修正や論点の追加などを依頼することを伝え、すべての投稿論文に対して、厳正な査読と修正依頼を実施した。またテーマが関連するものについては相互の論文中で可能な限り、言及してもらうよう努めた。

多忙ななか、原稿の執筆と修正作業にご協力いただいた執筆者のみなさんには感謝したい。そして何よりも、想像を絶する激務のなか、私たちの報告におつきあいいただき、いつも建設的なコメントを投げかけてくださった平川先生に、心より御礼申し上げたい。時には厳しい先生のコメントは、史料に即して解釈の可能性を拡げようとするものばかりで、私たちにご自身の「歴史を読む眼」を伝えようとされていたように思える。タイミングとしては退職記念になってしまったが、これまでのご指導・ご教示に対する感謝の意を込めて、会のメンバー全員から本書を先生に謹呈したい。

最後になるが、清文堂出版には、出版事情の厳しいなか、論集の刊行を快くお引き受けいただくとともに、編集を担当された松田良弘さんには本当にお世話になった。心から御礼申し上げる。

「平川塾論集」取りまとめ人
佐藤　大介
高橋　美貴
中川　学

高橋美貴《たかはしよしたか》
1966年生まれ　東京農工大学大学院農学府共生持続社会学専攻准教授
東北大学大学院文学研究科博士後期課程修了　博士（文学）
〈主要著書・論文〉
『近世漁業社会史の研究―近代前期漁業政策の展開と成り立ち―』（清文堂出版、1995年）
『「資源繁殖の時代」と日本の漁業（日本史ブックレット90）』（山川出版社、2007年）
『近世南三陸の海村と海商』（斎藤善之と共編著、共編著、清文堂出版、2010年）
「一九世紀末～二〇世紀初・魚油と資源変動を通してみた日本と世界
　―石巻周辺地域における魚油変動を出発点として―」（入間田宣夫監修　菊池勇夫・斎藤善之編
　『講座　東北の歴史』第四巻「交流と環境」清文堂出版、2012年）

中川《なかがわ》　学《まなぶ》
1965年生まれ　東北大学高度教養教育・学生支援機構講師
東北大学大学院文学研究科博士課程後期単位取得退学　博士（文学）
〈主要著書・論文〉
「「鳴物停止令」と朝廷」（朝幕研究会編『近世の天皇・朝廷研究２』
　学習院大学人文科学研究所、2009年）
『近世の死と政治文化―鳴物停止と穢』（吉川弘文館、2009年）
「大名の死をめぐる頭髪規制の展開―月代に関する町役人の願書から―」（入間田宣夫監修
　鈴木岩弓・田中則和編『講座　東北の歴史』第六巻「生と死」（清文堂出版、2013年）
『仙台藩の武士と儀礼―年中行事を中心として（仙台・江戸学叢書30）』
　（大崎八幡宮、2014年）

佐藤大介《さとうだいすけ》
1974年生まれ　東北大学災害科学国際研究所准教授
東北大学大学院文学研究科博士後期課程退学　博士（文学）
〈主要著書・論文〉
「仙台藩の献金百姓と領主・地域社会」（『東北アジア研究』14、2009年）
「18～19世紀仙台藩の災害と社会　別所万右衛門記録」
（東北大学東北アジア研究センター叢書第38輯、2010年）
「海の『郷士』と地域社会─仙台藩領桃生郡名振浜・永沼丈作の軌跡─」
（斎藤善之・高橋美貴編『近世南三陸の海村と海商』清文堂出版、2010年）
「名望家たちの奥羽横断道路─明治初年の山形・宮城両県での地域振興策と県・国家」
（入間田宣夫監修　菊池勇夫・斎藤善之編『講座　東北の歴史』第四巻「交流と環境」
清文堂出版、2012年）

天野真志《あまのまさし》
1981年生まれ　東北大学災害科学国際研究所助教
東北大学大学院文学研究科博士後期課程単位取得退学　博士（文学）
〈主要著書・論文〉
「国事周旋と言路─幕末期秋田藩の政治方針をめぐる対立から─」（『歴史』116号、2011年）
「平田延胤著『馭戎論』の成立状況」（『書物・出版と社会変容』12、2012年）
「津波被災資料とボランティア」（奥村弘編『歴史文化を大災害から守る　地域歴史資料学の構築』東京大学出版会、2014年）

栗原伸一郎《くりはらしんいちろう》
1975年生まれ　宮城県公文書館専門調査員
東北大学大学院文学研究科博士後期課程単位取得退学　博士（文学）
〈主要著書・論文〉
「米沢藩の諸藩連携構想と「奥羽越」列藩同盟」（『歴史』第107輯、2006年）
「王政復古政変前後における仙台藩と米沢藩─京都政局との関連で─」（『日本歴史』第768号、2012年）
「戊辰戦争期における諸藩対立構図の再検討─奥羽列藩同盟をめぐる政治状況を中心に─」
（入間田宣夫監修　安達宏昭・河西晃祐編『講座　東北の歴史』第一巻「争いと人の移動」
清文堂出版、2012年）

太田秀春《おおたひではる》
1973年生まれ　鹿児島国際大学国際文化学部准教授
東北大学大学院国際文化研究科博士課程後期修了　博士（国際文化）
〈主要著書・論文〉
『朝鮮の役と日朝城郭史の研究』（清文堂出版、2005年）
『近代の古蹟空間と日朝関係』（清文堂出版、2008年）
「朝鮮後期の国防体制改編における日本城郭─朝鮮の役後の倭城再利用の実相と城郭観」（『朝鮮学報』208、2008　年）
「城郭にみる象徴性─伊達氏による虎口の改修をめぐって─」（入間田宣夫監修
安達宏昭・河西晃祐編『講座　東北の歴史』第一巻「争いと人の移動」
清文堂出版、2012年）

執筆者紹介（掲載順）

蝦名裕一《えびなゆういち》
1975年生まれ　東北大学災害科学国際研究所助教
東北大学大学院国際文化研究科博士課程後期修了　博士（国際文化）
〈主要著書・論文〉
「盛岡藩における元禄十六年「新法」事件について」（『地方史研究』345号、2010年）
「「大名評判記」における仙台藩伊達家の記述について」（『東北アジア』16号、2011年）
「慶長大津波と震災復興」（『季刊東北学』29号、2011年）
「大名の学問活動と「明君」意識―仙台藩を事例に―」（入間田宣夫監修
　鈴木岩弓・田中則和編『講座　東北の歴史』第六巻「生と死」清文堂出版、2013年）

籠橋俊光《かごはしとしみつ》
1972年生まれ　東北大学大学院文学研究科准教授
東北大学大学院文学研究科博士課程後期単位取得退学　博士（文学）
〈主要著書・論文〉
「仙台藩における国元産物の献上・贈答について」（『歴史』第107輯、2006年）
「仙台藩の国元魚。鳥類産物の調達システム―御日肴所・御肴方を事例に―」
　（斎藤善之・高橋美貴編『近世南三陸の海村社会と海商』清文堂出版、2010年）
『近世藩領の地域社会と行政』（清文堂出版、2012年）
「「留物」・「御見抜」と産物―仙台藩の水産物流通と領主的需要―」（入間田宣夫監修
　熊谷公男・柳原敏昭編『講座　東北の歴史』第三巻「境界と自他の認識」清文堂出版、2013年）

小関悠一郎《こせきゆういちろう》
1977年生まれ　千葉大学教育学部准教授
一橋大学大学院社会学研究科博士後期課程修了　博士（社会学）
〈主要著書・論文〉
『藩地域の政策主体と藩政』（共編著、岩田書院、2008年）
『〈明君〉の近世―学問・知識と藩政改革』（吉川弘文館、2012年）

高橋陽一《たかはしよういち》
1977年生まれ　東北大学東北アジア研究センター助教
東北大学大学院文学研究科博士後期課程修了　博士（文学）
〈主要著書・論文〉
「近世の旅先地域と諸営業―上野国吾妻郡草津村を事例に―」（『地方史研究』338号、2009年）
「歴史資料保全活動と地域行政―宮城県岩沼市の震災対応を事例に―」
　（『歴史学研究』890号、2012年）
「近世の温泉利用とその特性―『養生』の勧めと利用者―」（入間田宣夫監修
　菊池勇夫・斎藤善之編『講座　東北の歴史』第四巻「交流と環境」清文堂出版、2012年）

編者

平川《ひらかわ》　新《あらた》
1950年生まれ　福岡県出身
宮城学院女子大学学長・東北大学名誉教授
東北大学大学院文学研究科修士課程修了　博士（文学）
〈主要著書・論文〉
『紛争と世論―近世民衆の政治参加』（東京大学出版会、1996年）
『近世日本の交通と地域経済』（清文堂出版、1997年）
『全集　日本の歴史』第12巻「開国への道」（小学館、2008年）
『講座　東北の歴史』第二巻「都市と村」（共編著、清文堂出版、2014年）

江戸時代の政治と地域社会
第一巻　藩政と幕末政局
2015年3月25日発行
編　者　平川　新
発行者　前田博雄
発行所　清文堂出版株式会社
〒542-0082　大阪市中央区島之内2-8-5
電話　06-6211-6265　FAX　06-6211-6492
ホームページ＝http://www.seibundo-pb.co.jp
メール＝seibundo@triton.ocn.ne.jp
振替　00950-6-6238
印刷：亜細亜印刷　　製本：渋谷文泉閣
ISBN978-4-7924-1031-5　C3321

近世日本の言説と「知」
——地域社会の変容をめぐる思想と意識——
浪川健治
小島康敬 編
東北諸藩の人物を中心として、時代に先駆けて新時代への軟着陸を図った人々の言説に、時代・地域の如何を問わない意義を見出していく。
八六〇〇円

東北から考える近世史
——環境・災害・食料、そして東北史像
菊池　勇夫
安藤昌益と飢饉に始まり、環境と災害、伝承、食物、柳田國男、東北論等、多様多岐な側面にわたり、近世史の地平から現代を照射する。
八六〇〇円

藩政改革と地域社会
——秋田藩の「寛政」と「天保」——
金森　正也
郡方支配充実や殖産策、学館による人材育成・登用をはじめ、秋田騒動後の同藩の地道な実践を浮き彫りにし、地域史研究への新地平を切り開く。
九五〇〇円

近世藩領の地域社会と行政
籠橋　俊光
水戸藩の大山守・山横目、仙台藩の大肝入等を例に、中間支配機構の「隠密」、「内済」や文書行政が地域に不可欠の活動であった実情を活写する。
八八〇〇円

武家政治の源流と展開
——近世武家社会研究論考——
笠谷和比古
日本人の意思決定は全員参加型に近いこと、近世時点で「武士道」概念は存在していたこと等、広範な観点から日本社会の特色を照らし出す。
九五〇〇円

価格は税別

清　文　堂
URL = http://seibundo-pb.co.jp　E-MAIL = seibundo@triton.ocn.ne.jp